L'HARMONISATION DU DROIT DES CONTRATS EN EUROPE

Dans la même collection

1. VAREILLES-SOMMIÈRES Pascal (de) (sous la direction de), *Le droit pri é européen.*
2. REVET Thierry (sous la direction de), *L'inflation des a is en droit.*
3. JAMIN Christophe et MAZEAUD Denis (sous la direction de), *Les clauses abusi es entre professionnels.*
4. BRUNETTI-PONS Clotilde (sous la direction de), *La notion juridique de couple.*
5. MOLFESSIS Nicolas (sous la direction de), *Les mots de la loi.*
6. HAUSER Jean (sous la direction de), *Sociologie judiciaire du di orce.*
7. PAVIA Marie-Luce et REVET Thierry (sous la direction de), *La dignité de la personne humaine.*
8. DRAGO Guillaume, FRANÇOIS Bastien et MOLFESSIS Nicolas (sous la direction de), *La légitimité de la jurisprudence du Conseil constitutionnel.*
9. JAMIN Christophe et MAZEAUD Denis (sous la direction de), *L'unilatéralisme et le droit des obligations.*
10. ANCEL Pascal et RIVIER Marie-Claire (sous la direction de), *Le con entionnel et le juridictionnel dans le règlement des différends.*
11. JAMIN Christophe et MAZEAUD Denis (sous la direction de), *L'harmonisation du droit des contrats en Europe.*
12. BEHAR-TOUCHAIS Martine (sous la direction de), *L'interdiction de se contredire au détriment d'autrui.*
13. MONÉGER Joël et TERRASSON DE FOUGÈRES Aline (sous la direction de), *L'influence de Robert Joseph Pothier sur le droit en France et à l'étranger.*
14. VAREILLES-SOMMIÈRES Pascal (de) et FENOUILLET Dominique (sous la direction de), *La contractualisation de la famille.*

Collection Études Juridiques
dirigée par Nicolas Molfessis

L'HARMONISATION DU DROIT DES CONTRATS EN EUROPE

11

Sous la direction de
Christophe Jamin, Denis Mazeaud

ECONOMICA
49, rue Héricart, 75015 Paris

Avant-propos

Après *Les clauses abusives entre professionnels* (Economica, 1998) et *L'unilatéralisme et le droit des obligations* (Economica, 1999), le Centre de recherches européen en droit des obligations de l'Université de Paris XII et le Centre de droit des contrats de l'Université de Lille II ont souhaité poursuivre l'exploration de l'univers contractuel contemporain en organisant un colloque sur « l'harmonisation du droit des contrats en Europe ».

Plutôt que d'entonner un hymne vibrant au *Jus commune, il* a paru plus opportun et plus édifiant de mener une réflexion sans complaisance sur la pertinence, l'utilité, la nécessité et la faisabilité de l'édification d'un *corpus* contractuel européen.

Dans cette perspective, ont été conviés à exprimer leurs sentiments des juristes de tous horizons scientifiques et géographiques, certains d'entre eux ayant d'ores et déjà joué un rôle de premier plan, en termes de réflexion et/ou d'action, dans l'œuvre d'harmonisation européenne du droit des contrats.

S'il appartiendra aux lecteurs de se prononcer sur le caractère passionnant de cet ouvrage, on peut témoigner du tour passionné qu'ont pris la plupart des interventions et des débats qu'elles ont provoqués. Pour ceux qui voudraient s'imprégner de cette passion qui a rythmé ces Journées lilloises, il leur suffira de se reporter, entre autres, à « La leçon d'Appollinaire » (p. 35 et s.) que l'auteur a jugé opportun d'accompagner d'un très pugnace « droit de réponse » à la non moins vigoureuse critique que son intervention avait suscitée lors du colloque. En d'autres lieux, cette réponse, dont la présence dans cet ouvrage peut paraître insolite, n'aurait pas obtenu droit de cité. Après réflexion, il nous a semblé que la tolérer, en dépit des réactions très partagées qu'elle nous inspire, accréditera l'idée que l'Université française n'est sans doute pas aussi frileuse que certains se complaisent à l'écrire et qu'elle n'est peut-être pas une adepte de la pensée unique.

Reste que cet ouvrage ne sacrifie pas pour autant exclusivement aux délices de la polémique, il révèle simplement que l'harmonisation européenne, en matière contractuelle comme dans les autres domaines, est accueillie tantôt avec hostilité, tantôt avec scepticisme, tantôt avec enthousiasme. Qui s'en étonnera ?

PARTIE I

Rapport introductif

L'harmonisation du droit des contrats en Europe

Rapport introductif

W. van GERVEN

Professeur à l'Université catholique de Louvain,
Ancien Avocat général à la Cour de justice des Communautés européennes

▶ § 1. Le phénomène de l'harmonisation

La notion d'harmonisation est devenue populaire depuis l'entrée en vigueur, le 1er janvier 1958, du Traité CEE (actuellement CE). Le Traité utilise les termes « rapprochement des législations », « harmonisation », et « coordination » comme synonymes, semble-t-il (voir par exemple les articles 100, devenu 94 et 100A, devenu 95, § 1 et 4 ainsi que l'article 54, devenu 44, § 2, litt. g). Harmonisation doit être distinguée d'unification. Alors que des règlements de droit communautaire qui sont obligatoires dans tous leurs éléments et directement applicables dans tout État membre, produisent du droit unifié dans l'ordre national des États membres, les directives ne lient les États membres destinataires quant au résultat à atteindre et mènent donc seulement à une harmonisation de règles nationales (cf. art. 189, devenu 249, CE)[1]. Une unification de règles par le biais du droit communautaire peut aussi être réalisée, bien entendu, par la voie de traités conclus entre États membres, dans le cadre de l'article 220, devenu 293, CE (ou en dehors de ce cadre) ou par la voie de conventions, dans le cadre par exemple de l'article K.6 (devenu art. 34), § 2, litt. d) du Traité UE.

S'agissant du Traité CE une harmonisation des droits nationaux peut aussi être le résultat de la jurisprudence de la Cour de Justice des Communautés

▲ 1. Sur l'emploi de directives comme instrument d'harmonisation (bien que le titre mentionne « unification »), P.C. Müller-Graff, « EC Directives as a means of Private Law Unification », in *Towards a European Civil Code* (ed. A. Hartkamp a.o.), 2nd revised and expanded edition, 1998, p. 71 et s.

européennes qui fait ressortir quelles règles existant dans les ordres juridiques nationaux doivent être écartées, par les tribunaux nationaux, pour des raisons d'incompatibilité avec des règles de droit communautaire telles qu'interprétées par la Cour, dans la mesure où ces règles ont un effet direct. Cette œuvre d'harmonisation jurisprudentielle se manifeste surtout dans le domaine des actions en justice (« remedies »), telles les actions en restitution ou recouvrement de paiements indus, les actions en dommages-intérêts pour actes illicites et les mesures provisoires ou intérimaires[1]. Elle se manifeste moins dans le domaine par exemple du droit des contrats[2], où l'harmonisation des droits nationaux est surtout le résultat de directives.

Le phénomène de l'harmonisation dans le cadre du droit communautaire comporte des avantages et des désavantages. Les avantages résident, évidemment, dans le fait que l'harmonisation conduit à un rapprochement des droits nationaux. Les inconvénients résident dans le fait que l'harmonisation - qui est souvent le résultat de directives - conduit à un accroissement de disparités dans l'ordre juridique de chaque État membre, et cela en raison du principe des compétences d'attribution[3]. Selon ce principe les institutions communautaires - dont le Conseil qui est l'auteur, souvent avec le Parlement européen, des directives et règlements communautaires - ne peuvent agir que dans les limites des compétences qui leur sont attribuées par le Traité CE. Il en résulte que chaque intervention communautaire a besoin, pour sa validité, d'une base légale précise. Or, même lorsqu'il s'agit de dispositions du Traité CE offrant une base légale assez large (telles par exemple l'article 100, devenu 94, ou 100A, devenu 95, ou l'article 235, devenu 308, CE), cette base légale reste soumise à une limite générale, à savoir que l'action proposée doit être nécessaire pour réaliser l'établissement ou le fonctionnement du marché commun ou interne. Depuis la révision des traités communautaires par le TUE, le principe des compétences d'attribution se trouve par ailleurs renforcé par le principe de subsidiarité suivant lequel les instances communautaires ne peuvent intervenir - dans les domaines qui ne relèvent pas de leur compétence exclusive - que dans la mesure où les objectifs de l'action envisagée ne peuvent pas être réalisés de manière suffisante par les États membres (article 3B, devenu 5, § 2, CE).

L'exigence de base légale est souvent responsable du caractère limité et ponctuel des directives ou règlements communautaires, ce qui a pour conséquence qu'ils ne couvrent qu'une partie seulement du secteur du droit national concerné et qu'ils sont à l'origine d'une nouvelle disparité (ou « déharmonisation ») dans l'ordre juridique de chaque État membre à savoir entre règles (couvrant des matières similaires) dont les unes sont affectées et les autres non affectées par la directive ou le règlement concerné.

▲ 1. Cf. mon article « Vers un ius commune européen », dans IHEI de Paris, *Droit Européen 1*, 1997/1998, A. Pedone, p. 59 et s.

▲ 2. A cet égard, mon article « The ECJ Case-law as a Means of Unification of Private Law ? », in *Towards a European Civil Code*, o.c., p. 91 et s.

▲ 3. Cf. par exemple Avis 2/94 de la Cour de justice du 28 mars 1996, *Rec.*, 1996, I-1759, par. 23 et s.

▶ § 2. Les politiques spéciales d'harmonisation

Les politiques spéciales d'harmonisation et les règles de droit communautaires et nationales qui en sont le résultat, illustrent bien le phènomène de la « dé-harmonisation » des secteurs concernés dans l'ordre juridique de chaque État membre. En raison de l'exigence d'une base légale précise, les directives ou règlements relatifs au droit de la consommation, de la distribution ou du travail couvrent déjà en soi des secteurs limités[1] du droit des contrats, et même à l'intérieur du secteur concerné (par exemple le droit de la consommation) des sujets parfois fort spécialisés (par exemple contrats à distance en général et même, plus spécialisé encore, pour services financiers). Bien entendu, ces directives ont pour objet un rapprochement des règles nationales dans les États membres mais elles provoquent aussi, comme mentionné ci-avant, des disparités additionnelles dans chaque ordre juridique national. Bien entendu, dans beaucoup d'États membres, les droits de la consommation, de la distribution ou du travail sont déjà des parties autonomes du droit des contrats par rapport aux règles générales. Cela n'empêche que le phénomène d'harmonisation au niveau communautaire risque de provoquer une plus grande divergence encore, en introduisant dans chacun de ces secteurs de nouvelles disparités.

Le moyen le plus efficace pour éviter cette disparité accrue est évidemment d'unifier, plutôt que d'harmoniser, des secteurs très larges des droits nationaux, comme le droit des contrats ou de la responsabilité civile. Unifier signifie que le législateur communautaire soit autorisé et, en outre, capable, de promulguer un règlement. Un groupe de professeurs de droit pénal, sous la direction du professeur Delmas-Marty, a ainsi élaboré un *Corpus Juris* prévoyant des infractions pénales, ainsi que la mise en place d'un ministère public européen, dans le domaine - et uniquement dans le domaine - de la protection des intérêts financiers des Communautés européennes. Plutôt que de faire confiance à la méthode d'harmonisation, ce groupe, appuyé par la Commission européenne et ayant le soutien moral du Parlement européen, a préféré d'emblée suivre la voie de l'unification. Cela lui a valu la possibilité de faire un travail cohérent, mais il n'est pas certain du tout, bien au contraire, que cette initiative - même limitée, comme elle l'est au sujet de la protection des intérêts financiers des Communautés européennes - puisse être fondée sur une base légale en droit communautaire (l'article 209A, devenu 280, du traité CE n'offrant pas une base légale suffisante, même pas, semble-t-il, dans la version du Traité d'Amsterdam, où l'article 209A devient l'article 280). Dans ces conditions, le seul moyen pour incorporer ce *Corpus Juris* dans le droit communautaire paraît être la voie conventionnelle.

Le même problème surgit en ce qui concerne le droit civil, même limité au droit des contrats et/ou de la responsabilité civile.

▲ 1. Les raisons en ont été explorées dans mon article relatif au droit des sociétés en relation avec le droit bancaire, « Community and national Legislators, Regulators, Judges, Academics and Practitioners : living together apart ? », in *Law Making, Law Finding and Law Shaping*, ed. B.S. Markesinis, OUP 1997, p. 13 et s.

Certes, selon certains, et pas les moindres[1], une base légale pour unifier d'importantes parties du droit civil peut être trouvée notamment dans l'article 100A, devenu 95, CE ce qui permettrait de procéder par règlement, suivant la procédure de décision de l'article 189B, devenu 251. Bien que des arguments sérieux soutiennent cette thèse, elle reste controversée. Il appartiendra donc à la Cour de Justice de se prononcer là-dessus à l'occasion d'un éventuel recours en nullité introduit, le cas échéant, sur base de l'article 173, devenu 230, CE. Dans ces conditions, il nous paraît plus indiqué de choisir la voie conventionnelle entre ceux des États membres qui sont prêts à participer à cette initiative d'unification, tout en associant aux travaux de préparation des représentants de pays, notamment ceux de common law, qui ne désirent pas participer, au moins pas dans un premier temps.

Il importe de signaler un autre phénomène qui peut contribuer à diminuer la disparité entre systèmes juridiques nationaux résultant de l'harmonisation de règles au niveau européen. Ce phénomène consiste en ce que le législateur national, ou la jurisprudence nationale, s'efforce à promulguer, dans les domaines de droit national *non* directement *affectés* par le droit communautaire, des règles qui sont identiques ou au moins similaires aux règles de droit communautaire, ou national dérivé, existant dans des domaines limitrophes qui, eux, *sont couverts* par le droit communautaire. Le motif de cet effort législatif ou judiciaire est le souhait d'arriver à une cohérence normative au niveau national, et cela surtout pour des raisons d'égalité de traitement des citoyens devant les tribunaux nationaux.

Ce phénomène se produit par exemple lorsque le législateur national décide de promulguer des règles interdisant des pratiques restrictives de concurrence qui sont identiques ou, tout au moins, similaires aux règles de concurrence existant en droit communautaire[2]. Le phénomène se manifeste également, cette fois dans la jurisprudence des tribunaux nationaux, dans la mesure où ceux-ci ressentent la nécessité de protéger de la même façon les droits subjectifs que des particuliers empruntent au droit communautaire et ceux qu'ils empruntent à leur droit national. Un célèbre exemple à cet égard est contenu dans la jurisprudence de la *House of Lords* en matière de mesures provisoires à l'égard des autorités publiques[3].

Pour bien situer cette jurisprudence, il échet de rappeler le premier arrêt *Factortame* pris par la CJCE[4] en relation avec la vieille règle de *common law* connue sous le nom de « immunity of the Crown ». Du fait de cette immunité, il était impossible aux particuliers, en cas de recours contre des actes d'organes étatiques – en l'occurrence du Parlement britannique – de faire valoir leurs droit issus du droit communautaire en suspendant, par le

▲ 1. Cf. J. Basedow, « Un droit commun des contrats pour le marché commun », *RIDC,* 1998, p. 7 et s.

▲ 2. Tel est le cas par exemple en Belgique, aux Pays-Bas et au Royaume Uni.

▲ 3. Cf. mon article, « La jurisprudence récente de la CJCE dans le domaine de la responsabilité extracontractuelle. Vers un ius commune européen », dans *Droit Européen* 1, IHEI, Paris, 1997/1998, p. 61, 75 et s. ; « Bridging the unbridgeable : Community and National Tort Laws after *Francovich* and *Brasserie* », 45 ICLQ, 1996, p. 507, 537 et s.

▲ 4. Arrêt du 19 juin 1990, C-213/89, *Rec.*, I-823.

moyen d'une injonction en référé, les dispositions nationales qui étaient *prima facie* en conflit avec des dispositions fondamentales du droit communautaire. Dans sa réponse à la question préjudicielle posée par la *House of Lords,* la CJCE a disposé que l'immunité en question ne pouvait être invoquée pour refuser une telle injonction ; c'est sur ce fondement que la *House of Lords* a suspendu l'application de l'acte du Parlement en question[1].

Dans une affaire *M. v/ Home Office*[2] postérieure, la *House of Lords* est allée plus loin en admettant un recours similaire dans une situation régie exclusivement par le droit national; selon elle, il serait inacceptable d'offrir aux personnes qui demandent justice dans une situation « purement nationale », une protection juridictionnelle moindre que celle permise dans un cas où le droit national est affecté par le droit communautaire, dans la mesure où la situation était pour le reste identique du point de vue de la protection légale et juridictionnelle.

▶ § 3. Vers un droit commun européen des contrats, voire des obligations ?

Dans l'attente d'une éventuelle décision d'élaborer un droit civil unifié (règles) ou harmonisé (principes) au niveau européen concernant le droit des contrats, mais pourquoi pas alors concernant tout le droit des obligations, il importe d'entamer, ou plutôt de continuer, les travaux préparatoires. En effet, pas mal d'initiatives sont déjà prises ou en voie d'élaboration. Il y a d'une part les travaux de la commission Lando visant à élaborer les principes d'un droit des contrats européen. Il y a d'autre part les travaux dans le cadre du projet « case books for a common law of Europe », que je dirige depuis 1994 avec l'aide d'un Steering Committee composé de hauts magistrats et de professeurs représentant les grandes familles de droit. Le premier « case-book » traitant la partie générale du droit de la responsabilité civile a été publié en avril 1998[3] et a été présenté à Londres à une réunion où Lord Chief Justice Thomas Bingham, membre du Steering Committee, a bien voulu prononcer le discours inaugural. Le volume complet sur la responsabilité civile sera publié l'année prochaine. D'autres « case-books » sont en préparation dont celui concernant les contrats dirigé par Hugh Beale. La philosophie derrière cette série (qui couvrira également des domaines du droit public) est de découvrir à l'aide de cas de jurisprudence et d'actes législatifs (commentés dans des notes introductives et comparatives) des solutions, sinon des principes qui régissent des situations analogues. Les documents commentés sont tirés des droits allemand, anglais, français mais aussi, dans une moindre mesure, d'autres droits européens. Le but du projet est de procurer

▲ 1. *House of Lords,* 1991, 1 A.C. 603.
▲ 2. 1993, 3 W.L.R. 433 ; 1993, 3 All E.R. 537.
▲ 3. W. van Gerven, J. Lever, P. Larouche, C. von Bar, G. Viney, *Tort Law, Scope of Protection,* Cases, Materials and Text on National, Supranational and International Tort Law, Hart Publications, 1998, 494 p.

à des professeurs et des étudiants partout en Europe des livres d'études qui leur permettent de connaître la jurisprudence mais aussi la législation et la doctrine des autres États membres de l'Union européenne. Dans chacun des case-books l'impact des Cours européennes de Luxembourg et de Strasbourg est mis en exergue.

Ces deux initiatives, et il y en a d'autres[1], sont appuyées par d'importants écrits doctrinaux, dont ceux de H. Kötz pour le droit des contrats, de C. von Bar pour le droit de la responsabilité civile et récemment celui de S. Grundmann sur le droit des obligations[2].

Le temps est peut-être venu de coordonner - non pas de fusionner - ces initiatives, pourquoi pas dans un Institut de Recherches Juridiques Européen (European Law Institute)[3] afin de profiter de leur synergie.

▲ 1. Hayton, Kortmann and Verhagen, *Principles of European Trust Law,* publié en 1999 sous les auspices du « Onderzoekscentrum O & R » de l'Université de Nijmegen ; *The Limits of expanding Liability, Eight Fundamental Cases in a Comparative Perspective*, ed. J. Spier, e.a., 1998, 244 p. Pour un aperçu plus complet, voir M. Hesselink, *De redelijkheid en billijkheid in het Europese privaatrecht*, 1999, p. 5-22.

▲ 2. S. Grundmann, *Europäisches Schuldvertragsrecht*, ZGR, Sonderheft 15, 1999, 1186 p.

▲ 3. Comme suggéré par Hesselink, o.c., p. 22.

PARTIE II

Le phénomène de l'harmonisation

L'expérience romaine

Claudia MOATTI

Professeur d'Histoire romaine
à l'Université Paris 8 (Sant-Denis-Vincennes)

Alors que l'on oppose souvent de manière simpliste revendications identitaires et valeurs universelles, que l'on se demande sur quelles bases construire l'Europe, une communauté composée d'une mosaïque de peuples n'ayant pas la même histoire, la même langue ni le même système juridique, le modèle romain a peut-être aujourd'hui quelque chose à nous apprendre. Modèle historique singulier, celui d'un État pluriethnique qui a duré plusieurs siècles en conciliant diversité et universalité. Aristote écrivait : « *Il n'est pas nécessaire d'admettre l'existence d'une unité séparée de la multiplicité.* » Cette hypothèse métaphysique, les Romains en ont d'une certaine manière fait l'expérience. Bien plus, ils l'ont théorisée. Renan se trompait à coup sûr quand, dans ses admirables pages de l'*Antéchrist,* il évoquait l'uniformisation des peuples sous la domination romaine. A la différence des monarchies hellénistiques, les Romains ont choisi dès l'origine la voie du pluralisme et notamment dans le domaine du droit. « L'enchevêtrement des droits et des procédures[1] » caractérise la pratique juridique d'un Empire qui trouva ailleurs que dans l'uniformisation le ferment de son unité.

Pour comprendre comment cela fut possible et appliqué, il importe de préciser quelques données relatives d'une part aux statuts territoriaux dans l'Empire romain et d'autre part aux statuts personnels. Par la suite, nous verrons l'évolution de cette politique avant et après la constitution de Caracalla.

Les statuts dans l'Empire

En dehors de l'Italie, entrée dans la citoyenneté romaine au premier siècle av. J.-C. et donc partie du territoire de Rome proprement dit, les pays conquis par les Romains et devenus la propriété du peuple romain sont

▲ 1. L'expression est de Maurice Sartre, *L'Orient romain,* Seuil, 1991.

organisés en provinces dirigées par un gouverneur, chargé notamment de la justice et des finances. A l'intérieur des provinces, quelques enclaves sont privilégiées : il s'agit des cités, unités politiques dotées d'un chef-lieu, d'une ville, et d'un territoire agricole sur lequel peuvent se trouver d'autres unités urbaines dépendantes : pour les Romains, comme pour les Grecs, la cité est l'organisation politique par excellence et qui dit cité dit autonomie – une autonomie graduée selon les différents statuts des cités. En effet, à côté des colonies romaines et les municipes de droit latin qui reçoivent leur constitution de l'autorité romaine, existent les cités pérégrines qui sont soit stipendiaires (elles dépendaient du gouverneur, leur autonomie est une tolérance du pouvoir romain et son extension peut donc varier), soit libres et fédérées : ces dernières, en vertu d'un traité avec Rome ou d'un privilège impérial, ont conservé toute leur souveraineté, y compris législative. L'autonomie des cités est centrale dans la question de la subsistance des particularismes de toutes sortes. On peut dire qu'aussi longtemps que le cadre civique a tenu, Rome l'a utilisé : pour la monnaie, pour les droits, pour la religion, pour le prélèvement des impôts... et cette pluralité a été l'un des fondements de l'unité impériale.

Cette division territoriale de l'Empire détermine également la distinction entre différents statuts personnels. Prenons le cas de l'Égypte : on y trouve trois puis quatre cités grecques, Alexandrie, Ptolémaïs, Naucratis et Antinoopolis ; le reste, c'est la campagne égyptienne, la *chôra,* divisée en circonscriptions administratives dotées de chefs lieux, qui n'auront pas le statut de cités avant l'époque de Septime Sévère (début IIIe siècle). Ainsi, en Égypte coexistent trois statuts : citoyens romains, citoyens pérégrins (ou « Grecs ») et pérégrins tout court – les « Égyptiens ». Grecs, Égyptiens : ces notions ne sont pas ethniques, elles sont juridiques. Parmi les « Égyptiens » nous trouvons des Grecs, des Égyptiens citadins ou paysans. Parmi les citoyens pérégrins d'Alexandrie, il y a aussi bien des Grecs que des Égyptiens hellénisés.

Quand on parle des statuts personnels, il faut, enfin, faire la différence entre deux périodes : avant et après l'édit de Caracalla qui a accordé la citoyenneté romaine à presque tous les habitants de l'Empire. Avant 212, l'Empire est, nous venons de le voir, composé à la fois de citoyens romains et de pérégrins. Je ne parle pas des esclaves qui ne sont pas sujets de droit et ne qui nous intéresseront pas ici. Les citoyens romains ne sont pas les habitants de Rome. Ce sont, à Rome et ailleurs, tous ceux qui ont reçu à différents titres la citoyenneté romaine, seule citoyenneté souveraine. Pour les pérégrins des cités, il existe aussi une citoyenneté pérégrine, qui définit leurs devoirs, mais celle-ci n'est pas souveraine. A cette époque, donc, se pose un double problème : que deviennent dans l'Empire les droits locaux des pérégrins, et que deviennent ces droits quand ces pérégrins deviennent citoyens romains ?

Après 212, le contexte est différent. L'ensemble de la population est de citoyenneté romaine, mise à part une catégorie de gens qu'on appelle *déditices,* de rang inférieur. Les citoyennetés locales ont disparu, elles ne définissent plus que *l'origine* du nouveau citoyen romain, c'est-à-dire son lieu d'attache, qui détermine toujours ses devoirs mais à l'intérieur de la citoyenneté romaine. Les problèmes ne se posent donc pas dans les mêmes termes qu'auparavant dans la mesure où l'Empire romain forme un État unifié par la citoyenneté, un État mondial ; et pourtant, dans cet État unifié coexistent des pratiques juridiques différentes. Nous verrons en effet que la diffusion de la citoyenneté n'a pas entraîné l'unification des droits, mais un changement de nature de ces droits locaux.

Entrons donc dans le sujet de plain-pied, à savoir le pluralisme juridique et l'harmonisation des droits dans l'Empire. La question est très complexe en raison des diversités régionales (notamment entre l'Occident et l'Orient), des diversités de statuts et aussi, il faut le dire, de l'éparpillement ou des insuffisances de la documentation. Pour plus de clarté, je distinguerai deux périodes, avant et après 212, et, dans la première partie, je parlerai successivement des pérégrins, puis des nouveaux citoyens romains.

▶ § 1. Le pluralisme juridique avant 212

▶ A. LE CAS DES PÉRÉGRINS

En ce qui concerne les pérégrins, leur statut varie selon leur appartenance territoriale. De manière générale, toutefois, on peut dire que le droit local est applicable aux indigènes dans toutes les affaires privées les concernant. Et ce, même dans la ville de Rome : il y a donc une validité *pour eux* des actes accomplis selon leurs lois locales, qu'il s'agisse d'un mariage, d'un contrat... On trouve ainsi attestés, bien que contraire au droit romain, le mariage entre frères et sœurs en Égypte ou encore l'usage de l'*abdicatio* dans les provinces hellénisées, qui donne au père le droit de chasser son enfant de la maison et de l'exclure de la succession paternelle, ce qui est contraire au droit romain[1].

Cette persistance des droits locaux n'est pas étonnante. Le *ius civile,* le droit romain, est clairement défini par les juristes comme *ius proprium,* c'est-à-dire un droit propre à la *civitas romana,* et ne s'applique donc théoriquement qu'aux citoyens romains. Évidemment s'est posé très vite le problème des relations entre Romains et pérégrins ou entre pérégrins d'origine différente. L'un des moyens employés pour le résoudre a été d'intégrer dans le droit romain et donc de protéger devant les tribunaux, cela dès le IIIe ou IIe siècle av. J.-C., des institutions non romaines : c'est le fameux *ius gentium, droit des gens,* droit commun de l'humanité, qui a été défini au fil des temps, notamment pour les relations commerciales[2]. Partie du droit romain, ce *ius gentium* est appliqué à Rome par le préteur pérégrin, dans les provinces par le gouverneur[3].

▲ 1. H. Lewald, « Conflits de lois dans le monde grec et romain », dans *Labeo,* 5, 1959, 334-359.

▲ 2. Par exemple, à côté des deux contrats romains, verbal ou littéral, fondés sur le prononcé de certaines formules rituelles ou sur le recours à des écritures, les Romains avaient reconnu dès le IIe siècle av. J.-C. le contrat consensuel, contrat de bonne foi pour la vente ou la location (Gaius, *Institutes,* III, 154). L'autre moyen de régler un différend entre un Romain et un pérégrin était de recourir à la fiction juridique et d'agir *comme si* l'étranger était citoyen romain.

▲ 3. Gaius, I, 1 ; 55.

Le respect des droits locaux que nous avons relevé plus haut explique l'existence de multiples juridictions indigènes dans les provinces : par exemple, en Judée, le Sanhédrin rend la justice pour ce qui concerne les affaires entre Juifs et, pour le reste, c'est le tribunal romain qui tranche ; à Cyrène, on trouve des tribunaux mixtes, grecs et romains ; en Égypte, la justice, comme le pouvoir législatif, étant aux mains de l'empereur et du gouverneur, le préfet, ce dernier délègue, soit de manière permanente, soit ponctuellement, son pouvoir aux fonctionnaires locaux, épistratèges et stratèges qui appliquent localement un droit mixte, grec et indigène, et parfois s'inspirent du droit romain. Cette justice est d'une grande souplesse : une étude sur le préfet d'Égypte a montré que celui-ci pouvait déléguer des cas importants ou recevoir personnellement des cas moins importants, et qu'il pouvait soit appliquer le droit romain, soit appliquer le droit local, parfois non contradictoire, du reste, avec le droit romain[1]. De cette souplesse témoigne la pétition de Dionysia, une affaire qui date du IIe siècle : le père de Dionysia, un Alexandrin, veut ramener sa fille auprès de lui, malgré la volonté de celle-ci de rester auprès de son mari ; il se réclame des « lois des Égyptiens » qui le permettent lorsqu'il s'agit d'un mariage non écrit. De son côté, Dionysia en appelle contre ces lois au préfet qui délègue sa sentence au juge local : ce dernier tranche en faveur de la fille, en s'inspirant du droit romain plus libéral sur ce point et en rejetant une coutume « inhumaine ». Dans d'autres cas, postérieurs à celui-ci, un juge *local* tranche au contraire en faveur du droit local. Il n'y a en fait pas de régularité dans le recours au droit local ou au droit romain. L'histoire de Dionysia prouve seulement qu'il était possible pour le père d'en appeler au droit égyptien et pour la fille d'en appeler au droit romain[2].

A côté des coutumes locales ont cours également les lois romaines d'ordre public, qui s'appliquent à tous les pérégrins, et le droit provincial romain, qui comporte l'ensemble des mesures prises pour une province par les autorités romaines en ce qui concerne les finances impériales, le statut des soldats, la circulation des personnes, etc. De manière générale, ce droit se montre favorable à la coutume pérégrine en adoptant des solutions qui la régissent et en élevant ainsi la coutume pérégrine au rang de règle légale. En Égypte, par exemple, le droit provincial est ainsi un soutien de la continuité des droits locaux[3].

Cette affirmation soulève toutefois un problème juridique : quel était le statut de l'ensemble des droits locaux par rapport au droit romain ? Ce sujet a donné lieu à une vaste littérature depuis près d'un siècle, mais il semble y avoir consensus aujourd'hui : ces droit locaux subsistent non comme un ordre juridique à part, mais à titre de coutumes, c'est-à-dire de règles juridi-

▲ 1. M. Humbert, « La juridiction du préfet d'Égypte d'Auguste à Dioclétien », dans F. Burdeau, N. Charbonnel et M. Humbert, *Aspects de l'Empire romain,* Paris, 1964, p. 97-143.

▲ 2. Sur cette affaire, voir aussi M. Humbert, *op. cit.*

▲ 3. J. Mélèze Modrzejewski, « La règle de droit dans l'Égypte romaine », dans *Proceedings of the XIIth International Congress of Papyrology,* Toronto, 1970, p. 317-77.

ques n'ayant pas une origine législative[1]. Car en conquérant un territoire, Rome lui fait perdre sa souveraineté, sa faculté législative, et la soumet à la sienne. L'occupation romaine signifie donc littéralement l'abolition des *lois* ou plutôt de la faculté législative des provinciaux. C'est par suite d'une tolérance du pouvoir romain que subsistent les usages locaux, le « droit vivant[2] », tolérance qu'on pourrait qualifier de pragmatique, dans la mesure où elle semble avoir été définie en fonction des intérêts du pouvoir (d'où la variété des situations locales) et non d'un *principe* juridique directeur.

Seules les cités libres et fédérées représentent un cas particulier. On y constate en effet le maintien de la législation locale, applicable à tous ceux qui entrent dans leur juridiction, y compris aux citoyens romains, et même si elle contredit le droit romain. Gouverneur de Bithynie, Pline le Jeune s'étonne ainsi qu'une cité de sa province prélève des impôts sur ses habitants, ce que seul l'empereur peut faire : Trajan lui répond que dans la mesure où elle est libre, elle en a le droit, le prélèvement d'impôt étant prévu dans ses lois traditionnelles (*Correspondance* X, 93-94). Sur ces normes locales, on le voit, le gouverneur ne pouvait donc rien[3]. Ainsi les cités libres forment-elles des enclaves de droit, et cette fois il s'agit bien de législation. Mais les conflits avec le droit romain étaient réglés au cas par cas[4] : il est remarquable là encore que les rapports entre statuts locaux et lois romaines n'aient pas été définis par des règles générales.

Au terme de cette première enquête, on peut relever que dans une province, il existe plusieurs centres de production du droit : droit romain (*Reichtsrecht*), droit local (*Volksrecht*), droit des cités, droit romain provincial ; qu'il n'a pas existé de règle stricte sur les rapports entre les différentes sources du droit ; et que jusqu'en 212, les institutions locales n'ont pas subi de vrais changements.

On note toutefois des influences réciproques ou des mélanges (par exemple des institutions et formes contractuelles non romaines sont utilisées dans les rapports entre Romains et inversement), mais on peut se demander si la romanisation est vraiment substantielle. On peut en douter à la lecture des archives de Babatha, découvertes en 1960 dans le désert de Judée. Si ces documents, ayant appartenu à une femme juive, Babatha, et datant des années 125-131[5], montrent l'influence du gouverneur romain dans une province récemment constituée (l'Arabie n'a été formée qu'en 106), et font appa-

▲ 1. J. Gaudemet, « La loi et la coutume à Rome », dans *Travaux et recherches de l'Institut de Droit comparé à l'Université de Paris XIII, VIe Congrès de droit comparé,* Hambourg, 1969, p. 35-57 (ici p. 52) ; *Études de droit romain,* I, Université de Camerino, Jovene Editore, 1979, p. 5-27 (ici p. 22) ; J. Mélèze Modrzejewski, *op. cit.*

▲ 2. G. Michaelidès-Nouaros, « Quelques remarques sur le "droit vivant" à Rome aux époques préclassique et classique », dans *Revue Historique de Droit français et étranger,* 1977, 329-357.

▲ 3. Cf. aussi Pline le Jeune, *Lettres,* X, 84 ; 108-109.

▲ 4. Autres exemples dans T. Spagnuolo Vigorita, « Diritto locali e modello romano nel principato », dans *Storia di Roma,* III, 1, Einaudi, Turin, 1991, p. 209-224 : un rescrit d'Hadrien interdit les sépultures à l'intérieur d'une cité. Ulpien se demande si une *lex municipalis* qui l'autorise doit être abolie. Signe que le problème se pose et que les deux « lois » ouvrent deux domaines de droit.

▲ 5. H.J. Wolff, « Le droit provincial dans la province romanaise d'Arabie », dans *Revue internationale des droits de l'antiquité,* 23, 1976, p. 271-290.

raître l'application à la lettre de certaines normes romaines (présence de cinq témoins lors d'une *testatio*, forme matérielle du document), ils révèlent aussi que le contenu des institutions n'est pas romain : on y voit appliquée la division entre deux veuves de la propriété d'un même mari (doc. 26) ; ou la tutelle opérée par une femme, Iulia Crispina, qui par ailleurs est une romaine et agit en jugement sans tuteur (doc. 25)... La romanisation a été souvent plus formelle et procédurale que de contenu. Un aspect qui éclaire, nous le verrons, l'identité romaine.

B. LES CITOYENS ROMAINS DANS LES PROVINCES AVANT 212

Que les pérégrins aient conservé leurs droits devenus des coutumes en vertu d'une tolérance du pouvoir romain, voilà qui est clair. Qu'en est-il de ceux qui se voyaient accorder la citoyenneté romaine ? Leur rapport au droit local changeait-il pour autant ?

Dans les provinces, les citoyens romains ont le choix de la juridiction : ils peuvent à Cyrène, par exemple, choisir entre une juridiction romaine et une juridiction mixte ; le plus souvent ils forment des assemblées dans les provinces et relèvent du gouverneur ou de Rome directement : la procédure d'appel en cas de condamnation pénale est un des privilèges de la citoyenneté. En revanche, nous l'avons dit, dans les cités libres, ils étaient censés recourir aux lois et tribunaux locaux. Il n'y a donc pas de personnalité des lois dans ce cas. De fait, en général, les empereurs ont tenté de maintenir l'unité des cités où se mêlaient à la fois citoyens et pérégrins.

Les Juifs présentent un cas exemplaire de ce qu'un tel système pouvait produire. Ils entrent dans la domination romaine en 63 av. J.-C., après la conquête de Jérusalem par Pompée. Le statut qui leur est accordé quelques années plus tard par César leur reconnaît le privilège de « vivre selon leurs coutumes et lois nationales ». Leur sont accordés alors le droit d'association, la possession d'un lieu de culte (la synagogue), le pèlerinage à Jérusalem, le droit local (la Torah), le respect de leurs pratiques alimentaires et surtout l'observance du sabbat et des jours de fêtes[1]...). Privilèges confirmés par Auguste et par tous les empereurs, excepté Caligula, jusqu'en 70 au moins. La destruction du Temple en 70 par Titus, suite au soulèvement de Judée contre le gouvernement local puis contre Rome, changea assez peu cette situation. La jouissance de leurs privilèges fut soumise à une condition : le paiement à Rome du didrachme, taxe versée dans une nouvelle caisse, le *fiscus judaicus*, en l'honneur de Jupiter. Voilà ce qui désormais caractérise le

▲ 1. La reconnaissance du sabbat était, dans ses conséquences, un privilège exorbitant : elle leur permettait d'obtenir des dispenses de service militaire ou les autorisait à ne pas se présenter en justice ce jour là. Rappelons enfin que quand le culte impérial se développa, les Juifs n'en furent pas dispensés, mais reçurent aussi l'autorisation de prononcer des formules de serment ainsi que des prières spéciales : celles-ci ne s'adressaient pas directement à l'empereur, mais « à Dieu en faveur de l'empereur ». Sur tous ces privilèges des Juifs, cf. J. Juster, *Les Juifs dans l'Empire romain*, Paris, 1914, p. 339. Religion spécifique, le judaïsme aurait-il pu se maintenir sans ces privilèges ? C'est dans ces privilèges que J.N. Sevenster voit l'origine de l'antijudaïsme antique (*The Roots of pagan antisemitism in the Ancient World*, Leyde, 1975, p. 145).

statut juif dans l'Empire romain jusqu'à Hadrien : ce dernier interdit la circoncision, une mesure qui n'était pas antijuive, car les Juifs n'étaient pas les seuls à la pratiquer (Arabes et Égyptiens étaient concernés également) mais qui témoignait d'une hostilité à une pratique jugée mutilante, comme la castration interdite au siècle précédent. Finalement l'empereur Antonin, comprenant la signification religieuse de ce rite, en restituera le droit aux Juifs.

Ce qui était tout à fait remarquable dans la politique de César, c'est que *tous* les juifs pratiquants, quel que fût leur statut (citoyens romains ou pérégrins), quel que fût le lieu de leur résidence (qu'ils fussent des Juifs de la diaspora ou de la Judée), reçurent le même privilège. Et l'on notera que les Romains ne faisaient pas de distinction entre les lois religieuses et les lois civiles : à leurs yeux, tous les Juifs appartenaient à la même nation, détentrice de coutumes, langue, cultes particuliers, le culte n'étant rien d'autre que les mœurs et les lois de la nation juive. Ce n'est qu'au Bas-Empire, dans l'empire chrétien, que les lois religieuses seront distinguées des lois civiles, auxquelles les Juifs seront obligés de se soumettre[1].

L'attribution de la citoyenneté ne signifiait donc pas nécessairement abandon du droit local. La *tabula Banasitana,* dossier épigraphique du IIe siècle de notre ère concernant la concession de la citoyenneté à une famille berbère, révèle qu'en devenant citoyens romains, ces berbères maintinrent leurs pratiques coutumières (*ius gentis*) selon une clause parfaitement explicite. Clause que l'on retrouve peut-être dans l'édit de Caracalla. Ainsi était-il garanti à tout pérégrin, qu'en devenant citoyen romain, rien ne serait vraiment changé pour lui. Théoriquement compatible avec l'ordre romain, la conservation des traditions locales dans une région révèle que les Romains ne cherchaient pas à assimiler.

▶ § 2. La constitution de Caracalla en 212 et ses conséquences[2]

On l'a vu, la qualité de citoyen n'impose pas l'obligation d'employer le droit romain ; elle confère le privilège d'utiliser les actes réservés aux citoyens romains. Cela explique que le pluralisme juridique ne décline pas au IIIe siècle et que longtemps après la constitution de Caracalla, les juristes, les empereurs continuent à se référer aux lois et coutumes locales, parfois en conflit avec la loi romaine. En 239, Gordien III répond à la demande d'un personnage d'Aphrodisias en Carie (Asie mineure) : « *Si quelque décision visant à maintenir les lois de la patrie a été prise par le Sénat romain ou par un empereur avant moi, je la confirme. Si donc tu vas trouver le gouverneur et que tu lui expliques tes coutumes ancestrales, il veillera à ce que le jugement de l'affaire en question soit renvoyé à votre tribunal.* » On peut ainsi

▲ 1. A.J. Boudewijn Sirks, « Shifting Frontiers in The Law : Romans, Provincials and Barbarians », dans R.W. Mathisen et H.S. Sivan, *Shifting Frontiers in Late Antiquity,* 1996, p. 146-157.

▲ 2. Cf. aussi J. Mélèze Modrzejewski, « Diritto romano e diritto locali », dans *Storia di Roma,* III, 2, 1993, p. 985-1009.

multiplier les exemples : dans un même rescrit, Sévère Alexandre invite un gouverneur à juger en partie selon le droit provincial et en partie en suivant « *ce qui d'ordinaire se fait dans la communauté pour ce genre de controverses* ». Au IIIe siècle, la manumission des esclaves est appliquée en Macédoine selon un usage gréco-oriental, mais l'affranchi devient tout de même citoyen romain. En Égypte, les tribunaux romains continuent de protéger les règles locales dans les cas où ils le faisaient avent 212 ; ce qui n'implique pas la reconnaissance de toutes les institutions pérégrines.

A. LE STATUT DES COUTUMES LOCALES

Ce qui change, en revanche, c'est le statut des coutumes locales pérégrines. Comme l'a montré clairement l'historien J. Mélèze Modrzejewski[1], trois situations se dégagent.

1) Certaines coutumes deviennent illicites : c'est le cas des unions endogames condamnées par le droit romain. Institution de droit matrimonial hellénistique, elles persistent dans l'Égypte romaine comme coutume pérégrine hors du champ d'application du *Reichsrecht* ; mais après 212 c'est devenu un usage illicite réprimé par les constitutions impériales[2].

2) Le droit romain tolère les pratiques locales en les adaptant aux formes romaines ; elles deviennent donc du droit provincial romain. Le droit des contrats, par exemple, s'est romanisé grâce à un artifice. Les provinciaux ont en effet continué à utiliser leurs formes de contrats qui aux yeux des Romains n'étaient que des *nuda pacta,* donc des conventions, mais, pour permettre à ces contrats de produire des effets susceptibles de protection judiciaire, ils les ont affublés de la clause stipulatoire : cette clause peut en effet donner à toute convention, quelle qu'elle soit, la valeur d'une obligation verbale abstraite créatrice d'effets exécutoires en justice. Les contrats conçus selon le schéma local donnent ainsi formellement satisfaction au droit officiel.

3) Enfin, certaines coutumes sont intégrées dans le droit romain et s'imposent comme droit officiel de l'Empire : par exemple l'admission des femmes (mère, sœur, tante...) à la tutelle sur les enfants mineurs, pratique hellénique opposée à la tradition romaine, pour laquelle la tutelle est une affaire d'hommes.

De manière générale, on note au cours du IIIe siècle une tendance à l'unification du droit, mais celle-ci semble liée surtout au développement du rôle de l'empereur dans les domaines judiciaire et législatif. Sur des questions de

▲ 1. *Ibid.* et la bibliographie citée.

▲ 2. Autre exemple, la pratique qui consiste à donner en gage les enfants du débiteur pour garantir sa dette. Le droit impérial qui autorise la vente des nouveaux nés interdit la vente et l'engagement des adolescents à la différence du droit hellénistique. Cette pratique continue après 212 mais elle est condamnée par Dioclétien qui dénonce les abus de la puissance paternelle. On retrouve trace de ces pratiques dans l'Égypte byzantine. Toutefois c'est un usage illicite (cf. Mélèze Modrzejewski, *ibid.*).

toutes sortes, les habitants de l'Empire, qu'ils soient ou non citoyens, prennent l'habitude de le consulter directement, de solliciter son jugement, son arbitrage. Il est certain que la législation impériale qui fait jurisprudence a favorisé une évolution vers l'unification du droit, mais elle l'a fait là encore par à-coups, sans un projet général. On ajoutera enfin qu'un nouveau tournant est pris à partir de la fin du IIIe siècle. Secoué notamment par les grandes invasions sur tous les fronts, par l'anarchie militaire, la succession des empereurs et des usurpateurs, les transformations sociales, ce siècle s'achève dans la tétrarchie : Dioclétien, devenu Auguste en 284, prend le pouvoir, en partage les devoirs avec trois autres hommes, deux Césars et un autre Auguste, et tente dans tous les domaines d'unifier l'Empire. Certains projets échoueront, par exemple l'unification linguistique, d'autres réussiront et seront même confortés par l'œuvre de Constantin, premier empereur chrétien. Toutefois, si l'unification fait un grand bond, un nouveau problème se pose : la présence de Barbares auxquels on a accordé l'*hospitium,* c'est-à-dire des terres à cultiver, à charge pour eux de les défendre. Dans le territoire de l'Empire existe à nouveau une zone de non-droit romain, où des populations ont leurs propres lois, leurs propres tribunaux, etc. Une situation qui rappelle celle des cités libres d'avant 212. Le pluralisme fut réellement une donnée de l'histoire romaine.

▸ B. LA PLURALITÉ, LE FONDEMENT DE L'IDENTITÉ ROMAINE

Au moins jusqu'à la fin du IIIe siècle de notre ère, le pluralisme s'est en effet imposé dans tous les domaines : le système des poids et mesures, le calendrier, mais aussi la monnaie ou encore la langue et la religion.

Prenons l'exemple de la langue. Non seulement l'Empire a été un État bilingue ; à l'ouest la langue officielle est le latin, à l'est le Grec, toutes deux langues de l'administration. Non seulement il n'y eut pas de politique autoritaire de la part des Romains pour imposer ces langues ; mais, à côté de ces deux langues, de nombreuses langues locales ont subsisté après la conquête, soit oralement, soit par écrit, soit même comme langues littéraires : le punique, le berbère, l'ibère, le syriaque, l'hébreu... Le punique était la langue natale de l'empereur Septime Sévère à la fin du IIe siècle ainsi que de Saint Augustin, au Ve, qui atteste également que c'était la langue de certaines congrégations religieuses de son époque. On peut dire la même chose pour le berbère ; mais aussi, en Égypte, pour le démotique puis le copte ou encore, en Orient, pour l'araméen, l'hébreu, langue de la Mischna mais aussi des contrats, ou le syriaque, langue écrite très vivante notamment au IIe et IIIe siècles de notre ère. Une diversité confirmée par les archives de Babatha : sur les 35 documents rédigés entre 125 et 132, 26 le sont en grec, 6 en araméen et 3 en nabatéen. Ainsi, dans la province romaine d'Arabie, les langues utilisées pour rédiger des contrats étaient l'araméen, le nabatéen et le grec.

Cette diversité linguistique était parfaitement reconnue par les juristes, même si elle n'était pas sans poser de problèmes : Ulpien, au début du

IIIe siècle, écrit : « *dans une* stipulatio, *si quelqu'un pose la question en latin, la réponse peut être donnée en grec... Mais on doit se demander si cette règle s'étend au grec ou aux autres langues, le syriaque, le punique ou d'autres encore...* » Ou encore : « *Le fidéicommis peut être prononcé dans n'importe quelle langue, non seulement le grec, le latin, mais aussi le punique, le celte, ou d'autre*[1]. » La pluralité de langues parlées dans le bassin méditerranéen, sous l'égide de Rome, faisait l'admiration de certains ; pour d'autres, l'Empire n'était plus, comme dit un texte du IIIe siècle, qu'« *un ramassis de toutes les langues et de toutes les races humaines et une caricature satanique du royaume universel de Dieu*[2] ».

Le pluralisme ne fut pas pour autant une idéologie, ni le résultat d'une décision de principe ; il est tout au plus le résultat d'une culture de la diversité qui fonde jusqu'au modèle identitaire que les Romains se sont construit[3]. A la différence des Grecs, et surtout des Athéniens, la nation romaine s'était en effet bâtie sur le rassemblement d'hommes de toutes provenances : Rome était dès l'origine le résultat d'un mélange. Telle était la tradition rapportée par les historiographes et les antiquaires, tradition dont Plutarque, auteur grec du IIe siècle, fait à son tour écho : dans sa *Vie de Romulus,* il raconte qu'après avoir fondé la ville et ouvert sur le Palatin un sanctuaire où les hors-la-loi trouvèrent un refuge, le premier roi romain creusa une fosse circulaire dans laquelle « *chacun jeta une poignée de terre apportée du pays d'où il était venu et on mêla le tout ensemble*[4] ». Dans cette fable, Plutarque donne à entendre une chose essentielle : l'étranger a sa place dès l'origine dans l'espace romain ; aussi la cité romaine ne se définit-elle pas comme une entité fondée sur une unité naturelle, mais comme le résultat d'une association.

Dans cette conception, ce qui fait le lien entre tous ces hommes d'origines différentes c'est la citoyenneté, dissociable par essence de l'origine ethnique, géographique, distinguée même de la langue, donc simple statut juridique, et par là même extensible à l'infini. Ce paradigme, qu'on trouve dans les légendes d'origine et qui est revendiqué comme le fondement même de l'identité romaine au moment où les légendes sont définitivement fixées, au premier siècle avant notre ère, correspondait bien à la situation d'avant 212 : la *cité romaine* était composée de personnes de toutes origines vivant dispersées dans l'Empire et dont le seul lien était l'appartenance à cette citoyenneté ; Rome formait en quelque sorte un « espace » abstrait, une « patrie commune » qui se distinguait des attaches locales, des lieux d'origine de chacun. C'était ce que Cicéron avait expliqué dans son traité *Des lois,* en disant que chaque nouveau citoyen romain avait en fait deux patries, l'une de droit, qui

▲ 1. R. Mac Mullen, *Changes in the Roman Empire,* Princeton, 1990, p. 32 ; F. Millar, « Local Cultures in the Roman Empire : Libyan, Punic and Latin in Roman Africa », dans *Journal of Roman Studies,* 1968, p. 126-134.

▲ 2. Hippolyte de Rome, *Commentaires sur Daniel,* IV, 8, 7 (cité par B. Rochette, *Le latin dans le monde grec,* Bruxelles, *Latomus,* n° 233, 1997, p. 41, n. 114).

▲ 3. C. Moatti, *La raison de Rome. Naissance de l'esprit critique à la fin de la République (IIe s. av.-Ier s. ap. J.-C.),* Paris, 1997, notamment le dernier chapitre.

▲ 4. Plutarque, *Vie de Romulus,* 9, 4.

définissait la citoyenneté, l'autre de nature. Il désignait alors très explicitement l'ordre romain comme un *ordre juridique,* qui se superposait, sans les détruire, aux diverses *histoires* de chacun. Façon de situer la romanité du côté de l'abstraction, du côté de la forme. Une conception qu'on retrouve dans la constitution de Caracalla et qui explique la subsistance des droits locaux : le pérégrin pouvait devenir citoyen sans que rien fût changé pour lui. Après Caracalla, cette *patria communis* devenait concrète dans la mesure où elle rejoignait les limites du monde habité : Rome était le monde, l'*Urbs* était l'*orbis,* mais la pluralité ne disparut pas pour autant. Ainsi peut-on parler à propos de l'Empire romain de la construction d'un universalisme concret, d'une unité qui tend à reformer en quelque sorte l'unité du genre humain, mais en maintenant sa diversité.

Le phénomène de l'harmonisation L'expérience contemporaine

Mireille DELMAS-MARTY
Professeur à l'Université Paris I,
Membre de l'Institut Universitaire de France

J'évoquerai l'expérience contemporaine, non pas en spécialiste du droit des contrats, mais du dehors, à travers quelques réflexions plus générales sur l'émergence d'un droit commun dont l'harmonisation est sans doute l'une des clés.

Ce qui frappe d'abord dans l'intitulé choisi, ce sont les mots « phénomène », et « expérience ». Façon, me semble-t-il, de marquer le fait qu'il ne s'agit plus d'un rêve ou d'une utopie, mais bel et bien d'une réalité qui se manifeste déjà mais se cherche encore.

Dès 1968, dans un article publié en anglais, repris en français en 1982[1], René David affirmait avec force : « *Le problème n'est pas de nos jours de savoir si l'unification internationale du droit se fera ; il est de savoir* comment *elle se fera.* » L'unification - ou l'harmonisation car à ce stade je ne les distingue pas encore - se met en place en particulier en Europe et en droit des contrats, mais aussi plus largement dans d'autres domaines du droit (le droit pénal lui-même, symbole de la souveraineté nationale, n'est pas épargné), dans diverses régions (qu'il s'agisse par exemple de l'Amérique du Mercosur ou de l'Afrique de l'OHADA) et même à l'échelle mondiale (où la *lex mercatoria* voisine avec le droit issu de diverses organisations telles que l'ONU, l'OIT ou l'OMC).

Mais cette réalité apparaît quelque peu déconcertante. Elle constitue un « phénomène » aussi dans le second sens du terme : « un fait anormal et qui surprend ». Tout se passe comme si l'histoire avait voulu jouer un tour aux comparatistes réunis en congrès à Paris en 1900 pour fêter le début du

▲ 1. René David, « Les méthodes de l'unification », *in Le Droit comparé - Droits d'hier, droits de demain,* Economica, 1982, p. 304 et s.

XXe siècle. Saleilles voyait pourtant loin (peut-être trop loin pour son époque) quand il désignait le droit comparé comme « l'instrument de progrès le plus sûr et le plus fécond », le « souffle nouveau » qui inspirerait la formation d'un « droit commun de l'humanité civilisée »[1]. En fait d'humanité civilisée, ce siècle aura connu deux guerres mondiales et découvert que le droit des nations dites civilisées n'avait pas su empêcher (et avait parfois légitimé) la mise en œuvre d'un programme de dégradation et de destruction systématique de la dignité de la personne humaine.

Aux lendemains de la guerre, l'urgence est politique plus que juridique — le statut du Conseil de l'Europe est adopté dès 1949 - et quand le projet politique s'enlise, c'est l'Europe économique qui prend le relais, dans les années cinquante, avec les trois traités fondateurs des Communautés. C'est ainsi que les ferments d'un droit commun vont surgir, non seulement avec les traités et le droit dérivé, mais encore avec la Convention Européenne des Droits de l'Homme (CESDH), adoptée par le Conseil de l'Europe en 1950. Également avec la création des deux cours européennes, la Cour Européenne des Droits de l'Homme (CEDH) et la Cour de Justice des Communautés Européennes (CJCE). C'est l'occasion pour des juges de tradition différente de siéger côte à côte et cette rencontre favorise les jeux d'influence réciproque et l'interpénétration des cultures juridiques. En outre l'exposé détaillé et concret des faits dans les arrêts de la CEDH, ainsi que l'énoncé des opinions dissidentes ou séparées qui souvent préparent certaines évolutions, aide à mieux saisir les mécanismes qui se mettent en place.

C'est ainsi qu'un droit commun se construit, fait de pièces et de morceaux, dans divers domaines du droit. Il ne ressemble guère aux rêves des comparatistes au début du siècle car la cohérence n'est pas sa vertu première : droit positif plutôt que droit savant, même si la doctrine tente d'y mettre un peu d'ordre. C'est toute la difficulté. Saleilles avait eu une intuition juste lorsqu'il avait repris la formule de Stammler visant un « droit naturel à contenu variable[2] » ; pour désigner un processus qui conjugue harmonie et diversité. Mais en pratique, le processus s'est engagé davantage à partir du droit international (notamment de la CESDH et des principes généraux du droit communautaire) que du droit comparé, même si de tels principes s'inspirent à l'évidence des traditions nationales. C'est progressivement que le droit comparé vient ajouter le maillon manquant et tenter une mise en ordre.

Et notre débat se tient précisément là car le désir d'ordre se heurte à une réalité placée sous le signe de la complexité. Avant de s'engager pour ou contre l'harmonisation du droit, il peut être utile de prendre toute la mesure de cette complexité. Par rapport aux questions simples que l'on se pose (où ? comment ? quand ?), aucune réponse n'est simple. La multiplicité des sources, l'hétérogénéité des voies et moyens, le caractère évolutif du processus,

▲ 1. Raymond Saleilles, *Conception et objet de la science du droit comparé*, rapport présenté au Congrès international de droit comparé, Société de législation comparée, Paris, 1900, p. 383 et s. Voir également « École historique et droit naturel », *RTD Civ.*, 1902, p. 80 et s.

▲ 2. R. Saleilles, « École historique et droit naturel », précité.

tels sont les principaux traits qui me paraissent caractériser, dans l'expérience contemporaine, le phénomène de l'harmonisation.

▶ § 1. Multiplicité des sources

Y a-t-il un législateur pour piloter les opérations ? On en douterait, à voir ce droit commun surgir de partout et dans le plus grand désordre. A la différence du *jus commune,* enseigné du Moyen Age aux temps modernes dans les grandes universités d'Europe, ce nouveau droit commun est d'abord droit positif, même si la doctrine souligne de plus en plus le rôle actif que devrait jouer le droit comparé, passé selon Heine Kötz et Reiner Schulze « du rôle d'informateur sur un droit étranger à celui d'un collaborateur dans la définition d'un droit commun[1] ». C'est dire que la multiplicité des sources doit s'analyser tant en droit positif que par référence à la doctrine et au droit savant.

▶ A. DROIT POSITIF

Quant au droit positif, son premier caractère est la prolifération. Bruno Oppetit l'avait souligné avec un accent presque désespéré : « *Le droit européen exprime le positivisme juridique le plus exacerbé* [il repose sur] *d'innombrables réglementations en croissance exponentielle (sans doute plus de 20 000 règlements et directives...) émanant d'un appareil de nature purement bureaucratique et ultra-centralisé, qui élabore ces règles pratiquement sans contrôle*[2]. »

Le deuxième caractère, corollaire du premier, est la sectorisation, la parcellisation, l'éclatement des disciplines qui, selon le même auteur, « *débouche sur la formation de blocs de normes qui ne sont plus conçues comme des parties d'un tout mais comme des ensembles (ou des sous-ensembles) autonomes sans liens les uns avec les autres* ». Le programme de ce colloque évoque d'ailleurs « les politiques spéciales d'harmonisation », qui seront traitées en droit de la consommation, droit de la distribution et droit du travail. Parallèlement, le droit pénal commun se trouve éclaté en réglementations différentes selon qu'il s'agit de fraudes contre le budget européen, de corruption, de criminalité organisée ou de grands trafics (de drogue ou autres).

Le troisième caractère, sur lequel je m'arrêterai davantage car il est moins systématiquement traité, est une certaine impuissance. Celle-ci tient d'abord aux difficultés d'application d'un droit qui, en l'état de la construction européenne, relève davantage des juges nationaux que des juges européens, au risque de favoriser des écarts d'interprétation qui affaiblissent l'idée de droit commun. La chronique du professeur Claude Witz au *Recueil Dalloz* sur

▲ 1. Reiner Schulze, « Le droit privé européen », *RIDC,* 1995, p. 7 et s.

▲ 2. Bruno Oppetit, « Droit commun en droit européen », *in Mélanges Loussouarn, L'internationalisation du droit,* Dalloz, 1994, p. 311 et s.

le droit « uniforme » de la vente de marchandise permet de prendre la mesure de tels écarts[1]. En pratique il existe quelques exemples de règles européennes précises appliquées directement par les juges européens dans certains secteurs comme le droit de la consommation ou de la distribution, sur la base des traités et du droit dérivé. Mais le plus souvent le processus est incomplet, pour des raisons multiples que l'on peut regrouper en trois cas de figure : soit le texte est précis mais le contrôle échappe au juge européen, notamment avec les instruments juridiques du troisième pilier du traité de Maastricht (même si le traité d'Amsterdam introduit une référence à la CJCE, il maintient la possibilité pour les États d'écarter la clause de compétence) ; soit le contrôle du juge européen s'exerce, comme on peut l'observer pour la CESDH, mais sur la base d'un texte vague, relevant davantage des principes généraux que des règles (et d'ailleurs limité à certains secteurs du droit, à l'exclusion des droits économiques et sociaux[2] pour lesquels même le protocole additionnel à la charte sociale européenne ne prévoit pas la compétence d'une véritable juridiction et de la bioéthique pour laquelle ni la convention de 1996 sur les droits de l'homme et la biomédecine, ni le protocole additionnel de 1998 sur le clonage, ne reconnaissent la compétence de la CEDH) ; soit les textes demeurent purement incitatifs, rédigés à l'intention des parties et, s'ils veulent bien les appliquer, des juges nationaux, comme dans le cas des principes proposés par Unidroit ou par la Commission Lando ; ou parfois rédigés à l'intention des législateurs nationaux selon des formules qui vont des recommandations (pouvant émaner de diverses organisations officielles comme le Conseil de l'Europe, l'ONU, l'OCDE, ou même le G7, auteur en 1996 d'une recommandation sur la lutte contre l'utilisation abusive des réseaux informatiques internationaux) aux lois-types, comme par exemple la loi-type sur l'insolvabilité internationale adoptée sous l'égide de la CNUDCI[3] ; formule préconisée aussi en droit pénal par un auteur allemand qui considère que la rédaction d'un code pénal européen-type, à caractère non contraignant, contribuerait « à la rationalisation, à la systématisation et à la réforme des droits nationaux » et par là même à leur rapprochement[4].

On notera que beaucoup de ces textes incitatifs sont d'origine doctrinale, ce qui montrerait la renaissance d'un droit savant, moins contraignant mais plus cohérent.

▲ 1. Voir notamment D. 1998, som. 307 et 315.

▲ 2. Sous réserve des efforts de la Cour européenne pour les intégrer au mécanisme de la CESDH (notamment par le biais des articles 6 ou 14). Voir S.J. Priso Essawe, « Les droits sociaux et l'égalité de traitement dans la jurisprudence de la Cour européenne des droits de l'homme », *RTDH,* 1998, p. 721 ; également l'arrêt *Gaygusuz c/ Autriche,* DEDH, 16 septembre 1996. *D.* 1998.438, note J.-P. Marguenaud et J. Mouly. Sous réserve aussi du projet de Charte des droits fondamentaux de l'Union européenne (*La Documentation française,* numéro spécial, août 2000).

▲ 3. Voir Jean-Luc Vallens, *La loi-type de la CNUDCI sur l'insolvabilité mensongère,* D. 1998, chron. 157.

▲ 4. Ulrich Sieber, « A propos du code pénal type européen », *RDPC,* 1999, p. 3 et s.

B. DROIT SAVANT

Quant au droit savant, il y a quelques temps déjà que la doctrine prône la « renaissance du *jus commune* ». Comme l'a montré Jean-Louis Halpérin[1], le mouvement est parti d'Italie dans les années cinquante, notamment avec les travaux de Calasso[2] et s'est poursuivi jusqu'à nos jours avec des historiens du droit médiéval comme Adriano Cavanna. Mais c'est surtout en Allemagne, notamment avec Helmut Coing[3], que le *jus commune* s'est trouvé élevé au rang de système juridique commun et que des auteurs comme Schulze (voir ci-dessus) cherchent à s'appuyer sur la tradition du *jus commune* pour justifier l'émergence d'un droit commun. Conception relayée en France, plus récemment, par des historiens comme Marie-France Renoux Zagamé[4]. Mais Jean-Louis Halpérin reste réservé sur une perspective dont il rappelle qu'elle a pu être jugée « sélective, dogmatique, idéologique (parce qu'elle exaltait le discours juridique en restant indifférente aux facteurs économiques et sociaux) et finalement anti-historique dans la mesure où elle privilégierait la continuité au détriment de la chronologie ». Pour sévères qu'elles soient, ces critiques ne conduisent pas l'auteur à rejeter la notion historique de *jus commune,* mais à en limiter la portée et l'exemplarité : l'Ancien Droit ne peut plus être, dans son contenu comme dans ses méthodes, un modèle pour le droit à venir (d'autant que l'Europe englobe le Royaume-Uni qui a toujours refusé de reconnaître l'autorité du *jus commune,* même si le droit romain y a été enseigné) ; en revanche « la démarche historique, en relevant les points communs dans le développement des droits des différents pays européens, peut encourager les juristes à innover dans la recherche d'un nouveau droit commun. »

Innover, d'abord dans la façon d'enseigner le droit. Tel est l'objectif de l'ouvrage publié en 1992 sous le titre *Le droit commun de l'Europe et l'enseignement juridique*[5]. A son tour Bruno Oppetit insistait sur la nécessité d'une formation juridique générale, axée sur les connaissances de base et les méthodes d'accès aux solutions des problèmes plutôt que sur l'acquisition de connaissances techniques, parcellaires et très spécialisées. Mais il restait sceptique : « *Il ne faut pas se dissimuler que cette réorientation, si souhaitable, de l'enseignement juridique ne s'est pas encore imposée dans les esprits.* » Constatant que les programmes sont gagnés par « le gigantisme et l'encyclopédisme », que les universitaires « trouvent leur confort intellectuel dans cet enfermement à l'intérieur de spécialités de plus en plus étroites » et que les manuels reflètent cette évolution, « simples photographies de l'état

▲ 1. J.-L. Halpérin, conférence février 1999, *RIDC 2000,* n° 4. Également *Entre nationalisme juridique et communauté de droit,* PUF, 1999. Comp. M. Delmas-Marty, « Le rôle du juge européen dans le *jus commune.* Signification et limites », in *Protection des droits de l'homme : la perspective européenne,* Carl Heymanns, Verlag, 2000, p. 397 s.

▲ 2. *Introduzione al diritto commune,* 1re éd. 1951.

▲ 3. *Europaïsches Privatrecht,* 2 vol. 1985 et 1989.

▲ 4. Marie-France Renoux Zagamé, « La méthode du droit commun, réflexions sur la logique des droits non codifiés », *Revue d'histoire des facultés de droit,* n° 10-11, LGDJ, 1990, p. 133 et s.

▲ 5. *Le droit commun de l'Europe et l'enseignement juridique,* éd. C. Forder et B. de Wite, Kluwer, 1992.

actuel des réglementations et des jurisprudences, dont les étudiants sont invités à s'imprégner jusqu'au prochain examen », Oppetit lançait un avertissement solennel : « *Il serait grand temps de réagir contre cette dérive et de recentrer l'enseignement juridique universitaire sur les seules matières de formation : le retour à l'unité juridique de l'Europe (qui n'est pas l'uniformité) est à ce prix*[1]. »

Il reste que si le droit savant permet d'éviter la bureaucratisation du droit européen, le risque est d'introduire un dogmatisme d'inspiration continentale qui serait rejeté par les juristes de *common law* et par les praticiens du droit. Si l'on veut éviter à la fois la bureaucratisation *et* le dogmatisme, il faut innover en facilitant tous les types d'échange et de confrontation : échanges entre les institutions européennes et les universitaires, notamment à partir de groupes de travail comme la Commission Lando, ou le groupe d'étude dit du *corpus juris* en droit pénal, qui associent des experts indépendants à l'élaboration de textes à vocation européenne ; confrontations entre juristes de traditions différentes, comme ici à Lille, à propos du droit des contrats. En droit pénal aussi j'ai pu en mesurer l'utilité, ayant été successivement invitée par la *House of Lords,* puis par des pénalistes allemands, à discuter du même texte, le *corpus juris,* dont j'avais coordonné les travaux. Bien que le texte fut identique, les débats furent très dissemblables. Le premier, en Angleterre, fut consacré pour l'essentiel à la procédure, alors que les Allemands, pour leur part, ont privilégié un débat plus dogmatique sur les règles de fond. Pas d'incompatibilité pourtant, mais une lecture différente - certains y verront une incompréhension - que le débat doit précisément permettre de transformer en complémentarité. A condition de tenir compte, au-delà des aspects purement juridiques, des différences culturelles et sociales[2], ainsi que des conceptions économiques et financières qui, inspirant les formes du capitalisme en Europe, influencent les choix juridiques[3]. En définitive, la multiplicité des sources, y compris doctrinales, peut aider à comprendre l'hétérogénéité des voies et moyens qui conduisent à l'harmonisation du droit.

▶ § 2. Hétérogénéité des voies et moyens

« Unification, uniformisation, harmonisation, de quoi s'agit-il ? » interroge Antoine Jeammaud à propos du projet de code européen de la consommation[4]. Laissant de côté la sous-distinction entre l'unification (des règles identiques appartenant à un droit commun unique) et l'uniformisation (des règles identiques incorporées à des droits nationaux distincts), je retiendrai deux voies principales que l'on peut dénommer « unification » quand les règles

▲ 1. Bruno Oppetit, précité.

▲ 2. Voir les critiques de Pierre Legrand, « Sens et non sens d'un code civil européen », *RIDC,* 1996, p. 779 et s. Également « Le primat de la culture », *Le droit privé européen,* dir. P. Vareilles-Sommières, Economica, 1998.

▲ 3. Voir Gunther Teubner, « Legal irritants : good faith in british law or how unifying law ends up in new divergences », *The Modern Law Review,* 1998, p. 11 et s.

▲ 4. A. Jeammaud, « Unification, uniformisation, harmonisation, de quoi s'agit-il ? », *in Vers un code européen de la consommation,* Bruylant, 1998, p. 35 et s.

nationales deviennent identiques et « harmonisation » *stricto sensu* quand les règles tendent seulement à se rapprocher autour de principes communs, mais peuvent rester différentes. A ces deux voies, ou stratégies, correspondent des moyens (ou des tactiques) spécifiques. Il est cependant difficile d'établir une corrélation nette avec les sources. Certes le droit savant tend plutôt vers l'unification, mais pas exclusivement ; quant à la jurisprudence, elle est d'abord un moyen d'harmonisation (l'exemple de la CEDH l'a abondamment démontré), mais elle peut aussi devenir le relais d'un droit uniforme ou unifié, comme le montre à l'occasion la jurisprudence de la CJCE ; enfin, comme l'a souligné le rapport introductif du professeur Van Gerven, le droit issu de textes écrits utilise toutes les stratégies et toutes les tactiques, ne respectant pas toujours la distinction entre les règlements (conçus plutôt sur un modèle d'unification) et les directives (sur un modèle d'harmonisation). C'est donc indépendamment des sources que je tenterai d'analyser ce jeu complexe des voies et moyens, en commençant par l'unification.

A. L'UNIFICATION

La voie de l'unification ne semble acceptable que si la synthèse est possible ; sinon elle conduit au risque d'un droit commun impérialiste ou hégémonique. Je ne me prononcerai ni sur le bien fondé de l'unification en droit des contrats, ni sur le projet de code civil européen, dont Pierre Legrand a violemment dénoncé « l'insolence, la grandiloquence, l'obsolescence [et même, curieusement], l'innocence[1] ». En revanche qu'il me soit permis de faire un détour par le droit pénal pour tenter d'exposer ma conception en matière d'unification. D'un côté, je suis peu favorable à un projet de code pénal européen qui risquerait de conduire à d'inutiles querelles dogmatiques, sans pour autant garantir une répression plus efficace ni plus juste. Toutefois l'unification me semble une stratégie adaptée à la protection d'intérêts que les États sont peu empressés à défendre dès lors qu'il s'agit d'intérêts supra nationaux, européens par nature pourrait-on dire, comme les intérêts financiers de l'Union européenne. Peu empressés et mal équipés car ces fraudes sont en grande majorité transnationales, alors que les poursuites se heurtent aux lourdeurs d'une coopération policière et judiciaire qui ne pourrait en réalité permettre de recueillir des preuves acceptables que si les règles étaient déjà unifiées. Pour sortir de ce cercle infernal, le projet du *corpus juris*[2], sans prétendre au statut de code pénal ou de procédure pénale, propose l'unification des règles de fond, facilitée par certaines convergences et parfois des lacunes communes aux différents systèmes, autour de huit délits « européens » et de plusieurs dispositions sur la responsabilité et les peines. En procédure, nous pensions la tâche plus difficile en raison de l'opposition traditionnelle entre procédure accusatoire

▲ 1. Pierre Legrand, précité.

▲ 2. *Corpus juris pour la protection des intérêts financiers de l'Union européenne,* version franco-anglaise, Economica, 1997 (dir. M. Delmas-Marty), *La mise en œuvre du* Corpus Juris *dans les États modernes,* 2000.

et inquisitoire. Mais le terrain avait été préparé : à l'échelle mondiale par le statut des tribunaux pénaux *ad hoc,* crées pour l'ex-Yougoslavie et le Rwanda (complété en 1998 par le statut de la Cour pénale permanente adopté par la Convention de Rome) ; mais aussi à l'échelle européenne par une évolution des systèmes nationaux, à la fois spontanée (comme la création de services de poursuite en Angleterre ou la disparition du juge d'instruction dans plusieurs pays continentaux) et imposée (par une jurisprudence abondante de la CEDH, et indirectement de la CJCE, notamment sur le droit au silence ou sur le droit de la preuve). Malgré les divergences d'origine, la synthèse était devenue possible autour d'un ministère public européen, représentant l'État comme dans la tradition inquisitoire, mais indépendant du pouvoir politique et placé, comme dans la tradition accusatoire, sous le contrôle d'un juge arbitre neutre, sans pouvoirs propres d'investigation. De même le difficile problème de la preuve est-il résolu, selon une procédure qualifiée symboliquement de « contradictoire », le terme marquant le dépassement de l'opposition entre accusatoire et inquisitoire, qui repose comme celle-ci sur la constitution d'un dossier, mais contient comme celle-là des règles strictes d'exclusion. La création de « procès-verbaux européens », d'audition et d'interrogatoire, facilite la recevabilité de la preuve, admise dans les mêmes conditions d'un pays à l'autre.

Publié en 1997, le projet a été traduit dans toutes les langues de l'Union, et également dans celles de pays candidats, comme la Pologne, la République tchèque ou la Roumanie, où il est déjà utilisé comme guide des réformes en cours (une sorte de loi-type). Au sein de l'Union, les résistances sont plus fortes, mais elles tiennent assez peu à l'opposition entre les pays de *common law* et les pays continentaux, car la synthèse parait admise pour l'essentiel, même si divers ajustements ont dû être proposés à la suite des auditions organisées par la *House of Lords.* Plus graves sont les résistances venues de l'Italie ou de la Grèce et à un moindre degré de l'Allemagne, quant à la responsabilité pénale des personnes morales, alors que celle-ci est admise sans difficulté par des pays aussi différents que le Royaume-Uni les Pays-Bas, la France ou les pays scandinaves ; également les résistances opposées par les pays scandinaves, en particulier la Suède, à l'idée d'un ministère public européen qui serait doté de pouvoirs jugés trop faibles (notamment en raison du contrôle permanent d'un juge), alors que les juristes allemands craignent à l'inverse des pouvoirs jugés excessifs. Sous réserve de nouveaux ajustements, le projet ne soulève pas d'opposition majeure, en particulier celle de l'hégémonie d'une tradition juridique par rapport aux autres. Ou plutôt, chacun croit que l'autre a été privilégié : projet anglais, dit-on en France, nouvelle attaque des Allemands selon les journaux anglais, dispositions typiquement françaises ai-je entendu en Allemagne, enfin méconnaissance totale des réalités scandinaves lit-on dans le rapport suédois. Quelle belle démonstration du réel pluralisme du projet !

Cela dit, le projet ne prétend pas unifier toute la procédure, mais essentiellement les règles relatives aux investigations et aux preuves, le jugement étant renvoyé aux juridictions nationales, ainsi que les recours. C'est dire que les deux stratégies doivent être conçues de façon combinatoire et non comme une simple alternative : selon la formule unification *et* harmonisation plutôt qu'unification *ou* harmonisation.

B. L'HARMONISATION

La voie de l'harmonisation s'impose en effet quand la synthèse est soit impossible (comme peut-être à l'issue du débat sur la responsabilité pénale des personnes morales), soit inutile (par exemple en ce qui concerne les juridictions de jugement). Politiquement plus acceptable, car l'objectif est plus modeste, l'harmonisation est juridiquement plus difficile car les moyens sont plus complexes.

L'objectif est, comme on l'a rappelé, de rapprocher des règles qui peuvent néanmoins rester différentes. D'où le risque de fragmentation ou d'éclatement, s'il ne s'agissait pas de tendre vers « l'harmonie », c'est-à-dire la « mise en compatibilité » des différences.

Les moyens, ce sont les principes directeurs qui constituent la référence commune et guident le rapprochement, en laissant les modalités d'application à la réglementation nationale. De tels principes peuvent résulter indirectement de l'utilisation par la jurisprudence de principes généraux, inscrits dans les traités ou dans la CESDH. Mais de véritables principes directeurs d'harmonisation sont parfois directement conçus comme tels dans certains secteurs du droit, qu'il s'agisse de directives, mais aussi de règlements ou de conventions relevant du troisième pilier. En matière de fraudes au budget, on trouve de tout : directive de 1991 sur l'harmonisation de la définition du blanchiment ; règlement de 1995 sur l'harmonisation des sanctions administratives ; convention de 1995 sur l'harmonisation des sanctions pénales.

En droit des contrats, la bonne foi, au sens défini par la Commission Lando, pourrait constituer un tel principe (à condition d'être accepté par toutes les traditions juridiques, mais ceci est un autre débat que je n'engagerai pas ici). Cela dit, l'objectif est plus ambitieux car les « principes » proposés ont été volontairement choisis comme beaucoup plus précis que les principes généraux traditionnels du droit des contrats ou de la *lex mercatoria*. En revanche il s'agit pour la plupart de principes non obligatoires. Les parties, quand elles s'y réfèrent, peuvent « *exclude the application of any of these principles or derogate from or vary their effects* » ; cependant la liberté de choix des parties est limitée par des exceptions strictement énumérées. Enfin, même quand les parties ne s'y réfèrent pas, ils peuvent être appliqués par le juge pour combler des lacunes du droit national applicable. Autrement dit, pour autant que l'on puisse en juger du dehors, ils semblent pouvoir fonctionner soit comme stratégie d'unification, soit, lorsqu'ils se combinent avec des règles nationales, comme stratégie d'harmonisation, laissant subsister une marge nationale de réglementation, mais pas en toute matière (cf. les règles indérogeables).

Car la différence entre les deux voies tient dans cette marge. Parfois explicite, comme dans la jurisprudence de la CEDH, parfois implicite, par exemple lorsque le traité CE, après avoir interdit les restrictions quantitatives à l'importation ainsi que toute mesure d'effet équivalent (principe général posé par l'article 28, ex art. 30, Traité CE), admet des mesures nationales de restriction ou même d'interdiction lorsqu'elles sont justifiées par les raisons énumérées, que l'on peut rattacher à l'idée d'ordre public au sens large. En toute hypothèse, la reconnaissance d'une marge nationale n'exclut pas tout contrôle et laisse place à une éventuelle décision de censure lorsque l'écart entre le principe européen invoqué et les pratiques nationales est jugé trop important pour être admis. En somme l'harmonisation permet d'accepter des différences, mais pas au-delà d'un certain seuil.

C'est pourquoi elle implique un raisonnement juridique différent. Dans une pénétrante réflexion sur la construction juridique européenne contemporaine, le juge David A.O. Edward, membre de la CJCE, souligne l'originalité de ce raisonnement : « *The satisfying legal logic of hierarchy of norms, where the superior norm pre-empts the inferior norms, has had to give way to a "fuzzy logic" that seeks to balance the claims of simultaneous but conflicting imperatives, frequently expressed in terms that are imprecise or at least leave a wide margin for their interpretation and application to particular cases*[1]. » Alors que l'unification, fondée sur la logique aristotélicienne, implique une obligation d'identité par rapport à la règle de référence et conduit, si faibles soient les différences, à juger toute pratique non identique comme « non conforme », l'harmonisation relève en effet d'une *fuzzy logic* (expression généralement traduite par « logique floue »), qui repose sur une obligation de proximité, et non d'identité, dès lors qu'une « marge » est admise, impliquant une sorte d'échelle sur laquelle le juge devra situer un seuil de compatibilité. A la différence des pratiques « conformes » supposées toutes identiques à la règle de référence, les pratiques « compatibles » peuvent présenter des différences entre elles. Ainsi le droit à un tribunal indépendant et impartial peut être assuré par des règles différentes d'un pays à l'autre (quant à la composition des juridictions ou quant à la formation des juges), mais pas au-delà d'un certain seuil de compatibilité (par exemple la CEDH considère comme incompatible avec le principe la confusion des fonctions de poursuite et de jugement ou d'instruction et de jugement, ou le fait pour un juge de recevoir des instructions du pouvoir politique).

On entrevoit les inconvénients qui peuvent résulter de ce changement de logique[2]. D'une part les principes étant moins précis que les règles, c'est au juge qu'il revient de rechercher les critères d'application de ces principes. D'autre part, le choix du seuil de compatibilité, qui commande la décision, est également confié au juge, qui peut aisément le faire varier en fonction du résultat qu'il veut atteindre. Autrement dit, si l'harmonisation présente d'incontestables avantages en termes de souplesse, elle augmente corrélativement les risques d'arbitraire, d'autant que les pouvoirs sont accrus au

▲ 1. David A.O. Edward, « What kind of law does Europe need ? The role of law, lawyers and judges in contemporary european integrations », *in The Columbia Journal of European Law*, vol. 5, n° 1, winter 1998-1999, p. 1 et s.

▲ 2. Sur le changement de logique, voir M. Delmas-Marty et J.F. Coste, « Les droits de l'homme, logique non standard », *in Le genre humain*, n° spécial « Interdisciplinarités », Seuil, 1998, p. 135 et s.

profit du juge européen, dont on se méfie par ailleurs davantage que du juge national. La seule réponse, dès lors que la voie de l'harmonisation reste indispensable si l'on veut maintenir un certain pluralisme juridique, tient dans le souci constant d'assurer non seulement l'indépendance et l'impartialité du juge européen, mais encore la qualité de ses décisions, par un supplément de transparence dans la motivation des décisions et de rigueur dans l'application des mêmes critères d'une décision à l'autre.

L'enjeu est non seulement de pouvoir utiliser ainsi les deux stratégies, en tenant compte des données comparatives qui devraient commander le choix de l'une ou de l'autre, mais encore de permettre une évolution des solutions dans le temps, sans modifier le principe de référence. On peut partir d'une harmonisation faible (avec un seuil bas) si la comparaison révèle des divergences importantes et aller progressivement vers une harmonisation forte, en élevant le seuil de compatibilité quand les divergences se sont atténuées.

▶ § 3. Caractère évolutif du processus

Le terme évolutif éloigne de l'idée de code, à laquelle reste associé le « vœu de perpétuité » pour reprendre la formule célèbre de Portalis. Il est vrai que celui-ci ajoutait que « *les codes des peuples se font avec le temps ; mais à proprement parler on ne les fait pas* ». Du moins avait-on l'illusion de les faire et le désir de les voir durer. S'agissant du processus d'harmonisation, ce vœu de perpétuité serait un contre-sens car le droit devient ouvertement évolutif, qu'il s'agisse des passerelles d'un pilier à l'autre dans les traités de Maastricht puis d'Amsterdam, ou dans le préambule de la CESDH, de l'objectif clairement assigné de sauvegarde « et développement » des droits de l'homme, objectif invoqué à l'occasion par la CEDH quand elle affirme que certaines notions inscrites dans la convention « ne se prêtent pas à une définition définitive » (par exemple la notion d'aliéné au sens de l'article 5).

Plus précisément on peut observer comment la construction européenne va de la juxtaposition à l'harmonisation, puis de l'harmonisation à l'unification. Qu'on me permette ici encore de privilégier le droit pénal, d'autant plus significatif que l'idée d'un droit européen heurte de front en cette matière le principe de souveraineté nationale.

▶ A. DE LA JUXTAPOSITION À L'HARMONISATION

Le chemin est ici balisé par une jurisprudence elle-même évolutive, notamment à propos du principe de la légalité des délits et des peines qui semblait irréductible à toute harmonisation, au point que l'on dut renoncer à l'inscrire dans la CESDH, se limitant à affirmer la non rétroactivité du « droit pénal » et non de la loi pénale. Les premières décisions marquent d'ailleurs nettement la spécificité des systèmes de *common law* : « *On irait manifestement à l'encontre de l'intention des auteurs de la convention si l'on disait qu'une restriction imposée en vertu de la* common law *n'est pas prévue par la loi au seul motif qu'elle ne ressort d'aucun texte législatif, on priverait un État de* common law, *partie à la convention, de la protection de l'article 10 § 2, et l'on frapperait à la base son système juridique*[1]. » Or à partir de la fin des années quatre-vingts, cette conception large de la légalité englobant le droit écrit et la jurisprudence sera étendue à des pays de tradition légaliste, y compris la France, et la Cour affirmera alors qu'une synthèse est possible : « *On aurait tort de forcer la distinction entre pays de* common law *et pays continentaux... La loi écrite* (statute law) *revêt aussi de l'importance dans les premiers ;* vice versa, *la jurisprudence joue traditionnellement un rôle considérable dans les seconds.* » Condition d'un véritable État de droit, la légalité, au sens européen, sera désormais définie comme « *le texte en vigueur tel que les juridictions compétentes l'ont interprété*[2] », l'extension ainsi admise étant compensée par l'exigence, commune à tous les systèmes, de la « qualité de la loi », impliquant les trois composantes de l'accessibilité, de la précision et de la prévisibilité de la norme, écrite ou jurisprudentielle.

Mais le passage de la juxtaposition à l'harmonisation n'a pas toujours pour objectif la promotion de l'État de droit. C'est le plus souvent pour des raisons d'efficacité que l'harmonisation est préconisée, qu'il s'agisse du droit des contrats ou de la répression des fraudes au budget. Or ce sont les mêmes raisons qui incitent à passer de l'harmonisation à l'unification.

▸ B. DE L'HARMONISATION À L'UNIFICATION

Le processus est quasi continu. Comme on l'a vu ci-dessus, il est bien difficile en droit des contrats de dissocier les deux voies à travers les propositions de la Commission Lando. De même avec les fraudes au budget pour lesquelles les mesures d'harmonisation, tant en matière administrative (règlement précité de 1995) que pénale (convention précitée de 1995 dite convention PIF) ont été dépassées dès 1997 par la rédaction du *corpus juris.* L'effet paradoxal de ce projet sera peut-être une certaine incitation pour les États à ratifier la convention PIF de 1995 (alors qu'aucune ratification n'était encore intervenue à la fin de 1998) afin d'éviter l'unification. Dès à présent, la proposition de créer un parquet européen a eu pour effet indirect le renforcement du dispositif européen d'enquête en matière de fraudes (règlement du 25 mai 1999 créant un office de lutte anti-fraude indépendant de la Commission et un comité de surveillance destiné à garantir cette indépendance).

C'est dire à quel point le processus de construction européenne, d'abord empirique, échappe aux schémas préétablis. Qu'il s'agisse d'harmonisation *stricto sensu* ou d'unification, le phénomène peut être décrit, mais il reste difficilement prévisible. Le droit savant n'est pas relégué pour autant à la fonction subalterne de commentateur *a posteriori.* La doctrine peut et doit

▲ 1. Arrêt *Sunday c/ Royaume-Uni,* CEDH, 26 avril 1979, dans le même sens, *Malone c/ Royaume-Uni,* 2 août 1984.

▲ 2. Arrêts *Huvig et Kruslin c/ France,* 24 avril 1990.

prendre des initiatives, comme la Commission Lando l'a fait. Elle sera d'autant mieux entendue qu'elle saura éviter « l'esprit d'immobilisation, d'attachement au passé et de retour mystique aux vieilles curiosités coutumières du droit » qui, selon Saleilles, avait caractérisé les principaux représentants de l'École historique[1]. En somme la doctrine doit accepter d'innover, c'est-à-dire de penser le droit selon d'autres modèles que ceux déjà en vigueur.

En conclusion, deux observations.

L'enjeu n'est pas seulement technique, il est aussi d'ordre épistémologique. En effet je ne crois pas que la solution soit de supprimer la complexité. On peut certes la déplorer, mais on ne la supprimera pas. Mieux vaut apprendre à l'ordonner car il est sans doute impossible, au stade actuel, de concevoir un droit commun qui serait appelé à remplacer le droit national. Le droit européen se surajoutera sans doute pendant longtemps encore aux systèmes nationaux, ce qui devrait nous obliger à apprendre à ordonner sources multiples, voies et moyens hétérogènes et processus évolutifs. Un tel apprentissage est nécessaire car il constitue sans doute la condition d'un droit commun vraiment pluraliste, dans le sens rappelé à juste titre par Jacques Ghestin, d'un droit non hégémonique.

Par là-même, l'enjeu dépasse l'Europe. Nous retrouvons ici l'idée développée ailleurs[2] que cette construction juridique européenne, pluraliste et évolutive, est d'autant plus nécessaire qu'elle répond à un double objectif : mieux protéger les intérêts de l'Europe et de ses citoyens et, plus largement, constituer une alternative à une mondialisation hégémonique qui étendrait à la planète le système juridique de l'État économiquement le plus puissant. En somme, après avoir été le laboratoire du nationalisme juridique au XIXe siècle, l'Europe pourrait maintenant devenir celui de la mondialisation.

▲ 1. R. Saleilles, « École historique et droit naturel », précité.

▲ 2. Voir M. Delmas-Marty, « L'espace judiciaire européen, laboratoire de la mondialisation », *D.* 2000, n° 21 ; également *Trois défis pour un droit mondial,* Seuil, 1998 ; « La mondialisation du droit : chances et risques », *D.* 1999.43.

La leçon d'Apollinaire

Pierre LEGRAND*

Professeur à l'Université Panthéon-Sorbonne (Paris I)

Quelle incitation appelle donc à la citation, c'est-à-dire à la répétition ? Valery Larbaud faisait état d'un désir d'exhibitionnisme : « *Un beau vers, une phrase bien venue, que j'ai retenus, que je me suis souvent récités, c'est comme un objet d'art ou un tableau que j'aurais achetés : un sentiment, où entrent à la fois la vanité du propriétaire, l'amour-propre du connaisseur et le désir de faire partager mon admiration et mon plaisir, m'engage à les montrer, à en faire parade*[1]. » Je souhaite ici donner à voir une presciente réflexion de Guillaume Apollinaire, cosmopolite, dont tous les mots restent à peser : « *L'art ne cessera d'être national que le jour où l'univers entier vivant sous un même climat, dans des demeures bâties sur le même modèle, parlera la même langue avec le même accent, c'est-à-dire jamais*[2]. » La pensée du poète – ce « *législateur méconnu* », affirmait Shelley[3] – vaut mêmement pour le droit. Ainsi Apollinaire, pour peu qu'on l'imagine se consacrant à la chose juridique, aurait pu écrire ce qui suit : « *Le droit ne cessera d'être national*

▲ * A mes hôtes, Christophe Jamin et Denis Mazeaud, j'adresse mes remerciements pour leur invitation à intervenir au colloque organisé à l'Université Lille 2, les 29 et 30 mars 1999, relativement à l'harmonisation du droit des contrats en Europe. J'ai élaboré ma réflexion dans le cadre hospitalier du Centre René-Demogue de l'Université Lille 2 dont le directeur, mon collègue et ami Christophe Jamin, voudra bien trouver ici l'expression de ma gratitude. Une première version de ce travail est parue *in* Pierre Legrand, *Fragments on Law-as-Culture,* Deventer (Pays-Bas), Tjeenk Willink, 1999, p. 117-31.

▲ 1. Valery Larbaud, *Sous l'invocation de Saint Jérôme*, Paris, Gallimard, 1946, p. 215.

▲ 2. Guillaume Apollinaire, *L'esprit nouveau et les poètes, in Œuvres en prose complètes*, sous la dir. de Pierre Caizergues et Michel Décaudin, t. II, Paris, Gallimard, 1991, p. 946. Cet essai fut d'abord lu au Théâtre du Vieux-Colombier, à Paris, le 26 novembre 1917 et publié, à titre posthume, le 1er décembre 1918.

▲ 3. Percy Bysshe Shelley, *A Defence of Poetry, in Shelley's Prose*, sous la dir. de David Lee Clark, Londres, Fourth Estate, 1988, p. 297 [« *(p)oets are the unacknowledged legislators of the world* »] (d'abord publié, à titre posthume, en 1840).

que le jour où l'univers entier vivant sous un même climat, dans des demeures bâties sur le même modèle, parlera la même langue avec le même accent, c'est-à-dire jamais. » Ajouter à cette méditation, c'est, me semble-t-il, verser dans la tautologie. Je m'exprimerai cependant, car ce qui a été dit et cité peut mériter d'être redit, autrement. C'est le cas de la leçon d'Apollinaire.

▲

En dehors de tout propos rassurant, abordons le problème en son fond en nous en tenant ici à la seule question de la *faisabilité*. Pourquoi un droit unique, mondial ou universel, est-il impossible ? Pourquoi un droit uniforme par-delà les frontières nationales est-il irréalisable ? La réponse, à laquelle nous convie une phénoménologie de l'implicite, tient à ce que le droit s'inscrit infailliblement dans une langue, participe inévitablement d'une culture et relève invariablement d'une tradition.

▲

Premier intermède pour ceux qui sont requis par la comparaison

Force est de reconnaître que la règle accapare presque tout le champ de la vision comparatiste, de l'agir comparatiste. La comparaison ne sait qu'elle, d'un savoir qui n'est même plus un savoir, d'un savoir machinal, qui tôt se perd dans l'habitude hâtivement fonctionnelle flouée par des certitudes ancrées dans l'immobilité apparente des formes fixes. Mais qu'en serait-il d'un autre et plus profond savoir qui saurait la règle comme ce qu'elle est : sur fond d'absence, d'une absence qui la pose et seule lui donne consistance de présent et, lui donnant d'être présente, pour une part infinie aussi l'habite ? Quelle autre plus radicale approche serait celle qui intégrerait dans l'épreuve du présent celle de l'absence qui le fonde ? « Figure porte absence et présence », *enseignait Pascal*[1]*. Comment donc reconnaître, dans le présent même, cette dimension oubliée, plus haute et plus forte que la présence manifeste ? Que le comparatiste ouvre comme une faille dans le présent qui ne lui suffit plus et s'engage dans la brèche. Il n'a son lieu que là, n'est lui-même que dans son élan, sa fuite.*

▲

Soit une convention internationale en matière de vente qui imposerait notamment aux contractants d'exécuter leurs obligations de bonne foi. Comme on sait, l'incorporation d'une telle convention au droit national est assujettie à sa ratification par l'État. Or, dès le moment où la convention internationale se transmue ainsi en droit national, elle nous dérobe ce que nous attendions d'elle. Faisant éclater les effets de surface, elle montre les empêchements dirimants à l'uniformité transnationale des droits. Car le texte ratifié en Angleterre, par exemple, se reportera à la notion de *good faith* alors que la loi allemande, pour sa part, renverra à la *Treu und Glauben.*

▲ 1. Blaise Pascal, *Pensées*, sous la dir. de Philippe Sellier, Paris, Bordas, 1991, fragment 296, p. 277 [d'abord publié, à titre posthume, en 1670].

L'homologie des formules est vouée à la discordance puisque jamais la *good faith* ne connotera pour un *common-law lawyer* anglais ce que la *Treu und Glauben* évoquera chez un *Rechtsanwalt* allemand. *A fortiori*, jamais le juriste allemand ne comprendra ce qu'est la *good faith* selon le juge ou l'avocat anglais, comme l'Anglais ne saura jamais ce qu'est, pour un Allemand, la *Treu und Glauben*. Le décalage des nomenclatures est d'autant plus redoutable que la nomenclature est définie par la règle des classes mutuellement exclusives – je ne peux pas être *in good faith* et me montrer *negligent* face aux exigences contractuelles ou me refuser *intentionally* à exécuter les obligations auxquelles je me suis astreint ; ou bien je suis *in good faith*, ou bien je romps *negligently* ou *intentionally* mon engagement. C'est dire que l'idée de *good faith* vient à tout le moins dessiner l'épure des notions de *negligence* et d'*intention* elles-mêmes. Chaque locution, qu'il s'agisse de *good faith* ou de *Treu und Glauben*, s'inscrit dans un réseau sémantique et sémiotique (infini) auxquels n'ont accès de l'intérieur que ceux qui sont pareillement dans cette langue, dans cet espace et dans ce temps[1]. Il y a incommensurabilité des discours juridiques anglais et allemand[2].

▲

Ainsi l'acte de profération locale marque le passage obligé de l'ordre conceptuel de la convention internationale à sa formation en individuations singulières, en *conceptions*, dont les amorces de sens possible interviendront d'ailleurs peut-être, en réponse à une demande de sens, au revers du code syntaxique institué. Le droit national n'a donc pas qu'une fonction de miroir. Éminemment créateur, ne redoublant aucune réalité préexistante qui serait *omnitudo realitatis*, il apparaît comme une manifestation située où le reflet n'est jamais identique au reflétant par suite d'un décalage, plus ou moins palpable, où le même bifurque en l'autre. Transgression modificatrice ou métamorphosante d'être qui déploie une zone de sens dont la caractéristique est de n'apparaître que dans l'effectuation du mouvement de conversion, le texte local est non seulement un mode d'être, mais il est le seul mode d'être qui confère à la convention internationale une réalité positive[3]. C'est là le paradoxe de la convention internationale dont l'existence même comme droit positif exige, alors qu'elle appelait pourtant *un* sens, qu'elle se soustraie, à travers le mouvement instaurateur de son avènement, à toute fixation résolutrice.

▲

Mais le phénomène de décentrement n'est pas tributaire que de considérations langagières. La destinée de la *Treu und Glauben* allemande – à

▲ 1. Voir notamment Alasdair MacIntyre, *Whose Justice ? Which Rationality ?*, Notre Dame (Indiana), University of Notre Dame Press, 1988, p. 373. Ce phénomène entraîne qu'« [*une*] *trace allogène irrite les autochtones* » de manière « *sous-jacent*[*e*] *aux attitudes les plus tolérantes* » : Julia Kristeva, *L'Autre langue ou traduire le sensible*, 1998, 52, French Studies, 385, p. 385.

▲ 2. Voir notamment Richard Rorty, *Philosophy and the Mirror of Nature*, Princeton, Princeton University Press, 1980, p. 315-56.

▲ 3. Je démarque Jacques Garelli, *L'entrée en démesure*, Paris, José Corti, 1995, p. 59-60 et 106-107.

savoir le rôle que les juristes allemands voudront lui assigner en droit positif allemand - dépend, comme l'a établi Gunther Teubner dans un texte qu'il vaut d'extraire de son enveloppe néo-marxiste, du cadre culturel local, par exemple, du modèle économique en vigueur[1]. Ce que M. Teubner nomme le « capitalisme rhénan » se fonde sur une approche *consociationnelle* entre les partenaires économiques et sociaux qui fait une importante place aux valeurs communautaires telles la loyauté et la coopération à long terme. Dans ce contexte, la *Treu und Glauben* vient faciliter et légitimer un régime de production qui serait autrement fragilisé par les risques de dislocation inhérents à une culture économique reposant sur la confiance. On s'explique, dès lors, comment les interprétations amplificatrices que continuent à donner les juges allemands du paragraphe 242 BGB demeurent parfaitement admissibles aux yeux des communautés interprétatives juridique et économique locales, car ces lectures s'imbriquent précisément dans une logique locale. L'introduction d'une notion de *good faith* en droit anglais par l'entremise de la convention internationale que j'ai postulée connaîtrait des implications fort différentes et ne saurait, sur le plan matériel, autoriser une quelconque conclusion en faveur de l'unité, de l'uniformité ou de l'harmonie des droits. En effet, le capitalisme à l'anglaise prend la forme d'une économie libérale qui se distingue notamment par une dérégulation des marchés et une forte concurrence parmi les entreprises. Dans un tel contexte économique, l'idée de *good faith* intervient en porte-à-faux ce qui, loin d'en favoriser l'expansion, la confinera au statut d'« *exotique exception* »[2]. Il est donc tout à fait compréhensible qu'un juge anglais soutienne combien la *good faith* est « *foncièrement répugnante à la position adversative des parties* [*au contrat*] » et, dès lors, « *impraticable* »[3].

Au-delà des dimensions linguistique et culturelle, je veux encore rappeler comment l'unité, l'uniformité ou l'harmonie des droits est également empêchée par le caractère foncièrement traditionnel du droit. Dans chaque juridiction, les intervenants juridiques font valoir une *Vorverständnis*[4], c'est-à-dire une précompréhension : des présupposés inconscients, des attentes et des craintes, des prédispositions émotionnelles, des structures narratives implicites, des formes de raisonnement, des cadres de référence rhétoriques et des schémas théoriques typiques. Le juriste a assimilé depuis longtemps, et sans qu'il en ait véritablement eu conscience, tout un savoir tacite intégrant un système de références affectives et intellectuelles, inventées et répertoriées par la tradition, qui lui permet de comprendre avec nuance et précision *ce dont il s'agit*. En ce sens, nous n'avons jamais été modernes, car

▲ 1. Gunther Teubner, « Legal Irritants : Good Faith in British Law or How Unifying Law Ends Up in New Divergences », 1998, 61, *Modern Law Review*, 11.

▲ 2. Teubner, *op. cit.*, p. 27 [« *exotic exception* »].

▲ 3. *Walford v/ Miles*, 1992, 2 A.C. 128 (H.L.), p. 138 (Lord Ackner) [« *inherently repugnant to the adverserial (sic) position of the parties* » ; « *unworkable in practice* »]. Dans une affaire *Interfoto Picture Library Ltd v/ Stiletto Visual Programmes Ltd*, 1989, Q.B. 433 (C.A.), p. 439 (le juge Bingham), la cour d'appel anglaise avait déjà souligné l'absence, en droit anglais, d'un principe de *good faith* régissant la relation contractuelle.

▲ 4. Hans-Georg Gadamer, *Wahrheit und Methode*, 6e éd., t. I, Tübingen, J.C.B. Mohr, 1990, p. 270-312.

peu est advenu qui nous ait libéré des pesanteurs historiques, par exemple, des formes discursives et unités épistémologiques élaborées aux âges précédents. Il y a toujours une charge préindividuelle formant l'horizon à partir duquel chaque individualité se temporalise. L'interprète du droit ne fait jamais advenir qu'un futur *antérieur*. Ainsi l'application de la notion de *Treu und Glauben* en droit allemand demeure imprégnée de part en part d'un conceptualisme et d'une systémique rigoureux, atavismes de l'héritage romaniste. Le *common law*, manifestation d'une autre tradition juridique, enthymémique, transductive et *antirrhétique* celle-ci (car le moi se pose en s'opposant), ne cherchera ni à conceptualiser ni à systématiser une notion dont le développement sera entièrement redevable à l'émergence de configurations factuelles pertinentes, d'abord, et des relations isomorphiques que l'esprit pragmatique anglais se fera fort de tisser d'une situation l'autre, ensuite[1]. Quoiqu'elles ne soient pas déterminées par des critères rigides d'inclusion et d'exclusion qui feraient d'elles des entités étanches, telles structures métastables - structurées car issues d'un processus historique et structurantes car aptes à organiser des constellations de représentations - impliquent des contrastes sensibles quant au lieu et à la portée de l'altruisme dans le contrat.

▲

Il faut, somme toute, récuser le visible, trompe-l'œil, parution manquée : cette hypothétique convention internationale, le pluriel l'habite - comme il investit d'ailleurs toute formulation solennelle d'un droit qui prétendrait à l'unité, à l'uniformité ou à l'harmonie, par exemple une directive de la Commission européenne ou une décision de la Cour de justice des Communautés européennes. « [*S*]*ous le travail général des lois subsiste toujours le jeu des singularités*[2] », l'intelligence du texte local passant par l'approfondissement d'un réseau surmultiplié d'optiques préalables, d'ambitions, d'inhibitions et de réflexes qui survivent dans chaque signifiant et qui nous apparaissent de plus en plus clairement au fur et à mesure que nous approfondissons notre travail d'exploration. Comme en astronomie, comme en biologie moléculaire aussi, la recherche ne cesse de faire reculer le domaine de l'homogène au profit de l'hétérogène - l'identification de similitudes ne constituant jamais qu'une étape intermédiaire dans la mise au jour de la complexité. C'est ce qu'écrivait justement Gabriel Tarde : « *Partout où, sous l'indistinct apparent,*

▲ 1. Voir, pour un exposé comparatif des mécanismes de raisonnement caractéristiques des droits romanistes et de *common law*, Geoffrey Samuel, *The Foundations of Legal Reasoning*, Anvers, Maklu, 1994, p. 155-288. Voir en outre, pour un examen approfondi de certains aspects déterminants de la mentalité de *common law*, Peter Goodrich, « *Ars Bablativa* : Ramism, Rhetoric, and the Genealogy of English Jurisprudence », *in Legal Hermeneutics*, sous la dir. de Gregory Leyh, Berkeley, University of California Press, 1992, p. 43-82 ; *Id.*, « Poor Illiterate Reason : History, Nationalism and Common Law », 1992, 1, *Social & Legal Studies*, 7. Voir en particulier, pour diverses observations sur l'*antirrhèse* comme procédé rhétorique typique du *common law*, *Id.*, *Œdipus Lex*, Berkeley, University of California Press, 1995, p. 41-67 et *passim*.

▲ 2. Gilles Deleuze, *Différence et répétition*, Paris, Presses Universitaires de France, 1968, p. 38.

un savant creuse, il découvre des trésors de distinctions inattendues[1]. » Or, la potentialité plastique de la convention internationale et les ruptures inchoatives qu'entraîne son application, même envisagées dans une perspective rigoureusement utilitaire, n'ont pas lieu d'inquiéter.

▲

Deuxième intermède pour ceux qui ...

L'autre approche de la règle reconnaît cette fragilité inhérente à la règle comme règle. Elle ne se laisse pas distraire par ses prestiges, qui sont grands. La ruse de la règle est d'abord qu'elle nous éblouit. Elle donne le change avec adresse, comme souvent ce qui est menacé. Car la règle est fugace. Comparer, ou se soustraire à ses prises et voir que la face de la règle tournée vers soi dans l'accoutumance n'est qu'un point de départ à infléchir vers la mise en cohérence de la matrice explicative, vers l'engagement au discernement de la variabilité.

▲

Il n'est tout simplement pas avéré qu'un droit unique ou uniforme réduise les coûts de transaction des contractants – ces *transaction costs* dont traitent les économistes anglophones. Bien plutôt, il paraît raisonnable de penser que l'adoption d'une convention internationale n'aura pas pour effet de sensiblement diminuer ces coûts. Les parties au contrat, malgré l'existence d'un texte uniforme, devront toujours déterminer le sens qu'une communauté juridique nationale donnée aura prêté à telle ou telle autre disposition de la convention. Ainsi le commerçant italien désireux de vendre ses produits sur le marché suédois doit, en l'absence de toute convention internationale, se faire expliquer le droit suédois tel qu'il ressort des décisions des cours suédoises. Sous l'empire d'un accord international, le commerçant italien devrait se faire expliquer l'interprétation de la convention devenue droit national telle qu'elle ressortirait des décisions des cours suédoises. Je ne vois guère comment son sort s'en trouverait amélioré ni en quoi ses coûts de transaction s'en verraient amoindris. Dans un cas comme dans l'autre, c'est-à-dire qu'il soit mis ou non en présence d'une convention internationale, ce droit soi-disant « unique » ou « uniforme », notre commerçant italien devra se procurer une compétence « *périlinguistique* » qui lui permettra de saisir comment une problématique trouve son point d'insertion dans une culture juridique, c'est-à-dire dans un maillage logique entre les mots et les choses antérieur au moment où s'exerce sa mise en forme juridique[2]. Afin d'imputer du sens à une jurisprudence qui n'est pas la sienne dans un contexte où l'identification du droit relève intrinsèquement de la démarche herméneutique, le commerçant italien devra recourir aux services d'un avocat

▲ 1. Gabriel Tarde, *Monadologie et sociologie*, *in Œuvres*, sous la dir. d'Eric Alliez, t. I, Paris, Institut Synthélabo, 1999, p. 72 [d'abord publié en 1893].

▲ 2. Jean-René Ladmiral, *Traduire : théorèmes pour la traduction*, 2e éd., Paris, Gallimard, 1994, p. 61.

rompu à une langue nationale qui n'est pas la sienne, à une culture juridique qui n'est pas la sienne, voire à une tradition juridique qui n'est pas la sienne.

▲

L'impact marginal d'un texte uniforme sur le plan des coûts de transaction encourus par les contractants permet de mieux comprendre comment un marché intégré peut prospérer même en l'absence d'un droit commun en matière contractuelle, ce dont témoigne notamment l'expérience juridique canadienne. Il existe au Canada au moins onze droits différents et autonomes en matière contractuelle, c'est-à-dire dix droits étatiques et un droit fédéral, les distinctions d'un droit à l'autre n'étant d'ailleurs pas qu'accessoires, notamment en raison de la présence d'un droit dont les textes relatifs au contrat sont d'inspiration romaniste. Or, cette diversité des droits n'entrave pas l'existence d'un marché intérieur intégré, les marchandises circulant librement d'une juridiction à l'autre en deçà des frontières canadiennes. On ne retrouve d'ailleurs pas au Canada de groupe de travail qui se serait donné pour mandat l'uniformisation réformatrice de cette diversité de droits gouvernant les engagements contractuels et ce, en dépit d'une relative homogénéité de la culture juridique canadienne dans les neuf juridictions participant de la tradition de *common law*. Quant à eux, les États-Unis connaissent l'expérience législative du *Uniform Commercial Code* (ou *UCC*). A cet égard, il convient de souligner d'emblée que même les affinités historiques les plus étroites entre les divers états américains ne les ont pas empêchés de s'écarter fréquemment d'un *UCC* que ses promoteurs avaient voulu unique. Ainsi, parmi les trente premiers états à avoir entériné le *UCC*, un seul en promulgua le texte dans son intégralité. Les autres adoptèrent un total de 522 amendements, la Californie en comptant, à elle seule, 125[1]. Par ailleurs, le recours au *UCC* ne dispense pas l'avocat de connaître les décisions relatives à l'interprétation de telle ou telle autre disposition rendues par les cours de l'état même où il plaide, car, en vertu de la doctrine du précédent telle qu'elle est appliquée aux États-Unis, les jugements des cours d'autres états n'ont jamais qu'une pertinence limitée[2]. Citons donc l'ouvrage de référence en la matière, et faisons-le dans la langue des auteurs : « *The Uniform Commercial Code is not uniform*[3] ».

▲

▲ 1. Voir William A. Schnader, « The Permanent Editorial Board for the Uniform Commercial Code : Can it Accomplish its Object ? », 3, *American Business Law Journal*, 137 (1965).

▲ 2. Voir notamment Steven J. Burton, *An Introduction to Law and Legal Reasoning*, Boston, Little, Brown, 1985, p. 28.

▲ 3. James J. White et Robert S. Summers, *Uniform Commercial Code*, 3e éd., St. Paul, West, 1988, p. 7. Voir aussi Richard Hyland, « The American Restatements and the Uniform Commercial Code », *in Towards a European Civil Code*, 2e éd. sous la dir. d'Arthur Hartkamp *et al.*, Nimègue, Ars Aequi Libri, 1998, p. 59 : « *[The UCC] is far from uniform* ». Voir en outre, pour une réflexion dans le même sens eu égard aux « *normes unifiées* » du droit fédéral suisse, Pierre Tercier, « La perméabilité des ordres juridiques », *in* Institut suisse de droit comparé, *Perméabilité des ordres juridiques*, Zurich, Schulthess, 1992, p. 24.

Dresser un constat éploré du babélisme juridique est devenu un lieu commun de l'apostolat rationaliste et l'un des poncifs de la vulgate comparative. Dans sa fidélité à une obédience mercantile qui paraît ne viser qu'à alimenter des juristes avides d'informations rapides à enregistrer, cette logique de la prédication - dont les chantiers des nombreux groupes de travail promouvant un droit européen de ceci ou un code européen de cela nous offrent autant d'illustrations topiques - persiste pourtant, et opiniâtrement, à dissoudre l'événement singulier dans une solution formelle idéale. Pourquoi cette attirance pour l'universalité, pour la totalité ? Pourquoi cette obstination à nier la discontinuité effective des droits qui subsiste sur le terrain, c'est-à-dire dans la vie sensible du droit, envers et contre tous les ukases assimilateurs ? Pourquoi cette méconnaissance de la connaissance qui entraîne un universitaire à revendiquer, outrancièrement, la « *manipulation* » des données afin de faire apparaître les droits comme semblables[1] ? Pourquoi ce refus d'une prise en charge de ce que nous savons — cette compulsion de non-savoir - relativement à la résistance effective du droit aux montages que commande le culte de l'indistinction ? Pourquoi cette « *répugnance singulière à penser la différence, à décrire des écarts et des dispersions*[2] », qui conduit le Conseil de direction d'Unidroit - naïf ou arrogant, utopiste ou impérialiste - à déclarer, en guise d'introduction à ses *Principes relatifs aux contrats du commerce international* publiés en 1994, que ceux-ci « *ont pour objectif d'établir un ensemble équilibré de règles destinées à être utilisées dans le monde entier quelles que soient les traditions juridiques et les conditions économiques et politiques des pays dans lesquels elles doivent s'appliquer*[3] » ?

▲

Le psychisme des juristes, cette pensée latente qui excède le domaine limité de la conscience, est une boîte noire dont on ne peut observer que quelques entrées et quelques sorties. Les mécanismes internes de la boîte noire appellent des hypothèses théoriques indispensables, fussent-elles frustes et provisoires, pour montrer que les individus signifient autre chose que ce qu'ils croient dire (la pensée étant aussi faite de ce qu'elle ne sait pas d'elle-même).

▲

Le tropisme vers l'universalité du droit exige un amour du droit. Il n'est peut-être pas étonnant que les partisans de l'universalisme juridique se retrouvent donc, le plus souvent, dans des juridictions de tradition romaniste où l'État s'est vu historiquement très sollicité, là où son rôle dans la vie quotidienne des citoyens comme mécanisme disciplinaire s'est fait particu-

▲ 1. Basil S. Markesinis, « Why a Code Is Not the Best Way to Advance the Cause of European Legal Unity », 1997, 5, *European Review of Private Law*, 519, p. 520 [« *manipulation* »].
▲ 2. Michel Foucault, *L'archéologie du savoir*, Paris, Gallimard, 1969, p. 21.
▲ 3. Conseil de direction d'Unidroit, *Principes relatifs aux contrats du commerce international*, Rome, Institut international pour l'unification du droit privé, 1994, p. viii.

lièrement important[1]. Car, dans tous ces cas, l'ordre dogmatique institue depuis toujours, dans l'organisation qu'il fait de la réalité (« *vitam instituere* », annonçait le Digeste)[2], des dispositifs pour faire aimer le droit et pour faire aimer la soumission que le droit lui-même installe juridiquement. Ceux-ci n'ont pas seulement trait à une contexture extérieure à l'individu mais aussi à une structure émotionnelle intérieure qui va lier la personne à l'État, notamment au moyen de la peur – cette *timor patris* qu'auront déjà ressentie les sujets de Justinien, auto-proclamé, en tant que chef de l'État, « *post deum communis omnibus pater* »[3]. Au rythme des connivences établies par glissements progressifs, le besoin de servitude du citoyen devient immense. En adoptant une solution universelle comme *garant métaphysique*, le juriste s'économise d'ailleurs une solution personnelle. Il se préserve de l'angoisse d'avoir à penser l'altérité comme l'expression d'un monde possible, « *comme une virtualité ou une dimension particulière, non explorée,* [*du*] *propre*[4] ». Selon ce qu'écrit Michel Serres, « [*l*]*e multiple propage l'angoisse et l'unité rassure*[5] ». Le sentiment d'appartenance, c'est-à-dire d'assujettissement, à l'universel permet donc d'éviter le traumatisme en taisant l'autre, souvent avec violence : « *Le fantasme de l'Un charge tout le politique de sa furieuse, archaïque et terrorisante énergie*[6]. » L'idéal humaniste de maîtrise hérité des Lumières pratique, comme pare-psychose, la réduction de l'autre au même et légalise l'oubli de l'autre au nom du même.

▲

Troisième intermède pour ceux qui ...

*Le dire du comparatiste ne peut s'en tenir à la règle comme elle se donne, comme elle lui résiste. Son dire, quand il est vraiment dire, montre un non-vu encore de la règle. Il dit la règle comme présente aussi en son esquive. Il dit, en fin de compte, ce qui de soi n'apparaît pas. Mais qui n'apparaît pas dans ce qui apparaît, l'invisible étant dans le visible, l'inconnu dans le connu. Ne pas sanctionner une apparence sans plus, mais débusquer l'*aparance *– usage ancien du mot alors autrement écrit qui désignait l'aspect riche, opulent de la chose*[7]*. Car le monde n'est pour le dire, qu'il le pressente ou non, qu'un invisible qui est. Le monde a lieu dans l'*aparance. *Le monde appelle au dire et nous échappe pourtant. Et le dire, même le plus simple, ne cherche jamais qu'à suspendre cette dérobade dans son insuffisance efficace. Le dire est braqué sur de l'inconnu en suspens.*

▲

▲ 1. Voir généralement Pierre Legrand, « Are Civilians Educable ? », 1998, 18, *Legal Studies*, 216.
▲ 2. D.1.3.2. Ma traduction du texte romain, exceptionnellement rédigé en grec, se fonde sur les travaux de Pierre Legendre, *Sur la question dogmatique en Occident*, Paris, Fayard, 1999, p. 106-108.
▲ 3. Nov. 98.2.2.
▲ 4. John E. Jackson, *La poésie et son autre*, Paris, José Corti, 1998, p. 101.
▲ 5. Michel Serres, *Éloge de la philosophie en langue française*, Paris, Fayard, 1995, p. 270.
▲ 6. Roger Dadoun, *La psychanalyse politique*, Paris, Presses Universitaires de France, 1995, p. 31.
▲ 7. *Trésor de la langue française*, sous la dir. de Paul Imbs, t. III, Paris, CNRS, 1974, *vbo* apparence, p. 267, col. 1, *in fine*.

Sans approfondir plus avant la thématique nécessaire de l'inconscient juridique (lequel, s'intéressant à ce qu'il y a de moins social chez l'individu, ne peut pourtant être autre chose qu'un phénomène caractérisé par son ancrage social et historique), je conclurai en affirmant que la parfaite sécurité contractuelle est illusoire, que l'incertitude est inhérente au projet contractuel, que l'aléa survivra à toute tentative dogmatique de formalisation de la dynamique contractuelle. En outre, je soutiendrai – argument plus fondamental encore – que toute la mondialisation du monde ne permettra jamais d'atteindre à une universalisation, c'est-à-dire à un partage de sens : l'universel est un leurre car il n'est jamais atopique et l'objectivité n'existe pas sauf, bien sûr, à avouer ses attaches, ce qui revient à dire qu'il n'y a que la subjectivité culturelle ou, si l'on préfère, l'intersubjectivité culturelle[1]. « *Le rapport à la raison lui-même, censé unifier les esprits au-delà des préjugés, ne joue ce rôle que de manière limitée, car les spécificités de chaque culture ne vont pas sans affecter jusqu'à l'usage qui est fait de la raison et ce qui est regardé comme une démarche qui lui est conforme. La raison dont les Français ont le goût est plus noble, plus vouée à la beauté de la théorie, plus attachée à ce qui est pur et gratuit, plus éprise de systèmes généraux et d'idées brillantes, plus féconde en démonstrations élégantes, plus vouée à la grandeur que la raison que cultivent les* [*Anglais*]. *Ce que Tocqueville percevait déjà, en la matière, à propos des conceptions politiques, reste vrai de nos jours dans les domaines les plus divers, jusqu'à la manière d'enseigner les mathématiques aux futurs ingénieurs ou de prendre une décision industrielle*[2]. » Au mieux, toute tentative de globalisation se résout ainsi, en pratique, à une expérience de « *glocalisation*[3] ».

▲

Quatrième intermède pour ceux qui...

Adopter cette phrase de Jacques Garelli qui irriguerait la comparaison des droits (c'est-à-dire l'analyse différentielle des jurisultures) : « L'eau du Pont Mirabeau n'a aucune commune mesure avec celle de l'Arno du Ponte Vecchio[4]. »

▲

La formulation moderne du contrat social veut que les individus construisent librement leurs règles juridiques, leurs institutions, bref, leur destin.

▲ 1. *Contra* : Mireille Delmas-Marty, *Trois défis pour un droit mondial*, Paris, Le Seuil, 1998 ; Zaki Laïdi, « "Nous" aurons (toujours) besoin d'universel », *Diogène*, 1996, n° 173, p. 16-25.

▲ 2. Philippe d'Iribarne *et al.*, *Cultures et mondialisation*, Paris, Le Seuil, 1998, p. 324-25. Voir déjà Philippe d'Iribarne, *La logique de l'honneur*, Paris, Le Seuil, 1989. Ainsi, lorsque l'éminent juge anglais, Edward Coke, écrit, au XVIIe siècle, que « la raison est la vie du droit », il s'empresse d'ajouter qu'il vise une raison « artificielle », produit d'« un long travail, de l'observation et de l'expérience » : Inst., I, § 138 [« *the reason of the law is the life of the law* » ; « *an artificial perfection of reason gotten by long study, observation and experience* »] (d'abord publié en 1628).

▲ 3. Le terme est de Roland Robertson, « Glocalization : Time-Space and Homogeneity-Heterogeneity », *in Global Modernities*, sous la dir. de Mike Featherstone, Scott Lash et Roland Robertson, Londres, Sage, 1995, p. 25-44.

▲ 4. Garelli, *op. cit*, p. 63.

Affranchie du passé, la personne humaine élaborerait volontairement une société en négociant des valeurs, en créant une régulation – ainsi dans la fantaisie rawlsienne[1]. Mais Rousseau lui-même, lors qu'il développait le mythe de fondation d'une société, renvoyait à Montesquieu et faisait observer que le droit dépend des mœurs[2]. L'aspect hérité du système de significations sociales – comme le caractère hérité de la langue parlée – trouve ses sources dans un passé très ancien et fait que les schémas d'interprétation n'apparaissent pas en réponse aux problèmes qui surgissent *hic et nunc* et ne sont certainement pas délibérément choisis par l'individu. La raison organisatrice vouée à l'universel construit volontiers l'image d'une tradition qui subordonnerait entièrement l'individu aux particularismes de groupe, lesquels commanderaient à ses actes jusque dans les moindres détails. Ainsi la tradition serait la face honteuse d'un monde imparfait n'ayant pas encore réussi à arracher une humanité pourtant de plus en plus éclairée aux archaïsmes localisés, aux afféteries du terrain, aux enracinements de clocher, aux « *parcours vieillis de l'œil*[3] », voués à terme à disparaître. C'est ce que rappelle Adorno : « *Les différences, réelles ou imaginaires, sont perçues comme des stigmates indiquant qu'on n'a pas encore fait* assez[4]. » Mais il est faux d'opposer « culture » et « raison » alors que la relation entre les deux phénomènes est de nature synergique. Une convention internationale sera impuissante à influencer une communauté juridique si elle ne passe pas par la tradition, entendue comme espace de traduction et d'homogénéisation, voire d'anticipation explicative, en tout cas de lissage des aspérités suscitées par l'extranéité. C'est dire que l'efficacité de la convention exige qu'elle s'inscrive comme réforme sensée par rapport à des repères fondamentaux communément partagés qui relèvent d'un cadre métatechnique dont la continuité comme mécanisme d'attribution du sens comblant un déficit d'intelligibilité tient à un petit nombre d'oppositions fondamentales autorisant l'imputation de congruence ou de non-congruence et qui, tributaires de la lente maturation historique, ne sont jamais créées *ex nihilo.* L'efficacité de la convention internationale dans la communauté passe par son adéquation à la spécificité juridique locale plus ou moins dissimulée derrière tout discours « moderne » dominant (à la manière de la « lettre volée », c'est-à-dire à la fois exposée aux yeux de tous et pourtant invisible). Mais la tradition, inscrite dans l'arbitraire et la contingence, risque à son tour l'impuissance si elle ne passe pas par la convention internationale comme effort d'organisation rationnelle orientée vers une recherche d'efficience accrue.

▲

▲ 1. John Rawls, *A Theory of Justice*, Cambridge (Mass.), Harvard University Press, 1971.

▲ 2. Jean-Jacques Rousseau, *Du contract social, in Œuvres complètes*, sous la dir. de Bernard Gagnebin et Marcel Raymond, t. III, Paris, Gallimard, 1964, liv. II, ch. VII, p. 381 ; ch. XI, p. 393 ; liv. III, ch. IV, p. 405 ; ch. VIII, p. 414 ; liv. IV, ch. III, p. 442 [d'abord publié en 1762]. *Adde* : liv. II, ch. VII-XI, p. 381-393 ; liv. III, ch. VIII, p. 414-419, *passim.*

▲ 3. Jacques Garelli, *Lieux précaires*, Paris, Mercure de France, 1972, p. 20.

▲ 4. Theodor W. Adorno, *Minima Moralia, in Gesammelte Schriften*, sous la dir. de Rolf Tiedemann, t. IV, Frankfurt-am-Main, Suhrkamp, 1980, p. 114 [« *die tatsächlichen oder eingebildeten Differenzen als Schandmale, die bezeugen, daß man es noch nicht weit genug gebracht hat* »] (d'abord publié en 1951) [c'est moi qui souligne].

Valéry, ayant compris que l'universalité n'est rendue possible que par « *notre grossièreté de perception* », « *notre petit nombre de moyens* » et « *notre nécessité de simplification* », constate l'entreprise de « *falsification*[1] ». Bien plutôt que de nous attarder à construire les « *œuvres vagues et sans charpente* » de l'universalisme chimérique, que stigmatisait justement Apollinaire[2], lions les droits, certes, mais en les tenant devant nous dans l'écart de la distance. Voulons, et j'emprunte ici au très grand Maurice Blanchot, « *[u]n arrangement d'une sorte nouvelle, qui ne sera pas celui d'une harmonie, d'une concorde ou d'une conciliation, mais qui acceptera la disjonction ou la divergence comme le centre infini à partir duquel, par la parole, un rapport doit s'établir : un arrangement qui* [...] *laisse en dehors les uns des autres les termes qui viennent en relation, respectant et préservant cette extériorité et cette distance comme le principe - toujours déjà destitué - de toute signification. [L']interruption se charg[e] ici d'une force de justice extraordinaire*[3]. » Et ce n'est pas sacrifier aux puissances anarchiques d'affirmer que l'avenir de l'Europe juridique exige un œcuménisme qui admette que la question de l'autre doive demeurer irréductible à la dictature des modes comme à l'esprit de calcul ou à l'appropriation gestionnaire. Même la raison marchande ne peut justifier qu'on ôte à l'individu sa réalité signifiante.

▲

En Europe, la tradition de *common law*, dans ce qu'elle a de magique et de mystérieux, est en train de s'éteindre comme une lampe à huile au petit matin. Quelle tactique adopter pour survivre (et même vivre hautement) à l'intérieur d'un désastre ? Puisqu'on dédaigne ce qu'il est urgent de défendre, sauf à se placer apparemment sous le feu roulant de Herder et de ses thuriféraires, c'est-à-dire du mauvais côté, et puisque les idées font faillite, dépassées par les mainmises d'une bruxellisation du droit chaque jour plus rapide et moins constante, il faut, contre l'indifférence opposer une interminable exigence d'intelligibilité, contre l'obscurantisme ériger des autels à la lucidité insomniaque, contre la vésanie bureaucratique élever des barrières d'érudition, contre le délire des faux encensements objecter une vigilance épistémologique renouvelée[4].

▲

Cinquième intermède pour ceux qui ...

« Tous les efforts de la raison humaine tendent à l'élimination de l'autre. *L'autre n'existe pas* : telle est la foi rationnelle, l'incurable conviction de la raison humaine. Identité = réalité, comme si, en fin de compte, tout devait absolument et nécessairement être *l'un et le même.* Mais

▲ 1. Paul Valéry, *Mélange, in Œuvres*, sous la dir. de Jean Hytier, t. I, Paris, Gallimard, 1957, p. 333 [d'abord publié en 1941].

▲ 2. Apollinaire, *op. cit.*

▲ 3. Maurice Blanchot, *L'entretien infini*, Paris, Gallimard, 1969, p. 453.

▲ 4. Je démarque Jacques Drillon, *Traité de la ponctuation française*, Paris, Gallimard, 1991, p. 446.

l'autre refuse de disparaître : il subsiste, il persiste ; c'est l'os dur sur lequel la raison se casse les dents. Il y a ce qu'on pourrait appeler l'incurable *altérité* dont la *mêmeté* doit toujours souffrir[1]. »

▲

Tout commence ailleurs. Laissons là l'idée de la *koinè* juridique puis, conscients de ce que la désappropriation instauratrice de possibles n'est jamais que limitée, que le déficit de l'idée de « mentalité » dans le domaine de la modélisation et de l'axiomatisation n'est que la contrepartie d'une richesse et d'une complexité obligeant à un travail d'analyse et d'interprétation dont le juriste doit tirer profit, apprenons-nous l'autre du droit, le *common-law lawyer*, l'autre droit, le *common law*, pour faire ainsi sans vergogne de la différence la trame de l'avenir. Le parti pris de la différence, c'est à la fois un choix personnel et partial en faveur de la différence mais aussi une attitude résignée, comme une manière de prendre son parti de la différence qui contraint à opposer aux aveuglements de la conscience technocratique les vertus d'une conscience d'incertitude pour laquelle il n'y a jamais que des originaux multiples[2]. La connaissance n'étant pas faite pour consoler, soyons profonds jusqu'à la douleur.

A qui lirait

Il ne s'agit pas de faire taire l'imposture tapageuse qui, ayant recours à la falsification du propos et à la citation hors contexte, s'est mise en avant dans toute son incompréhension et sa mauvaise foi à la suite de mon intervention au colloque de Lille. Je préfère chercher à en comprendre l'égarement et tenter d'expliquer comment le soliloque qu'il a fallu subir, s'inscrivant dans une mentalité assujettie à une dépendance culturelle repérable, prend corps dans des formes pédagogiques stupéfiantes qui imposent et maintiennent certain type de connaissance juridique utilitaire en étouffant toute velléité d'engagement progressiste. Ce n'est pas rien que quelqu'un choisisse de s'en prendre à un discours en récitant, à titre de commentaire sur ce discours même, une réponse confectionnée, avant l'énoncé du discours, sur la base d'un article de revue publié par l'intervenant quatre ans plus tôt. Ce n'est pas rien non plus que cette même personne cite, apparemment pour les contester, des passages tirés de l'article en question en m'en attribuant haut et fort la paternité alors que ces extraits sont de la plume d'un sociologue néerlandais réputé comme le montre d'ailleurs ma

▲ 1. Antonio Machado, *Juan de Mairena - Sentencias, donaires, apuntes y recuerdos de un profesor apócrifo, in Poesía y prosa*, sous la dir. d'Oreste Macrì, t. IV : *Prosas completas (1936-1939)*, Madrid, Espasa-Calpe, 1989, II, p. 1917 [« *Todo el trabajo de la razón humana tiende a la eliminación del segundo término.* Lo otro no existe : *tal es la fe racional, la incurable creencia de la razón humana. Identidad = realidad, como si, a fin de cuentas, todo hubiera de ser, absoluta y necesariamente,* uno y lo mismo. *Pero* lo otro *no se deja eliminar : subsiste, persiste ; es el hueso duro de roer en que la razón se deja los dientes.* (...) *como si dijéramos en la incurable* otredad *que padece lo* uno »] (c'est l'auteur qui souligne).

▲ 2. Voir Francis Ponge, *Le parti pris des choses, in Œuvres complètes*, sous la dir. de Bernard Beugnot, t. I, Paris, Gallimard, 1999, p. 13-56 [d'abord publié en 1942].

rédaction. Etre capable de déformer ainsi une pensée, en présence de celui qui l'a formulée, doit supposer l'abnégation ascétique de celle qui parle avec la certitude que personne ne s'intéressera jamais de près à ce qu'elle dit[1]*. On aurait pu m'apprendre, textes à l'appui, qu'il existait des études empiriques relatives aux coûts de transaction en régime d'uniformité des droits. On aurait pu m'objecter que le modèle canadien n'était pas pertinent pour la Communauté européenne. On a, bien sûr, préféré les commodes attaques* ad hominem. *Mais les risques énormes qu'a ainsi voulu encourir cette participante en substituant à mon discours et à mon article, tels qu'ils existent, son propre objet, sa propre méthode, ses propres limites et ses propres erreurs, bref sa propre incompétence, méritent malgré tout que je lui témoigne mon indulgence dans une proportion au moins égale à la témérité d'un bovarysme l'ayant autorisée, le temps de quelques instants, à habiter le monde en* comparatiste.

Même lorsqu'elle se veut hospitalière, la pensée française, et notamment la pensée française s'intéressant à la chose juridique, témoigne d'une conception frileuse de la relation au monde et ne paraît capable de concevoir la diversité qu'en termes d'intégration nécessaire aux termes de laquelle l'étranger « reçoit – et non pas apporte – son identité de citoyen[2] ». *Il faut lutter contre l'exclusion, c'est-à-dire inclure, englober la différence, donc l'effacer ou du moins la rejeter hors de l'espace public de la citoyenneté en la confinant à la sphère privée. Dès lors, on atteint à un espace public homogène – un espace « neutre », se félicite-t-on à l'envi – que ne vient traverser aucun de ces plis aubains qui auraient pu rendre malencontreusement raboteuse la belle surface lisse du conformisme à l'ordre républicain. Ainsi l'islam est accepté comme l'une des plus grandes religions de France à condition qu'il n'interrompe pas le principe de laïcité républicaine selon lequel il existerait une frontière nette et rigoureusement tracée entre la vie publique et la vie privée, même si la tradition islamique, elle, ne reconnaît pas ce principe de laïcité avec sa distinction entre les dimensions publique et privée. Il s'agit de s'emparer, de dévorer et de digérer l'héritage culturel de l'autre pour le convertir en un « avoir », un « capital » bien français (comme il y a la photosynthèse, il y aurait la* natiosynthèse*). C'est ce qu'on appelle en France, m'a-t-on impatiemment expliqué à Lille, le « métissage » des cultures*[3]*. A ce que je sache, la méthode remonte au moins à Du Bellay qui, pour enrichir la langue française, proposait ce qu'avaient déjà fait les Romains en* « [i]mmitant les meilleurs aucteurs Grecz, se transformant en eux, les devorant, & apres les avoir

▲ 1. Le livre nous a déjà restitué cet insidieux montage, pur de compromission avec la rigueur des preuves. Voir ainsi *Philosophie du droit et droit économique : Mélanges en l'honneur de Gérard Farjat*, Paris, Frison-Roche, 1999, p. 53, not. 5.

▲ 2. Andrea Semprini, *Le multiculturalisme*, Paris, Presses Universitaires de France, 1997, p. 109.

▲ 3. Il est dommage que la collègue française qui me vantait les vertus du métissage culturel et stigmatisait mon argument pour n'en avoir pas suffisamment rendu compte n'ait pas hésité, quelques minutes plus tard, à décrier les chercheurs du CNRS écrivant en anglais.

bien digerez, les convertissant en sang et nouriture[1] ». *Les Français, pour des raisons qui ne sont pas toutes étrangères à leur aspiration à la grandeur sur la scène mondiale et au vieil anti-américanisme qui en est le corollaire obligé, ont tôt fait de voir dans leur conception pourtant si spécifique de l'hospitalité l'expression de valeurs universelles.*

Aux yeux de l'étranger, l'holisme rationaliste français véhicule pourtant une conception de l'existence audacieuse dont la persévérance, envers et contre toutes les mutations socio-démographiques et idéologiques, ne se comprend qu'à l'aune d'une culture administrative *dirigiste et centraliste, typiquement hexagonale. Aussi la question de la diversité se trouve-t-elle différemment problématisée ailleurs où l'on revendique le multiculturalisme. Mal connue des Français à la perméabilité réticente, cette autre démarche permet à des communautés d'exister dans leur particularisme culturel, donc de s'affirmer sujets authentiques de leur existence et capables de se reconnaître dans une identité culturelle*[2]*. Dans la perspective* communautariste, *l'altérité se caractérise notamment par une légitime demande à exister dans l'espace public et à ne pas rester marginalisée dans la vie privée*[3]*. Pour les tenants de ce modèle-ci, l'assimilation (qui est toujours une assimilation au paradigme en vigueur, c'est-à-dire à la* Weltanschauung *de ceux qui « en sont ») reste une duperie politique qui ne peut que constituer un instrument d'oppression des minorités. Comment éviter cette dynamique d'étouffement, que vient masquer le discours incantatoire de la république une et indivisible à l'intérieur de laquelle il n'y aurait plus que des citoyens immaculés, et y substituer une politique d'*empowerment *de l'individu en tant que soi «* grevé *», c'est-à-dire situé, contextualisé, incar-*

▲ 1. Joachim du Bellay, *La Deffence et Illustration de la Langue Françoyse*, sous la dir. d'Henri Chamard, Paris, Société des textes français modernes, 1997, p. 42 [d'abord publié en 1549].

▲ 2. A titre d'illustration de cette méconnaissance de la pensée multiculturaliste qui sévit en France, je ne peux faire mieux que de citer la réflexion condescendante de Régis Debray, laquelle a en outre le mérite de mettre en relief l'obnubilation annexionniste de l'institution républicaine : « Voilà qui donne envie de rappeler [...] aux descendants de Herder (et aux amis de Charles Taylor, le multiculturaliste canadien), qu'il faut des principes d'unité, rationnels et abstraits, pour fédérer, dans une nation digne de ce nom, la pluralité des *nous* communautaires » : *Le code et le glaive*, Paris, Albin Michel, 1999, p. 81 [c'est l'auteur qui souligne]. Voir en outre François Laplantine, *Je, nous et les autres*, Paris, Le Pommier, 1999, p. 46-48, où l'auteur peint une caricature indéfendable de la thèse multiculturaliste. Mais voir, pour un argument plus étoffé (quoiqu'encore alarmiste), Alain Renaut, *Libéralisme politique et pluralisme culturel*, Nantes, Pleins Feux, 1999. Voir aussi Sylvie Mesure et Alain Renaut, *Alter Ego*, Paris, Aubier, 1999, p. 205-54.

▲ 3. Voir en ce sens la réflexion influente de Charles Taylor, « The Politics of Recognition », *in Philosophical Arguments*, Cambridge (Mass.), Harvard University Press, 1995, p. 225-256. Voir généralement R.D. Grillo, *Pluralism and the Politics of Difference*, Oxford, Oxford University Press, 1998 ; Daniel Bell, *Communitarianism and its Critics*, Oxford, Oxford University Press, 1993 ; Philip Selznick, *The Moral Commonwealth*, Berkeley, University of California Press, 1992 ; MacIntyre, *op. cit.* ; James Tully, *Strange Multiplicity*, Cambridge, Cambridge University Press, 1995 ; *Theorizing Multiculturalism*, sous la dir. de Cynthia Willett, Oxford, Blackwell, 1998 ; *New Communitarian Thinking*, sous la dir. d'Amitai Etzioni, Charlottesville, University Press of Virginia, 1995 ; *The Identity in Question*, sous la dir. de John Rajchman, Londres, Routledge, 1995 ; *Toward a Global Civil Society*, sous la dir. de Michael Walzer, Providence (Rhode Island), Berghahn, 1995. Pour une introduction en langue française à la pensée multiculturaliste, assortie d'orientations bibliographiques, voir Semprini, *op. cit.*

nant une tradition, par exemple une tradition juridique[1] *? Il s'agit de respecter la différence en laissant en l'état, pour ainsi dire, les communautés, sans qu'il soit jugé souhaitable de passer par la création, toujours artificielle, d'un sentiment généralisé de solidarité, c'est-à-dire d'une quotidienneté sans historicité.*

C'est, en substance, le cadre que je propose quant à l'intégration des droits en Europe et la leçon d'Apollinaire ne prétend pas ici enseigner autre chose. (N'oublions pas que Guillaume alliait au discernement et à la sensibilité du poète l'expérience de terrain de la diversité : né en Italie d'une mère polonaise, il avait fait ses études en France avant de s'établir en Belgique puis de travailler comme précepteur en Allemagne et de s'éprendre d'une Anglaise[2]*.) Tel projet n'a assurément rien à voir avec les dangereuses latences de l'intégrisme ou de l'essentialisme. Il ne représente pas davantage une initiative « ahistorique », comme d'aucuns eurobéats ont voulu le clamer trop hâtivement en réponse à mon argument. Bien plutôt, ma recherche veut prendre la pleine mesure d'une histoire qui a vu certains pays d'Europe accueillir le droit romain et d'autres refuser la romanisation de leur droit. Je tire tout simplement les conséquences qui s'imposent de cette divergence de vues, dont j'estime qu'elle constitue une richesse immense. En cela, je partage l'opinion de l'éminent* common-law lawyer *anglais, Frederick Pollock :* « Si, dans son jeune âge, le droit anglais s'était laissé attirer, comme il avait un moment paru susceptible de se laisser attirer, dans le puissant giron de Rome, la portée des débats juridiques et de l'analyse des idées juridiques s'en serait trouvée sérieusement limitée. Les conceptions romaines, la classification romaine, l'entendement romain de la raison juridique et de l'autorité auraient dominé les esprits sans aucun rival. Il n'est pas exagéré de dire que la possibilité d'un droit comparé aurait été en extrême danger. Je ne souhaite pas déterminer si le droit anglais, en sa facture médiévale ou contemporaine, est meilleur ou pire que le droit romain. Le fait est que le droit anglais est différent et indépendant, qu'il suscite la comparaison et autorise un point d'appui à la critique. Sans lui, seul un effort de génie sans égal aurait pu nous permettre d'envisager le *Corpus Juris* de l'extérieur. D'une façon générale, toutes les formes juridiques modernes qui ne viennent pas d'Angleterre sont issues de Rome ou du moule romain. En droit comme en politique, la distanciation de l'Angleterre à un monde d'écart du monde de Rome a favorisé une nouvelle naissance dont l'humanité n'aurait guère pu se priver[3]. » *Et si, dès lors, ceux qui, s'en prenant à*

▲ 1. Voir, pour des développements approfondis sur la notion de « soi grevé » (« *encumbered self* »), Michael J. Sandel, *Liberalism and the Limits of Justice*, 2e éd., Cambridge, Cambridge University Press, 1998.

▲ 2. Ceux qu'une biographie d'Apollinaire séduirait liront avec profit l'ouvrage de Roger Shattuck, *The Banquet Years*, 2e éd., New York, Vintage, 1968, p. 253-322. Voir aussi Denis Bordat et Bernard Veck, *Apollinaire*, Paris, Hachette, 1983 et, dans un style davantage hagiographique, Pascal Pia, *Apollinaire*, Paris, Le Seuil, 1988.

▲ 3. Frederick Pollock, « English Opportunities in Historical and Comparative Jurisprudence », *in Oxford Lectures*, Londres, Macmillan, 1890, p. 47-48 [« *(H)ad English law been in its infancy drawn, as at one time it seemed likely to be drawn, within the masterful attraction of Rome, the range of l'Europe telle qu'elle va et prônant une interminable anamnèse, étaient ceux qui défendent véritablement l'avenir de la civilisation européenne ?*

Dire qu'il existe deux mentalités juridiques en Europe - l'une de common law *et l'autre romaniste - qui animent de manière souterraine, inconsciente, les attitudes décisives des personnes dans l'organisation juridique de leur société ne signifie pas que je ne croie pas à la singularité des individus. Je n'assigne tout de même pas à la tradition juridique la force d'un déterminant unique des comportements. Il n'en demeure pas moins que, parmi d'autres facteurs de socialisation, la conception du droit élaborée par une tradition juridique laisse son empreinte sur tous : elle agit comme le ressort caché de l'action. Elle influence, à titre de situation existentielle toujours préalable, les psychismes et les conduites. Elle limite, j'oserai l'affirmer, les capacités de parole, d'invention et de résistance de l'individu. Que je répète ce que j'ai exprimé au colloque de Lille : un juriste - un juriste français, par exemple - n'est pas libre de penser ce qu'il veut. L'insurrection intérieure qui autoriserait une « révolution copernicienne » ne se manifeste pas aussi facilement qu'on aime à le penser (n'en déplaise au collègue français qui m'a doctement affirmé qu'une telle « révolution copernicienne » avait depuis peu bouleversé l'enseignement du droit comme la recherche dans les facultés françaises - ce que je n'aurais su percevoir car « étranger »[1]). En redonnant ses lettres de noblesse à la longue temporalité du droit, à ce «* fond sur lequel notre pensée "libre" émerge et scintille pendant un instant *»[2], je me place aux confins de la psychologie la plus intime et des mécanismes culturels et symboliques les plus chargés de contraintes collectives. Je laisse entrevoir la complexité des opérations régissant les relations entre la subjectivité et l'énonciation : les*

---

legal discussion and of the analysis of legal ideas would have been dangerously limited. Roman conceptions, Roman classification, the Roman understanding of legal reason and authority, would have dominated men's minds without a rival. It is hardly too much to say that the possibility of comparative jurisprudence would have been in extreme danger. I am not now considering whether English law, in its mediaeval or its modern stage, be better or worse than Roman law. The point is that it is different and independent ; that it provokes comparison and furnishes a holding-ground for criticism. In its absence nothing but some surpassing effort of genius could have enabled us to view the Corpus Juris from the outside. Broadly speaking, whatever is not of England in the forms of modern jurisprudence is of Rome or of Roman mould. In law, as in politics, the severance of Britain by a world's breadth from the world of Rome has fostered a new birth which mankind could ill have spared »]. Ce texte fut d'abord lu à titre de leçon inaugurale en 1883 après que son auteur eut été nommé titulaire de chaire à Oxford.

▲ 1. Il convient d'y insister : l'étranger que je suis, malgré plusieurs années d'étude et d'enseignement passées en France dans quatre universités différentes, sans compter un nombre plus élevé encore d'années de résidence, n'a rien aperçu d'une quelconque « révolution copernicienne » qui aurait secoué les facultés de droit françaises. Ni dans les revues que j'ai régulièrement consultées, ni dans les nombreux livres que j'ai lus (traités, précis, monographies ou autres), ni dans les conversations avec mes collègues (français ou étrangers enseignant dans des facultés de droit françaises), ni dans les conférences auxquelles j'ai participé et lors desquelles je suis intervenu, ni dans mes échanges avec des chercheurs en rédaction de thèse et autres étudiants (français ou étrangers inscrits à l'université française), je n'ai saisi ce retournement complet. Mais peut-être est-ce la preuve, comme on me l'a expressément signifié à Lille, qu'il n'y a que les Français pour parler avec compétence du droit français.

▲ 2. Michel Foucault, « Entretien avec Madeleine Chapsal », *in Dits et écrits*, sous la dir. de Daniel Defert et François Ewald, t. I : *1954-1969*, Paris, Gallimard, 1994, p. 515 [d'abord publié en 1966].

rapports de l'individu à la culture sont moins évitables et, dès lors, plus troublants qu'on ne pense. Oui. Et, s'il faut se réclamer d'une école pour fonder des propos aussi « provocateurs » que ceux qui exposent qu'un juriste de tradition romaniste est incapable d'échapper à ses pré-compréhensions et qu'il ne peut jamais attribuer au cerveau de l'autre – par exemple, au cerveau du common-law lawyer, *l'autre du droit – que des re-présentations qu'il a déjà dans le sien, j'invoquerai les herméneutiques post-heideggériennes dont certains, pour qui l'idée de « tradition » appliquée au droit ne semble connoter que guêtres et perruques, auraient tout avantage à prendre connaissance avant de se croire habilités à participer au débat d'idées*[1]*. Alors seulement deviendrait-il possible d'organiser un espace de discussion autour de l'argument suivant que je propose à la réflexion : quoiqu'on puisse trouver dans l'autre tradition juridique des traces de la sienne propre et malgré un réel travail de l'altérité au cœur de la mêmeté qui fait que l'autre n'est pas seulement la contrepartie du même mais appartient aussi à la constitution intime de son sens, l'autre tradition juridique reste irréductiblement* dans l'altérité *un phénomène qu'on ne peut justement envisager comme étant le produit de négociations et d'arrangements qui se seraient tenus en amont de son* « historicité endogène[2] »*. (Un Tupi qui joue du luth n'en demeure pas moins un Tupi*[3]*.)*

Trop à l'abri pour être politiquement engagé, trop conscient de son statut d'expert pour être intellectuellement engagé, le juriste français se complaît dans un rôle dynastique (assumant ce que cela implique comme relation névrotique avec le pouvoir) alors que la vocation universitaire doit signifier un rôle oppositionnel qui convie le chercheur à plaider la cause d'une justice de l'avenir, laquelle ne saurait résider dans la servilité à des modèles sclérosés et à leurs modifications (c'est-à-dire dans « leur » avenir) mais bien dans l'à côté central du droit, l'à côté, pleinement juridique, du juridique – la culture, notamment. Or, tant qu'on continuera, en France, à aborder le droit comme une seule technique et à se contenter de jouer les « enfants du texte »[4]*, tant qu'on récusera droits et langues étrangers (en France, ce qui n'a pas été traduit n'existe pas), tant qu'on refusera d'imaginer un monde sans empire (l'empire de la forme, par exemple), tant qu'on se croira autorisé à morigéner le reste de la planète (admonestations qu'on préfère d'ailleurs donner* intra muros*, ce qui*

▲ 1. Ainsi que le savent tous les comparatistes, John Merryman a montré l'utilité de la notion de « tradition » pour les études juridiques comparatives et ce, dès 1969. Voir John Henry Merryman, *The Civil Law Tradition*, 2e éd., Stanford, Stanford University Press, 1985, p. 2 et *passim*. Voir en outre Martin Krygier, « Law as Tradition », 1986, 5, *Law & Philosophy*, 237.

▲ 2. John et Jean Comaroff, *Ethnography and the Historical Imagination*, Boulder (Colorado), Westview, 1992, p. 27 [« *endogenous historicity* »].

▲ 3. Voir Serge Gruzinski, *La pensée métisse*, Paris, Fayard, 1999, *passim*, où l'auteur offre à la réflexion un vers d'un poète brésilien – « *Sou um tupi tangendo um alaúde* » – qui marie l'identité brésilienne et l'instrument européen.

▲ 4. La formule, d'une profonde justesse, est de Pierre Legendre, *Les enfants du texte*, Paris, Fayard, 1992. Faut-il ajouter que l'œuvre de M. Legendre a notamment pour objectif d'affirmer l'existence d'un « inconscient juridique » et d'en montrer l'impact sur les conditions de possibilité de la pensée juridique française – ce qui expliquerait que ses travaux restent au ban de l'université en France alors qu'ils sont diffusés et traduits à l'étranger.

*contribuerait à expliquer l'absence des Français des colloques internationaux que j'ai régulièrement constatée dans mes voyages), tant qu'on restera, en France, engoncé dans un dogmatisme de l'universel qui n'est autre qu'un nationalisme et un ethnocentrisme dilatés, tant qu'on privilégiera, aveuglé par les Lumières, l'*ordo idearum *au mépris de l'*ordo rerum, *on pourra facilement diaboliser l'appel au pluralisme juridique pour l'Europe de demain et on pourra continuer à en dire, comme on me l'a affirmé sans ambages à Lille, qu'il est « éminemment critiquable ». En attendant qu'on élucide l'illusion métaphysique qui fonde l'universalisme hâtif, je me permets de penser que la malveillante logorrhée suscitée par un discours qui confronte le droit à l'analyse culturelle et qui établit que le droit est pris dans la gangue contextuelle d'une culture historique demeure la marque de la menace que ce discours même fait peser sur l'institution, et en particulier sur l'institution universitaire incarnée ici par une juriste française ne connaissant visiblement pas la tradition de* common law *et moins encore la comparaison des droits*[1]*.*

*Sans esquisser ici la généalogie de mon humanisme, je dirai que je suis, par tempérament, affilié à la gauche culturelle. Et c'est à ce titre que j'affirme que les droits restent respectables en dépit de leur pluralité au nom même de la sollicitude qui doit s'adresser aux créations de l'individu dans leur singularité irremplaçable. C'est à ce titre encore que je soutiens qu'il faut, plutôt que de favoriser une conception univoque d'un droit nouveau (qui, comme par hasard, a toujours l'heur de ressembler étrangement à celle dont on est familier), plutôt que d'éluder l'histoire au nom de quelque mirifique eschatologie, en prendre acte et accepter nos contradictions au point d'institutionnaliser le conflit. Jetons des passerelles, construisons des ponts, certes. Mais ne harnachons pas la rivière au point de ne plus lui permettre d'*être *comme rivière. Bien plutôt, endurons que les deux traditions juridiques européennes* soient[2]. *Il n'y a pas là un propos « anti-européen », ainsi qu'aiment à le ressasser ceux qui cherchent à faire l'économie d'une réflexion. Comment peut-il être anti-européen de vouloir préserver une diversité des droits caractéristique de l'européanité ? A moins que l'on ne veuille signifier que mes travaux participent de l'anti-européanisme en ce qu'ils interrogent le dogmatisme et le positivisme exacerbés, pour ne pas mentionner la suffisance et la superficialité, qui président aux initiatives relatives à l'amalgame des droits européens lancées à l'emporte-pièce au fil des dernières années par des universitaires en mal de carrière. Oui.*

Que je donne à réfléchir, enfin, cette pensée de Bataille : « La vie humaine, distincte de l'existence juridique et telle qu'elle a lieu en fait sur un globe isolé dans l'espace céleste, du jour à la nuit, d'une contrée à

▲ 1. Pour une introduction en langue française, voir Pierre Legrand, *Le droit comparé*, Paris, Presses Universitaires de France, 1999.

▲ 2. Je renvoie à la célèbre image heideggerienne. Voir Martin Heidegger, « Bâtir habiter penser », *in Essais et conférences*, trad. par André Préau, Paris, Gallimard, 1958, p. 170-93 [d'abord publié en 1952].

l'autre, la vie humaine ne peut en aucun cas être limitée aux systèmes fermés qui lui sont assignés dans des conceptions raisonnables. L'immense travail d'abandon, d'écoulement et d'orage qui la constitue pourrait être exprimé en disant qu'elle ne commence qu'avec le déficit de ces systèmes : du moins ce qu'elle admet d'ordre et de réserve n'a-t-il de sens qu'à partir du moment où les forces ordonnées et réservées se libèrent et se perdent pour des fins qui ne peuvent être assujetties à rien dont il soit possible de rendre des comptes. C'est seulement par une telle insubordination, même misérable, que l'espèce humaine cesse d'être isolée dans la splendeur sans condition des choses matérielles[1]. »

▲ 1. Georges Bataille, « La notion de dépense », *in Œuvres complètes*, t. I : *Premiers écrits*, sous la dir. de Denis Hollier, Paris, Gallimard, 1970, p. 318-319 [d'abord publié en 1933].

Partie III

Les politiques spéciales d'harmonisation

L'impact du droit européen de la consommation sur le droit privé des États membres

Thierry BOURGOIGNIE

Professeur de Droit
Directeur du Consumer Policy Center (Bruxelles)

Le rapprochement du droit privé constitue un phénomène tangible au sein de l'Union européenne. Le droit de la consommation contribue de manière décisive à cette évolution, déjà amorcée par le droit de la concurrence (§ 1). Les initiatives les plus récentes prises en exécution de la politique européenne de protection des consommateurs laissent apparaître une extension significative du champ et de la portée de l'intégration du droit de la consommation, et, à travers lui, du droit privé des États membres de l'Union (§ 2). Les tentatives récentes de donner plus de cohérence aux textes adoptés au niveau communautaire laissent présager d'un impact plus important encore (§ 3).

▶ §1. Droit européen de la concurrence, droit privé et protection du consommateur

On le sait, l'article 81 (ex-article 85), paragraphe 3 du traité de Rome oblige les autorités européennes à tenir compte de la protection des consommateurs dans les décisions d'exemption qu'elles entendent accorder au principe de l'interdiction des ententes restrictives de la concurrence énoncé au paragraphe 1er du même article. Parmi les conditions de fond de telles exemptions figure en effet la garantie de ce que les consommateurs tirent une « partie équitable du profit » résultant de l'entente restrictive de la concurrence.

L'impact pour le consommateur de cette disposition est resté et reste fort modeste, les autorités européennes se concentrant davantage, lors de l'examen des conditions de fond prévues par l'article 81, paragraphe 3, sur les autres conditions et plus particulièrement la première d'entre elles, à savoir l'effet de l'entente sur la production et la distribution du produit[1]. Des considérations liées à la protection de l'image de marque du produit ou à l'efficience du réseau de distribution risquent ainsi de l'emporter sur celles relevant du souci de protéger les intérêts économiques du consommateur. On se limite à renvoyer aux controverses que soulève, dans le cadre du droit communautaire de la concurrence actuel, les autorisations de distribution exclusive accordées au secteur automobile ainsi que les systèmes de distribution sélective en vigueur dans les secteurs des produits parapharmaceutiques et des parfums.

Un développement intéressant mérite toutefois d'être signalé qui concerne le droit des garanties commerciales liées aux produits de consommation et ce, bien avant qu'il n'ait été question, dans l'ordre juridique communautaire, d'une harmonisation des dispositions du droit des États membres relatif à la garantie contre les vices cachés dans le contrat de vente.

Dès le milieu des années soixante-dix, la Commission européenne a utilisé, souvent avec succès, le deuxième tiret du paragraphe 3 de l'article 85 du traité en vue d'exiger, à l'occasion de la négociation ouverte dans le cadre de la procédure de demande individuelle en exemption, certaines améliorations dans les conditions de garantie offertes aux consommateurs européens par les firmes demanderesses. L'intérêt principal de la Commission était d'imposer l'usage de conditions de garantie uniformes dans tous les États membres, en sorte que le consommateur ayant fait l'acquisition d'un produit défectueux dans un État membre autre que celui de sa résidence ne se trouve pas pénalisé par des conditions de garantie différentes. La décision de la Commission du 23 octobre 1978 à l'égard de la firme *Zanussi* illustre parfaitement cette approche[2].

L'intérêt pour le consommateur de la démarche suivie par la Commission est sans doute réel, mais il reste relatif. Plus que des conditions de garantie uniformes, ce sont de meilleures conditions de garantie auquel aspire l'acheteur d'un produit qui se révèle défectueux.

L'arrêt rendu par la Cour de Justice le 10 décembre 1985 dans l'affaire *Swatch*[3] constitue à cet égard un autre pas positif dans le sens d'une protection accrue du consommateur en matière de garanties commerciales. La Cour y reconnaît la recevabilité de l'acheteur à requérir l'application de la garantie

▲ 1. Pour une analyse empirique des décisions et des arrêts rendus jusqu'en 1985, cf. A. Evans, article 85 (3), exemption : the notion of « allowing consumers a fair share of the resulting benefit », *in* M. Goyens (ed.), « EC competition policy and the consumer interest », collection *Droit et consommation,* n° 9, Cabay/Bruylant, Bruxelles, 1985, p. 99-120.

▲ 2. Décision de la Commission du 23 octobre 1978, *Zanussi, JO* du 16 novembre 1978, n° L 322, p. 26.

▲ 3. Aff. 31/85, *Fabriques d'Ebauches (Swatch),* Arrêt du 10 décembre 1985, *Rec.,* 1985, p. 3933.

offerte par le fabricant pour un produit pourtant vendu en dehors du circuit de distribution officiel[1].

On ne prolongera pas, dans le cadre de cet article, l'examen de l'impact du droit européen de la concurrence sur le droit privé, et plus particulièrement sur le droit de la consommation des États membres, dans la mesure où un autre rapport s'y trouve spécifiquement consacré.

▶ § 2. L'interpellation et le rapprochement du droit privé des États membres par le droit européen de la consommation

Le processus européen d'intégration juridique suit deux voies principales : l'élimination des mesures ayant un effet équivalant à une restriction quantitative à l'importation ou entraves aux échanges (articles 28 et suivants du traité établissant la Communauté européenne), d'une part - on parle d'« harmonisation négative » (A) - et, d'autre part, le rapprochement des législations des États membres ou l'« harmonisation positive » (B). Le droit privé des États membres se trouve atteint par l'une comme par l'autre de ces voies.

▶ A. L'« HARMONISATION NÉGATIVE » OU L'ÉLIMINATION DES ENTRAVES AUX ÉCHANGES ET LE DROIT PRIVÉ DES ÉTATS MEMBRES

On sait qu'une abondante jurisprudence s'est développée à la suite de l'arrêt de la Cour de justice des Communautés européennes du 20 février 1979 *(Cassis de Dijon)*[2] visant à concilier les mesures prises par les États membres en vue d'assurer la protection des consommateurs avec les principes fondamentaux de la libre circulation des produits et des services à l'intérieur de l'Union. Tout en confirmant la prédominance du principe de la libre circulation en imposant aux États d'admettre sur leur territoire des produits ou des services commercialisés ou prestés conformément au droit du pays d'origine, la Cour reconnaît la légitimité de certaines exemptions justifiées par des exigences jugées impératives et tenues pour proportionnelles par rapport au but poursuivi.

Au départ de cette jurisprudence, se trouve une définition très large de la « mesure d'effet équivalent », énoncée pour la première fois dans l'arrêt *Dassonville* du 11 juillet 1974[3]. Est considérée comme une mesure ayant un effet équivalant à une restriction quantitative à l'importation toute mesure rendant ou susceptible de rendre impossible ou plus difficile l'importation d'un produit dans un État membre. Toutes les initiatives ayant pour objet ou

▲ 1. Dans le même sens, voy. Décision de la Commission du 19 décembre 1990, *D'Ieteren, JO* du 26 janvier 1991, n° L 20, p. 42 ; Aff. C 373-90, *Information ouverte contre X,* Arrêt du 16 janvier 1992, *Rec.,* 1992, p. I-131.

▲ 2. Aff. 120/78, *Revue-Zentral, Rec.* 1979, p. 649.

▲ 3. Aff. 8/74, *Dassonville, Rec.* 1974, p. 837.

pour effet de réglementer le marché sont donc en principe couvertes par cette définition.

Parmi ces initiatives, se trouvent principalement visées les mesures nationales prises par les pouvoirs publics dans le cadre d'actes législatifs, réglementaires ou administratifs. Les applications les plus courantes de la jurisprudence *Cassis de Dijon* ont trait à des réglementations de droit public de l'économie ou de droit du marché, dont principalement les règles relatives à la dénomination, l'étiquetage, l'emballage, la présentation et la composition des produits, aux contrôles des prix, aux pratiques du commerce et à la publicité, à la santé et à la sécurité des consommateurs.

Il reste qu'en principe le contrôle exercé par la Commission européenne et la Cour de justice sur la base des articles du traité relatifs à la libre circulation des produits et des services peut aussi concerner des décisions de jurisprudence nationales impliquant le droit privé des États membres.

Le droit communautaire fournit plusieurs illustrations d'harmonisation négative intéressant de manière directe le droit privé de la protection des consommateurs, dont certaines concernent des décisions des tribunaux.

- arrêts *Assurance/Coassurance* du 4 décembre 1986[1] : à propos de la règle imposant le contrôle préventif des polices d'assurance par un organe administratif ; mesure admise au nom de la protection de l'assuré ;
- arrêt *Buet* du 16 mai 1989[2] : à propos du bénéfice du délai de réflexion accordé au consommateur dans le cadre des ventes à domicile ; mesure admise au nom de la protection des consommateurs les plus vulnérables ;
- arrêt *Alsthom* du 24 janvier 1991[3] : à propos de la présomption de connaissance des vices de la chose vendue dans le cadre de la garantie légale contre les vices cachés et de son caractère irréfragable en France ; mesure admise au nom de la protection de l'acheteur ;
- arrêt *Motorradcenter* du 13 octobre 1993[4] : à propos de l'obligation de renseigner le consommateur sur un élément que ce dernier a intérêt à connaître, en l'espèce, le fait que, le bien étant acheté en circuit parallèle, la garantie du fabricant ne trouverait pas à s'appliquer ; mesure admise au nom de la protection du consommateur.

Dans ces affaires, la Cour de justice applique à chaque fois la jurisprudence traditionnelle *Cassis de Dijon* :

1) les mesures en cause - le contrôle préalable des polices d'assurance, le bénéfice d'un délai de réflexion, la présomption de connaissance des vices cachés et l'obligation précontractuelle de renseignement - constituent des mesures d'effet équivalant à des restrictions quantitatives

▲ 1. Aff. 205/84, *Assurance-Coassurance, Rec.* 1986, p. 3755.
▲ 2. Aff. 382/87, *Buet, Rec.*, 1989, p. 1235.
▲ 3. Aff. C-339/89, *Rec.*, 1991, p. I-120.
▲ 4. Aff. C-93/92, *Rec.*, 1993, p. I-5009.

aux importations et partant contraires aux règles du traité relatives à la libre circulation des produits et des services ;
2) la protection du consommateur constitue une exigence impérative qui justifie la maintien ou l'adoption de telles mesures, jugées nécessaires et proportionnelles.

Une certaine confusion, notons-le, s'est installée depuis l'arrêt *Keck et Mithouard* du 24 novembre 1993[1], selon lequel les règles nationales prescrivant des « modalités de vente » - en l'espèce, il s'agissait de l'interdiction des ventes à perte - ne constituent plus des mesures d'effet équivalent au sens de l'article 28 du traité. Le revirement opéré par la Cour de justice est important, en ce qu'il semble vouloir freiner l'extension progressive de la jurisprudence *Cassis de Dijon* au-delà des seules mesures discutées à l'origine de cette jurisprudence, à savoir les règles nationales concernant la dénomination, l'étiquetage, l'emballage, la présentation et la composition des produits. En ce qui concerne les « modalités de vente », non autrement définies par la Cour, les États membres retrouveraient une entière souveraineté pour agir sur le marché s'ils le souhaitent. Or la réglementation des modalités de vente peut comporter de dispositions touchant directement au droit privé, telles qu'une obligation de renseignement, des prescriptions relatives à la formation du contrat, l'octroi du bénéfice d'un délai de repentir, l'élimination ou le contrôle de clauses abusives, le règlement des litiges et le droit applicable. Le champ potentiellement couvert n'est pas négligeable ; on pense, au regard de leur développement actuel, aux ventes à distance et au commerce électronique.

L'incertitude subsiste cependant car la jurisprudence rendue par la Cour depuis novembre 1993 est loin d'être claire. Il n'est pas toujours aisé de distinguer ce qui constitue une modalité de vente d'une part, et un mode de présentation du produit d'autre part. Où classer ainsi la publicité ? Dans l'arrêt *Clinique* du 2 février 1994[2], la Cour, s'interrogeant sur la compatibilité d'une règle allemande interdisant la distribution de produits cosmétiques sous une appellation trompeuse - l'appellation « clinique » étant considérée comme telle parce que suggérant des propriétés thérapeutiques que le produit n'a pas - y voit une mesure d'effet équivalent qu'elle soumet aux critères de la jurisprudence *Cassis de Dijon*. En revanche, l'indication « plus 10 % » sur les emballages de bâtons de crème glacée vendus en Allemagne et provenant de France est tenue comme un mode de présentation du produit et non comme un mode de promotion, rendant applicable l'article 30 du traité (article 28 actuel) (arrêt *Mars* du 6 juillet 1995)[3]. Dans l'arrêt *Alpine* du 10 mai 1995[4], l'interdiction de la vente de services financiers par téléphone, qui

▲ 1. Aff. 267 et 268/91, *Rec.*, 1993, p. I-6097.

▲ 2. Aff. C-315/92, *Rec.*, 1994, p. I-330. Cf. aussi l'arrêt *Hunermund* du 15 décembre 1993, Aff. C-292/92, *Rec.* 1993, p. I-6787, à propos de la compatibilité d'une règle déontologique émise par l'Association professionnelle des pharmaciens en Allemagne et interdisant la publicité, en dehors des officines, pour les produits parapharmaceutiques vendus en pharmacie.

▲ 3. Aff. C-470/93, *Rec.*, 1995, p. I-1923.

▲ 4. Aff. C-384/93, *Rec.*, 1995, p. I-1141.

constitue sans aucun doute une modalité de vente, se voit appliquer les critères retenus dans la jurisprudence *Cassis de Dijon* et *Assurance-Coassurance.*

De ce qui précède, trois conclusions peuvent être tirées qui intéressent notre propos :

- le contrôle juridictionnel de la Cour de justice des Communautés européennes s'étend aux mesures de droit privé, y compris les décisions des tribunaux, dès lors que celles-ci ont ou risquent d'avoir un effet, même minime, sur les échanges ;
- cette interpellation du droit privé des États membres par l'application des articles du traité relatifs au libre échange reste, à ce jour, limitée et parfois incertaine ; elle n'en existe pas moins potentiellement ;
- dans ces domaines où la Cour admet, au nom de certaines exigences impératives, l'adoption ou le maintien de prescriptions nationales, le souci d'éviter les distorsions de concurrence entre les États membres amène inévitablement les autorités européennes à renforcer le processus d'harmonisation positive du droit des États.

▶ B. LES INITIATIVES D'HARMONISATION POSITIVE

Les initiatives communautaires visant au rapprochement de dispositions du droit privé des États membres intéressant la protection du consommateur se sont multipliées ces dix dernières années, dessinant dans leur sillage les prémisses d'un droit européen de la consommation dont l'impact devient déterminant sur l'évolution des droits nationaux.

Au départ de développements restés timides durant de longues années (1), l'évolution s'est clairement accélérée vers l'adoption, dans le domaine de la protection des consommateurs, d'actes communautaires plus importants, non seulement en nombre mais surtout de par leur objet et leur substance (2). L'évolution constatée parait ne pas se ralentir et plusieurs propositions nouvelles s'élaborent à Bruxelles (3).

L'intégration des préoccupations relatives à la politique des consommateurs dans la définition et la mise en œuvre des autres politiques communautaires, option claire de la Communauté à l'égard des consommateurs ces dernières années, a pour effet d'élargir le champ de l'impact du droit communautaire de la consommation sur le droit des États membres (4).

De l'ensemble des textes adoptés se dégagent des tendances communes et des constantes qui vont marquer de leur empreinte l'évolution du droit des États dans les matières concernées (5).

1. Les premiers acquis

On le sait, la concrétisation des intentions annoncées par les autorités européennes dans les programmes d'action à l'égard des consommateurs adoptés depuis 1975 est restée bien en deçà des attentes que ces programmes laissaient entrevoir[1].

Bien que sur le plan politique une option claire ait été prise au niveau communautaire en faveur d'un programme spécifique et cohérent d'action à l'égard des consommateurs, les tentatives de la Commission européenne en la matière restaient entravées par deux obstacles importants :

- l'absence de disposition spécifique dans le traité confirmant la légitimité à agir de la Communauté dans le domaine de la protection des consommateurs : ayant à prendre comme base légale les articles relatifs au marché commun, puis au marché intérieur, l'harmonisation des législations concernant le consommateur ne pouvait aboutir que si son impact sur le bon fonctionnement du marché pouvait être clairement démontré ; la politique de la consommation au niveau communautaire n'était donc pas élaborée en tant que telle, mais restait perçue comme le sous-produit de la politique du marché intérieur ;
- l'unanimité alors requise dans le processus de décision communautaire : un tel consensus s'avérait difficile à atteindre dès lors que – et tel fut bien le cas dans les années quatre-vingts –, un ou plusieurs États membres hésitaient à donner leur appui à des mesures visant à promouvoir l'intérêt du consommateur ou à transférer ce nouveau champ de compétences à l'autorité communautaire.

Il n'est donc pas surprenant que seul un petit nombre de directives concernant directement les consommateurs fut adopté entre 1975 et la fin des années quatre-vingts.

Reprises par ordre chronologique, ces directives concernent :

- l'étiquetage des denrées alimentaires (18 décembre 1978)[2],
- l'indication des prix des denrées alimentaires (19 juin 1979)[3],
- la publicité trompeuse (10 septembre 1984)[4],
- la responsabilité du fait des produits (25 juillet 1985)[5],
- les ventes conclues en dehors de l'établissement de l'entreprise (20 décembre 1985)[6],
- le crédit à la consommation (22 décembre 1986)[7],
- l'indication des prix des produits autres que les denrées alimentaires (7 juin 1988)[8].

▲ 1. Cf. Th. Bourgoignie, « Droit et politique communautaire de la consommation : de Rome à Amsterdam », *Revue européenne du droit de la consommation,* 1997, p. 194 à 196 ; S. Chillon, *Le droit communautaire de la consommation après les traités de Maastricht et d'Amsterdam,* Collection « Droit et consommation », n° 38, CDC Publications, Centre de droit de la consommation, Louvain-la-Neuve, 1999, 614 p.

▲ 2. *JO* du 8 février 1979, n° L 33, p. 1.

▲ 3. *JO* du 26 juin 1979, n° L 158, p. 19.

▲ 4. *JO* du 19 septembre 1984, n° L 250, p. 17.

▲ 5. *JO* du 7 août 1985, n° L 210, p. 29.

▲ 6. *JO* du 31 décembre 1985, n° L 372, p. 31.

▲ 7. *JO* du 12 février 1987, n° L 42, p. 48.

▲ 8. *JO* du 9 juin 1988, n° L 142, p. 19.

Exception faite de la directive sur la responsabilité du fait des produits, l'exclusivité est donnée aux outils d'information du consommateur : renforcement de l'obligation précontractuelle de renseignement, exigence d'un consentement écrit au contrat, interdiction de la publicité susceptible d'induire en erreur, prescriptions en matière d'étiquetage, recherche d'une meilleure transparence des prix, introduction d'un délai de rétractation permettant à l'acheteur de rompre unilatéralement le contrat après réflexion, etc.

Le droit des contrats des États membres se trouve certes atteint, mais dans une mesure qui reste relative. L'impact le plus significatif s'observe au niveau du droit de la responsabilité, l'obligation étant faite aux États membres d'introduire, à côté des fondements de responsabilité traditionnels ou déjà confirmés, le régime de la responsabilité sans faute du fabricant ayant mis en circulation un produit présentant un défaut de sécurité.

2. Les acquis de la dernière décennie

Une évaluation générale de l'acquis communautaire dans le champ de la consommation révèle que, ces dix dernières années, les initiatives ont été à la fois plus nombreuses et plus fondamentales.

Les raisons de cette évolution sont multiples et diverses : introduction dans le traité de Rome d'un article spécifique consacré à la politique de protection des consommateurs (article 129A introduit par le traité de Maastricht et devenu l'article 153 dans la version actuelle du traité), adhésion à l'Union européenne de pays connaissant un régime de protection des consommateurs plus avancé (Suède, Finlande), abandon de la règle de l'unanimité au profit de la majorité qualifiée, activisme des organisations de consommateurs et influence de la doctrine proche de la mouvance « consommateur », etc.

Malgré les imperfections qui affaiblissent la portée de l'article 129A[1], l'impact de l'introduction dans le traité d'un titre nouveau consacré à la protection des consommateurs ne peut être sous-estimé. La politique de la consommation se voit reconnaître une autonomie qui lui manquait. La politique de protection du consommateur acquiert droit de cité dans l'arsenal des politiques communautaires.

Au-delà des solutions de type informationnel visant à améliorer la qualité du consentement donné par le consommateur aux actes qu'il pose, les dispositions des directives le plus récemment adoptées entendent aménager le contenu même des rapports de consommation, en imposant des obligations nouvelles, en confirmant des droits nouveaux et en interdisant certains comportements ou certaines pratiques.

La contribution effective de ces initiatives nouvelles à la protection du consommateur s'en trouve accrue, comme est renforcée l'emprise du droit communautaire sur celui des États membres.

▲ 1. Cf. Th. Bourgoignie, *op. cit.*, p. 197 à 200 ; S. Chillon, *op. cit.*, p. 63 et s.

Par ailleurs, le champ d'intervention communautaire est élargi à de nouveaux domaines du droit, tel que le droit judiciaire.

L'inventaire ci-dessous reprend par ordre chronologique et décrit de manière synthétique les principales mesures adoptées au niveau communautaire ces dix dernières années.

1) *Voyages à forfait (13 juin 1990)*[1]

La directive s'intéresse à l'amélioration de l'information des candidats au voyage, tant au stade précontractuel qu'après la conclusion du contrat. Mais et surtout, elle réglemente plusieurs aspects des termes du contrat conclu entre l'organisateur de voyages, l'agence de voyage et le consommateur. Elle comprend notamment des règles strictes sur la responsabilité du professionnel en cas de non-exécution ou de mauvaise exécution de la prestation. Les consommateurs se voient également promettre des garanties financières en cas d'insolvabilité du prestataire.

2) *Sécurité générale des produits (29 juin 1992)*[2]

La directive introduit une législation à caractère horizontal englobant tous les produits de consommation dont les aspects sécuritaires ne sont pas, ou ne sont pas complètement, couverts par des directives verticales ou sectorielles (par exemple, les denrées alimentaires, les produits pharmaceutiques, les cosmétiques, les jouets, etc.)[3].

Elle impose aux producteurs, importateurs et autres professionnels participant à la chaîne de distribution, pour autant que leurs activités puissent affecter les propriétés sécuritaires d'un produit, une exigence générale de sécurité, à savoir l'obligation de ne mettre sur le marché que des produits « sûrs ». L'obligation générale de sécurité est complétée par des obligations accessoires, telles que l'obligation de suivre l'évolution du comportement du produit après sa mise sur le marché, l'obligation de divulguer toute information relative aux risques liés au produit et celle de prendre les mesures nécessaires, y compris le retrait du produit du marché, pour prévenir les accidents ou limiter les risques.

La directive impose également des obligations aux États membres, dont elle exige la mise en place d'un cadre institutionnel adéquat permettant d'assurer que les produits offerts au consommateur respectent les conditions de sécurité définies par le texte communautaire. Les États membres sont tenus de prendre toutes les mesures nécessaires afin de donner aux autorités responsables les pouvoirs pertinents pour contrôler la sécurité des produits sur le marché, incluant une procédure de retrait.

▲ 1. *JO* du 23 juin 1990, n° L 158, p. 59.
▲ 2. *JO* du 11 août 1992, n° L 228, p. 24.
▲ 3. Pour une étude détaillée de la directive et de sa transposition dans les États membres ainsi que dans les pays d'Europe centrale et orientale, on lira F. Maniet, La *sécurité des produits en Europe,* Collection « Droit et consommation » n° 41, CDC Publications, Centre de droit de la consommation, Louvain-la-Neuve, 2000, 404 pages.

La directive confirme et organise un système d'échange rapide d'informations obligatoire entre les États membres en cas de danger sérieux et immédiat causé par des produits dangereux circulant sur le marché. Une procédure communautaire est établie afin de notifier les mesures d'urgence prises par les États membres en vue d'empêcher, de restreindre ou de poser des conditions spécifiques à la commercialisation ou à l'usage possible d'un produit ou d'un ensemble de produits sur leur territoire. La procédure d'alerte instituée consiste à informer de manière urgente la Commission européenne, qui répercute ensuite l'information aux autres États membres.

Enfin, l'article 9 de la directive habilite la Commission, moyennant le respect de conditions de fond et de procédure très (trop, selon nous) limitatives, à adopter une décision obligeant les États membres à prendre des mesures temporaires comme le retrait ou l'interdiction d'un produit[1].

3) *Clauses abusives dans les contrats de consommation (5 avril 1993)*[2]

La directive consacre le principe de transparence en requérant des clauses écrites dans les contrats conclus avec des consommateurs qu'elles soient formulées dans un langage clair et intelligible et présentées de manière non équivoque. En cas de doute sur le sens d'une clause, l'interprétation favorable au consommateur l'emportera.

Une norme générale sanctionnant le déséquilibre manifeste du contrat ou d'une clause se trouve complétée par une liste indicative de clauses pouvant être considérées comme abusives (« liste grise »).

Deux incursions importantes sont faites dans le droit de la procédure :

- s'inspirant d'une disposition similaire déjà introduite dans des directives antérieures (par exemple la directive de 1984 en matière de publicité trompeuse), injonction est faite aux États membres de reconnaître aux organisations représentatives des intérêts des consommateurs le droit d'agir en cessation des pratiques incriminées ;
- innovant sur ce point, la directive introduit une disposition de droit international privé, selon laquelle le choix du droit d'un État tiers comme droit applicable au contrat ne peut avoir pour effet de retirer au consommateur la protection à laquelle il peut prétendre sur base de la directive.

▲ 1. A ce jour, il n'a été fait usage de ce pouvoir qu'une seule fois, à propos des phtalates. Voir la Décision de la Commission du 7 décembre 1999 adoptant des mesures qui interdisent la mise sur le marché de jouets et d'articles de puériculture destinés à être mis en bouche par des enfants de moins de trois ans, fabriqués en PVC souple contenant une ou plusieurs des substances di-iso-nonyl phtalate (DINP), di-éthylhexyl phtalate (DEHP), dibutyl phtalate (DHP), di-iso-décyl phtalate (DIDP), di-n-octyl phtalate (DNOP) et butylbenzyl phtalate (BBP), *JO* du 9 décembre 1999, n° L 315, p. 46.

▲ 2. *JO* du 21 avril 1993, n° L 95, p. 29.

4) *Multipropriété (26 octobre 1994)*[1]

La directive 94/47EEC sur la protection des acquéreurs concernant certains aspects des contrats relatifs à l'achat d'un droit d'usage immobilier basé sur la multipropriété procède à un rééquilibrage des droits et des obligations des parties respectives à travers une réglementation détaillée tant de la formation que du contenu du contrat.

La technique du délai de réflexion, déjà utilisée en 1985 à propos des ventes conclues en dehors des établissements commerciaux, réapparaît. Une faculté de résiliation unilatérale d'une durée de dix jours (trente lorsque la propriété est située dans un autre pays que le pays de résidence de l'acheteur) est prévue en faveur de l'acheteur.

5) *Contrats conclus à distance (20 mai 1997)*[2]

L'initiative est importante en ce qu'elle contribue à la normalisation du domaine des pratiques du commerce et des méthodes de vente, vis-à-vis duquel l'action de la Communauté est restée hésitante. Le champ couvert est vaste, visant les contrats conclus entre un consommateur et un professionnel à l'aide d'une technique de communication à distance au sens large, incluant principalement les ventes par correspondance, les ventes par téléphone, satellite ou internet, le téléachat ainsi que les offres faites au moyen de la distribution de toutes-boîtes. Reste exemptée la vente à distance de services financiers, pour laquelle la Commission propose une initiative distincte (cf. *infra).*

La directive renforce l'obligation de renseignement mise à charge du vendeur et dresse la liste des informations obligatoires que doit contenir le contrat : l'identité et l'adresse du fournisseur, les principales caractéristiques du produit et du service concerné, le prix, les frais de livraison, les modes de paiement, les conditions de la livraison ou de l'exécution du contrat ainsi que la faculté, pour l'acquéreur, de faire usage du délai de réflexion que lui octroie le texte communautaire. Ces informations doivent être fournies de manière claire et compréhensible.

En vertu de la directive, le consommateur a droit à une période de sept jours ouvrables (à compter du jour où il a reçu le produit) afin de se retirer du contrat sans avoir à se justifier ; seuls les coûts directement liés au renvoi du produit peuvent rester à sa charge, toute somme d'argent éventuellement versée devant être restituée par le vendeur dans les meilleurs délais et au plus tard dans les trente jours.

6) *Publicité comparative (6 octobre 1997)*[3]

La directive amende celle de 1984 sur la publicité trompeuse afin d'y introduire des dispositions sur la publicité comparative. Celle-ci se voit

▲ 1. *JO* du 29 octobre 1994, n° L 280, p. 83.
▲ 2. *JO* du 4 juin 1997, n° L 144, p. 19.
▲ 3. *JO* du 23 octobre 1997, n° L 290.

admise, sous de strictes conditions garantissant notamment la fiabilité, l'à-propos, l'utilité et la loyauté du message comparatif.

7) *Indication des prix (16 février 1998)*[1]

La proposition vise à simplifier les dispositions prévues par la directive de 1979 sur l'indication des prix des denrées alimentaires et celle de 1988 sur l'indication des prix des produits autres que les denrées alimentaires, dans le but d'assurer une meilleure transparence du marché.

Il s'agit, notons-le, de la première directive à être basée sur l'article 129A (actuel article 153) du traité, et en réalité de la seule à ce jour.

La proposition abandonne le lien entre formats normalisés et prix à l'unité de mesure. Elle laisse place à un principe général d'indication du prix à l'unité de mesure. En conséquence, les produits préemballés ne sont dorénavant plus exemptés de l'obligation d'indication du prix à l'unité de mesure. Tous les produits visés par la directive doivent indiquer le prix de vente et le prix à l'unité de mesure.

8) *Systèmes alternatifs de règlement des litiges (recommandation de la Commission du 30 mars 1998)*[2]

Les obstacles liés à l'accès des consommateurs à la justice et l'absence de réformes profondes du système judiciaire en vue d'y rendre le règlement des litiges de consommation plus effectif expliquent la multiplication, dans tous les États membres, de systèmes de règlement des litiges de consommation en dehors du cadre judiciaire. Les systèmes sont très divers, par leur forme, leur statut, leurs modes de fonctionnement et l'effet de leurs « décisions ».

Ils vont de pratiques dont la vocation dominante reste purement commerciale (services clientèle améliorés) à la mise en place de systèmes d'arbitrage élaborés et paritaires réunissant des représentants des consommateurs (organisations de consommateurs ou services administratifs) et des représentants de l'industrie ou du commerce (voir, par exemple, l'expérience des pays nordiques, des Pays-Bas, du Royaume-Uni, de l'Espagne et du Portugal)[3].

La recommandation de la Commission a pour but de définir les critères susceptibles de garantir la pertinence et partant l'admissibilité des systèmes informels de règlement des litiges de consommation. Plusieurs principes sont énoncés et détaillés que tout système alternatif de règlement des litiges de consommation se doit de respecter : l'indépendance, la transparence, le

▲ 1. *JO* du 18 mars 1998, n° L 80, p. 27.
▲ 2. *JO* du 17 avril 1998, n° L 115, p. 31.
▲ 3. Pour une description des modes alternatifs de règlement des litiges de consommation existant aux Pays-Bas, au Portugal, en Suède et au Royaume-Uni, cf. les articles de C. Last, J. Nijgh, R. James, B. Kagerman, I. Cabeçadas parus dans la *Revue européenne de droit de la consommation,* 1999, p. 331-400.

respect des droits de la défense, l'efficacité, la légalité, le volontarisme et la représentation de tous les intérêts concernés[1].

9) *Actions en cessation (19 mai 1998)*[2]

Le but principal de cet acte communautaire est de rapprocher les règles des États membres qui consacrent et organisent le droit dé certaines institutions ou organisations représentatives des intérêts des consommateurs d'agir en justice pour demander la cessation de pratiques contraires aux normes de protection des consommateurs. L'intention est aussi d'user de ce texte en vue de simplifier, par un mécanisme audacieux de reconnaissance mutuelle de la qualité pour agir desdites institutions et organisations, le règlement des litiges transfrontières dans le champ des législations couvertes par le droit de la consommation.

La directive s'applique aux matières couvertes par une liste de neuf directives, telles que transposées dans l'ordre juridique interne des États membres, à savoir les clauses abusives, le démarchage à domicile, la publicité trompeuse, la publicité pour les produits pharmaceutiques, la publicité télévisée, les voyages à forfait, le crédit à la consommation, les contrats conclus à distance et la multipropriété. D'importantes directives qui concernent directement la protection du consommateur, telles que la directive sur la sécurité générale des produits ou celle sur l'étiquetage, la présentation et la publicité des denrées alimentaires, ne sont étrangement pas reprises dans la liste des matières concernées. La liste des directives visées par la procédure d'injonction a été récemment complétée en vue d'y ajouter la directive du 25 mai 1999 sur les garanties liées aux produits de consommation (cf. *infra*).

Le droit d'action conféré n'est pas général. La directive retient le principe de la reconnaissance mutuelle des entités nationales qui ont la qualité pour intenter une action dans leur propre pays *(« tout organisme ou organisation ayant, selon le droit national, un intérêt légitime à faire respecter les dispositions visées à l'article 1er »)*. Cependant aucune obligation n'est faite aux États membres d'accorder aux organisations de consommateur le droit d'agir, pas plus qu'il n'y a de dispositions reconnaissant un tel droit aux organisations européennes de défense des consommateurs. La proposition donne également aux États membres le droit d'introduire ou de maintenir des dispositions imposant la consultation préalable du défendeur ou d'une entité qualifiée.

▲ 1. Sur ces principes, on lira J. Laffineur, « Les principes consacrés par la recommandation du 30 mars 1988 : premiers commentaires critiques », *Revue européenne de droit de la consommation,* 1999, p. 401-411.

▲ 2. *JO* du 11 juin 1998, n° L 166, p. 51.

10) *Publicité relative au tabac (6 juillet 1998)*[1]

La directive se prononce pour une interdiction absolue de tout message publicitaire relatif au tabac, effective à part entière à partir de 2006.

11) *Responsabilité du fait des produits (10 mai 1999)*[2]

Effet de la crise de la « vache folle », l'acte communautaire modifie la directive du 25 juillet 1985 en ne permettant plus d'exclure du champ de la responsabilité du fait des produits les produits agricoles primaires ou non transformés.

12) *Ventes au consommateur et garanties liées aux produits de consommation (25 mai 1999)*[3]

Dès 1993, la Commission avait publié un Livre vert sur les garanties et le service après-vente qui, après avoir fait l'inventaire des règles en vigueur dans les États membres, suggérait des pistes de réglementation européenne en la matière[4]. L'initiative est importante en ce qu'elle complète les mesures déjà prises au niveau européen en vue de prévenir la présence sur le marché de produits dangereux ou non conformes aux attentes légitimes du consommateur (obligations générales de sécurité contenues dans la directive du 29 juin 1992, règles sur la responsabilité du fabricant en cas de produits défectueux prévues par la directive du 25 juillet 1985 telle qu'amendée par celle du 10 mai 1999).

En juin 1996, la Commission européenne transmet au Conseil et au Parlement une proposition de directive sur la vente de biens de consommation et sur les garanties, dont le contenu et la portée touchent au cœur même du droit de la vente[5]. Même si le texte finalement adopté au mois de mai 1999 se situe en retrait par rapport aux propositions originales, il est néanmoins appelé à avoir un impact considérable sur le droit traditionnel de la garantie dans tous les États membres, tenus de se conformer au prescrit communautaire avant le 1er janvier 2002.

La directive innove en abandonnant la distinction traditionnelle entre l'obligation de garantie contre les vices cachés et l'obligation de délivrance dans le contrat de vente et les remplace par une obligation unique de conformité au contrat. Le vendeur est tenu de livrer au consommateur « un bien conforme au contrat de vente ». Le bien est présumé conforme au contrat :

▲ 1. *JO* du 30 juillet 1998, n° L 213, p. 9. La directive, notons-le, a été annulée par un arrêt de la Cour de justice du 5 ocobre 2000 (Aff. C-376/98) en raison d'un vice affectant la base juridique retenue pour cette initiative communautaire.

▲ 2. *JO du* 4 juin 1999, n° L 141, p. 20.

▲ 3. *JO* du 7 juillet 1999, n° L 171.

▲ 4. Com. (93) du 15 novembre 1993. Pour un commentaire, cf. M. Tenreiro, « Garanties et service après-vente : brève analyse du Livre vert présenté par la Commission européenne », *Revue européenne de droit de la consommation*, 1994, p. 3-26.

▲ 5. M. Tenreiro, « La proposition de directive sur la vente et les garanties de biens de consommation », *Revue européenne de droit de la consommation*, 1996, p. 187-196.

- *« s'il correspond à la description donnée par le vendeur et possède les qualités du bien que le vendeur a présenté sous forme d'échantillon ou de modèle au consommateur,*
- *s'il est propre à tout usage spécial recherché par le consommateur et que celui-ci avait porté à la connaissance du vendeur au moment de la conclusion du contrat* (...),
- *s'il est propre aux usages auxquels servent habituellement les biens du même type,*
- *s'il présente la qualité et les prestations habituelles d'un bien du même type auxquelles le consommateur peut raisonnablement s'attendre, eu égard à la nature du bien et, le cas échéant, compte tenu des déclarations publiques faites sur les caractéristiques concrètes du bien par le vendeur, par le producteur ou par son représentant, notamment dans la publicité et l'étiquetage. »*

Tranchant sur la question largement controversée de la personne responsable en matière d'obligation de garantie, la directive opte pour une solution peu favorable pour le consommateur en canalisant la responsabilité sur le vendeur ou détaillant et en écartant celle du fabricant.

En revanche, le texte communautaire se révèle novateur en confirmant l'existence d'une obligation de garantir la conformité du bien pendant deux ans à compter de la date de la livraison du produit, en créant une présomption d'existence du défaut au moment de la délivrance dès lors que le défaut se révèle dans les six mois de la livraison, et en détaillant un large éventail de recours possibles du consommateur (réparation du produit, réduction du prix, résolution du contrat, remplacement du produit).

La directive s'intéresse aussi aux garanties commerciales, définies comme « *tout engagement d'un vendeur ou d'un producteur à l'égard du consommateur, donné sans supplément de coût, de rembourser le prix payé ou de remplacer, de réparer ou de s'occuper d'une façon quelconque du bien s'il ne correspond pas aux conditions énoncées dans la déclaration de garantie ou dans la publicité y afférent* ». Ces déclarations de garantie lient celui qui les émet. Elles doivent indiquer clairement que le consommateur a des droits légaux qu'il tire de la législation en vigueur régissant la vente de biens de consommation, que ces droits ne sont pas affectés par la garantie et en quoi la garantie offerte dépasse les droits légaux (en contenu, en étendue, en durée, etc.).

Aucune clause exonératoire ou limitative de l'obligation ainsi prescrite n'est admise.

3. Les textes les plus récemment adoptés ou en préparation

Plusieurs propositions nouvelles de directive ont atteint un stade avancé de discussion, parmi lesquelles on relève surtout :

- la directive sur le commerce électronique[1],
- la directive sur les signatures électroniques[2],
- et la proposition de directive sur la commercialisation à distance de services financiers auprès des consommateurs[3].

Dans son Plan d'action pour la politique des consommateurs pour les années 1999 à 2001[4], la Commission européenne, obligée de faire rapport sur l'application des directives en vigueur, annonce des initiatives visant à actualiser le cadre réglementaire existant dans les domaines importants du crédit à la consommation, des clauses abusives dans les contrats, de la sécurité générale des produits et des procédures d'injonction. Des lacunes sont par ailleurs identifiées et des législations prévues à propos des « produits miracles », des allégations trompeuses dans le domaine de la santé, des ventes pyramidales et de la concurrence déloyale.

En matière de sécurité des produits, une révision fondamentale de la directive du 29 juin 1992 est imminente, qui devrait se traduire, entre autres réformes, par un accroissement des responsabilités des opérateurs économiques et l'inclusion de certains services dans le champ de la directive[5].

La publication par la Commission européenne, en juillet 1999, d'un Livre vert sur la responsabilité du fait des produits relève d'une même volonté de réviser les textes existants. La Commission y examine la manière dont la directive de 1985 sur la responsabilité du fabricant du fait d'un produit défectueux est appliquée dans les États membres, y compris dans la pratique judiciaire, et s'interroge sur l'opportunité d'amender plusieurs des dispositions essentielles de la directive, dont la charge de la preuve, l'étendue de la réparation et les moyens de défense du fabricant[6].

4. L'intégration de la dimension « consommateur » dans les autres politiques communautaires

L'inventaire ci-dessus rend compte des initiatives communautaires relevant directement de la politique de protection des consommateurs. Il est bien d'autres textes adoptés par les autorités européennes qui ont pour objet ou pour effet, même indirect, de protéger le consommateur et qui intéressent le droit privé des États.

On songe notamment aux actes communautaires pris à l'égard de l'assurance-protection juridique (1987)[7], de l'assurance directe sur la vie

▲ 1. *JO* du 17 juillet 2000, n° L 178.
▲ 2. *JO* du 19 janvier 2000, n° L 13.
▲ 3. *JO* du 11 décembre 1998, n° C 385, page 10.
▲ 4. Communication de la Commission du 2 décembre 1998, COM(98) 696 final.
▲ 5. Sur ces perspectives, on lira F. Maniet, *op. cit.*, p. 381-390.
▲ 6. Pour une présentation du Livre vert et des perspectives de révision de la directive de 1985, on lira J. Izquierdo Peris, « 1985-1999 : l'évolution de la directive 85/374/CEE relative à la responsabilité du fait des produits défectueux », Le Livre vert de la Commission européenne, *Revue européenne de droit de la consommation,* 1999, p. 241-259.
▲ 7. Directive du 22 juin 1987, *JO* du 4 juillet 1987, n° L 185.

(1990)[1], des services de télécommunications (1990)[2], des cartes de paiement (1988)[3] et des instruments de paiement électronique (1997)[4], des dépôts (1994)[5] et des investissements (1997)[6], des virements transfrontaliers (1997)[7], des pratiques de sur-réservation dans les transports aériens réguliers (1991)[8] et de la responsabilité des transporteurs aériens en cas d'accident (1997)[9].

L'intégration des préoccupations relatives à la politique des consommateurs dans la définition et la mise en œuvre des autres politiques communautaires ira très certainement en s'accroissant dans les années prochaines. L'article 153 du traité CE consacre expressément le principe selon lequel « les exigences relatives à la protection du consommateur devront être prises en considération lors de la définition et de la mise en œuvre des autres politiques et activités de la Communauté » (par. 2).

Des questions « macrojuridiques », jusqu'ici laissées dans l'ombre du droit de la consommation au niveau communautaire, se voient accorder une attention particulière, pour devenir prioritaires dans le Plan d'action pour la politique des consommateurs pour les années 1999 à 2001.

Ces nouvelles priorités concernent :

- la protection des intérêts des consommateurs dans le cadre de la fourniture de services publics, dits essentiels ou d'intérêt général : libéralisation des services de télécommunications et des services postaux, confirmation d'un droit au « service universel », définition des critères d'accès, de tarification et autres conditions d'usage des services, fixation de modes d'évaluation de la qualité des services prestés, représentation des consommateurs domestiques dans les structures de régulation, etc. ;
- la protection du consommateur dans le cadre des services financiers : les domaines concernés sont vastes et couvrent les assurances, le crédit hypothécaire, les moyens de paiement, les conditions de l'introduction de l'euro, la protection de l'épargnant et de l'investisseur, etc. ;
- les mesures permettant au consommateur de bénéficier des opportunités offertes par la société de l'information et notamment de voir ses intérêts économiques protégés à l'occasion de la conclusion de transactions au moyen des nouvelles technologies de communication : les questions sont également nombreuses et concernent principalement

▲ 1. Directive du 8 novembre 1990 (*JO* du 29 novembre 1990, n° L 330, p. 50), telle que modifiée par la directive du 10 novembre 1992 (*JO* du 9 décembre 1992, n° L 360, p. 1).

▲ 2. Directive du 28 juin 1990 (*JO* du 24 juillet 1990, n° L 192, p.1), modifiée par la directive du 6 octobre 1997 (*JO* du 29 octobre 1997, n° L 295, p. 23).

▲ 3. Recommandation de la Commission du 17 novembre 1988, *JO* du 24 novembre 1988, n° L 317, p. 55.

▲ 4. Recommandation de la Commission du 30 juillet 1997, *JO* du 2 août 1997, n° L 208, p. 52.

▲ 5. Directive du 30 mai 1994, *JO* du 31 mai 1994, n° L 135, p. 5.

▲ 6. Directive du 3 mars 1997, *JO* du 26 mars 1997, n° L 84, p. 22.

▲ 7. Directive du 27 janvier 1997, *JO* du 14 février 1997, n° L 43, p. 25.

▲ 8. Règlement du 4 février 1991, *JO* du 8 février 1991, n° L 36, p. 5.

▲ 9 Règlement du 9 octobre 1997, *JO* du 17 octobre 1997, n° L 285, p.1.

les conditions de formation des contrats, l'authentification du consentement du consommateur, la sécurité des systèmes de paiement, la protection de la vie privée et des données à caractère personnel, la problématique des droits d'auteur, l'accès à des voies efficaces de recours et de règlement des différends, la détermination du droit applicable[1] ;

- la politique de la santé, particulièrement dans le domaine alimentaire : les crises récentes en Europe ont clairement démontré le rôle croissant des autorités communautaires dans ce domaine essentiel pour le consommateur. Au-delà des actions de prévention et des mesures d'interdiction ponctuelles, des problématiques nouvelles, nées du recours à des modes de production nouveaux, se font jour qui inquiètent les consommateurs ; ainsi en est-il, par exemple, de la mise sur le marché des organismes génétiquement modifiés ainsi que de l'irradiation des denrées alimentaires[2] ;
- la promotion et le développement de la consommation durable, c'est-à-dire d'une politique de la consommation qui tienne compte des contraintes environnementales et s'inscrive dans la perspective du développement durable promu par la politique communautaire de l'environnement. La question intéresse à maints égards le comportement quotidien des consommateurs[3]. On songe au traitement des déchets et à la charge des coûts qui y sont liés[4], aux mesures fiscales destinées à décourager la consommation de produits plus polluants ou, au contraire, à l'étiquetage écologique visant à orienter les choix du consommateur vers des biens moins nocifs pour l'environnement[5].

5. De quelques constantes et tendances communes

Si les mesures prises dans le cadre des initiatives communautaires décrites ci-dessus sont loin de constituer un ensemble homogène et cohérent, des tendances communes se dessinent et plusieurs constantes apparaissent. Cette constance accroît l'impact des mesures prises sur le droit privé des États membres et force à la réforme.

▲ 1. Résolution du Conseil du 19 janvier 1999 sur les aspects de la société de l'information concernant les consommateurs, *JO* du 28 janvier 1999, n° C 23, page 1.

▲ 2. Voyez l'exposé le plus récent de la problématique fait par la Commission européenne dans le *Livre blanc sur la sécurité alimentaire,* publié le 12 janvier 2000, Com (1999) 719 final.

▲ 3. Pour une première analyse des convergences entre la politique de protection du consommateur et la politique de protection de l'environnement, on lira C. Kye (éd.), *Les politiques communautaires de protection des consommateurs et de l'environnement : convergences et divergences,* Collection « Droit et consommation », n° 30, CDC Publications, Louvain-la-Neuve, 1995.

▲ 4. Sur cette question et ses enjeux, cf. N. Boucquey (éd.), *Le droit européen des consommateurs et la gestion des déchets,* Collection « Droit et consommation » n° 39, CDC Publications, Louvain-la-Neuve, 1999.

▲ 5. Cf. L. Boy, « L'éco-label communautaire, un exemple de droit post-moderne », *Revue internationale de droit économique,* 1996, p. 69 et s.

1) *Sur le plan du droit des contrats*

On identifie les dispositions communes suivantes :

- le renforcement des obligations précontractuelles de renseignement (publicité, étiquetage, indication des prix, communication d'informations préalablement à la conclusion du contrat, exigences en matière de présentation du contrat et de ses clauses, etc.) ;
- l'accroissement du formalisme des contrats (exigence d'un contrat écrit, exigence d'une confirmation par écrit, mentions obligatoires, etc.) ;
- l'octroi d'un délai de réflexion, par ailleurs non unifié - 7 jours pour les ventes à domicile et les contrats à distance, 10 jours pour les contrats de multipropriété, entre 14 et 30 jours pour les contrats d'assurance directe sur la vie ;
- l'élimination des clauses abusives dans tous les contrats de consommation (directive du 5 avril 1993) et dans certains contrats en particulier (crédit à la consommation, voyages à forfait, multipropriété, systèmes de paiement par cartes, virements transfrontières, ventes à distance, assurance-vie et assurance non-vie, etc) ;
- l'introduction de concepts intégrateurs nouveaux, tels que l'attente légitime du consommateur ou la conformité au contrat[1] ;
- l'affirmation du caractère impératif des règles nouvelles.

2) *En matière de responsabilité*

Les constantes qui se dégagent sont claires et consacrent à la fois la multiplication des fondements nouveaux de responsabilité du professionnel et l'évolution du droit de la responsabilité vers un régime de responsabilité stricte ou sans faute.

La directive du 29 juin 1992 sur la sécurité générale des produits confirme l'existence de plusieurs obligations importantes dans le chef du fabricant, de l'importateur et de tout autre professionnel dont les activités peuvent avoir un effet sur la sécurité du produit. Certaines de ces obligations sont classiques - on songe aux obligations d'informer contenues dans la directive, ainsi qu'à l'obligation de prévention ; d'autres sont plus novatrices et intéressantes - on songe à l'obligation de suivi des produits et à celle de retrait éventuel des produits dangereux. Dans son projet de révision de la

▲ 1. Sur la contribution de ces concepts à la recherche d'un fondement nouveau de responsabilité du professionnel à l'égard du consommateur, cf. Th. Bourgoignie, « A la recherche d'un fait générateur de responsabilité unique et autonome dans les rapports de consommation : le défaut de conformité à l'attente légitime du consommateur », *in Le droit de la consommation en mouvement,* Collection « Droit et consommation », n° 36, Centre de droit de la consommation, Louvain-la-Neuve, 1998, p. 61-88.

directive sur la sécurité générale des produits, la Commission envisage d'introduire de manière explicite le principe de précaution[1].

La référence à la faute du professionnel est éliminée lorsque le droit communautaire définit les responsabilités nouvelles du fabricant mettant en circulation un produit défectueux (directive du 25 juillet 1985), de l'organisateur de voyages (directive du 13 juin 1990), du transporteur aérien en cas d'accident (directive du 9 octobre 1997) et du vendeur d'un produit non conforme au contrat (directive du 25 mai 1999).

On relève que contrairement aux évolutions constatées dans plusieurs des États membres, le domaine des services reste communément exclu des évolutions constatées au niveau communautaire. Hormis les responsabilités particulières mises à charge du transporteur aérien en cas d'accident et de l'organisateur de voyage, les textes européens n'étendent pas leur champ d'application au vaste domaine des services. Des propositions en ce sens formulées par la Commission en 1990 n'ont guère abouti[2]. Elles restent cependant à l'agenda de la Commission, qui annonce dans son programme d'action en faveur des consommateurs pour les années 1999-2001, que la sécurité et la qualité des services au consommateur constituent un domaine prioritaire d'action et qui se propose, on l'a vu, d'intégrer certains services dans le champ d'application de la directive du 29 juin 1992.

3) *En ce qui concerne les sanctions civiles et les règles de la procédure civile*

Le domaine est réservé à la souveraineté des États membres, même si depuis le traité d'Amsterdam, la justice est reconnue comme une matière dans laquelle les États membres sont appelés à collaborer.

La Cour de justice des Communautés européennes refuse de reconnaître un effet direct horizontal aux dispositions des directives adoptées et non transposées dans certains États membres : pour une affaire récente, voyez l'arrêt *El Corte Inglés SA* du 7 mars 1996[3] (à propos des contrats liés visés par la directive sur le crédit à la consommation). L'État fautif peut cependant être déclaré responsable pour le dommage causé au plaignant du fait de la non-transposition de l'acte communautaire (arrêt *Francovich* du 19 novembre 1991)[4].

Malgré cette prudence, des initiatives sont d'ores et déjà prises, au niveau du droit communautaire de la consommation, qui interpellent le droit judiciaire privé des États :

▲ 1. Sur ce principe, dont les contours restent mal définis, cf. L. Gonzalez Vaqué, L. Ehring, C. Jacquet, « Le principe de précaution dans la législation communautaire et nationale relative à la protection de la santé », *Revue du marché unique européen,* 1999, p. 79-128.

▲ 2. Cf. Th. Bourgoignie, « Avant-projet de directive sur la responsabilité du fait des services défectueux : un premier regard », *Revue européenne de droit de la consommation,* 1990, p. 163-175 ; *id.,* « La proposition de directive du 24 octobre 1990 : de la responsabilité du fait des services défectueux à la responsabilité du prestataire de services », *Revue européenne de droit de la consommation,* 1990, p. 287-291.

▲ 3. Aff. C-192/94, *Rec.,* 1996, p. I-1281.

▲ 4. Aff. C-6/90, *Rec.,* 1991, p. 5357.

- certaines directives contiennent des dispositions particulières sur les sanctions civiles à appliquer en cas de non-respect des dispositions prévues : réduction de l'obligation de rembourser (directive sur le crédit à la consommation), causes et conditions de rétractation et de résiliation du contrat (directive sur les voyages à forfait), défaut d'exécution résultant de l'indisponibilité du bien ou du service commandé (directive sur les ventes à distance), nullité des clauses abusives (directive sur les clauses abusives), faculté de conserver un produit reçu sans demande expresse préalable (directive sur les ventes à distance), précision et hiérarchie des recours du consommateur en cas de vente d'un produit non conforme au contrat (directive sur la vente de produits de consommation et les garanties), etc. ;
- le droit des organisations représentatives des consommateurs ou des institutions publiques chargées de la mise en œuvre de la politique de protection des consommateurs d'agir en cessation se trouve confirmé dans plusieurs directives (publicité à l'égard des médicaments à usage humain, publicité trompeuse et comparative, clauses abusives, contrats à distance) ;
- l'harmonisation des conditions d'intentement de l'action en cessation est recherchée (directive du 19 mai 1998) ;
- le principe de la reconnaissance mutuelle de la qualité à agir des institutions et des organisations représentatives des consommateurs dans des litiges transfrontières se trouve affirmé (directive du 19 mai 1998) ;
- plusieurs directives (crédit à la consommation, assurances vie et non-vie, clauses abusives, multipropriété, contrats à distance) comportent une règle de « droit international privé communautaire » visant à empêcher que le consommateur ne soit privé de la protection accordée par le texte européen du fait du choix du droit d'un pays tiers comme droit applicable au contrat ;
- incitation est faite aux États membres ou aux opérateurs économiques, parfois même sous la forme d'une obligation, de mettre en place des systèmes efficaces et accessibles pour le règlement des différends en dehors du système judiciaire (directives sur la publicité trompeuse et comparative, le crédit à la consommation, les contrats à distance, les contrats d'assurance vie et non-vie, les virements transfrontaliers; recommandation sur les instruments de paiement électroniques, etc. ;
- les principes directeurs devant présider à l'installation et au fonctionnement des structures alternatives de règlement des litiges de consommation éventuellement mises en place sont définis par la Commission européenne (recommandation du 30 mars 1998).

▶ § 3. Vers la codification du droit communautaire de la consommation

La question de l'émergence d'un *Code civil européen* susceptible de fournir un ensemble de principes de droit civil commun aux États membres est à l'ordre du jour. Des publications récentes ont démontré le besoin et la faisabilité d'un tel projet[1]. Des commissions scientifiques financées par des fonds européens s'attachent à la rédaction d'un Code européen de droit des contrats et d'un Code européen de procédure civile.

Le droit de la consommation est resté longtemps à l'écart de ce courant d'idées, partagé surtout par les commercialistes et les internationalistes. Tel n'est plus le cas, et plusieurs initiatives apparaissent qui incitent à la codification du droit communautaire de la consommation :

- la doctrine s'est emparée de la question[2] ;
- un réseau européen de chercheurs collabore et se réunit de manière régulière, notamment au sein de l'European Consumer Law Group[3], en vue d'échanger informations et expériences sur les développements du droit de la consommation dans les États membres et son harmonisation progressive ;
- une première compilation du droit communautaire de la consommation a été réalisée en 1998 par le Centre de droit de la consommation (Louvain-la-Neuve, Belgique) pour le compte de la Commission européenne[4]. Le travail réalisé présente sous une forme organisée et selon un plan commun, l'ensemble des textes de droit communautaire qui intéressent, directement ou non, le consommateur, en les accompagnant de références à la jurisprudence de la Cour de justice des Communautés européennes ainsi que de commentaires de doctrine.

Il est important que la codification du droit de la consommation au niveau communautaire se poursuive car elle est susceptible d'apporter à une matière extrêmement vaste la cohérence et l'uniformité nécessaires, selon nous, au développement de la matière.

Sans doute faut-il s'orienter vers la rédaction, par un groupe de scientifiques experts en droit de le consommation, de principes communs ou d'une législation-modèle applicables dans le domaine de la protection des consommateurs et dont l'adoption volontaire se verrait ensuite proposée aux acteurs économiques ainsi qu'aux États membres.

▲ 1. Cf. *Towards an European Civil Code,* dirigé par A.S. Hartkamp, M.W. Hesselink, E.H. Hondius, C.E. Du Perron, J.B.M. Vranken (Ars Aequi Libri, Nijmegem, Martinus Nijhoff Publishers, Dordrecht, 1995 ; seconde édition élargie en 1998, Kluwer Law International).

▲ 2. Cf. les contributions à l'ouvrage de F. Osman, *Vers un code européen de la consommation,* Bruylant, Bruxelles, 1998. On lira aussi E.H. Hondius, « Consumer law and private law : the case for integration », *Notarius International,* 1998, p. 107-119.

▲ 3. Sur ce groupe et ses travaux, cf. ECLG, *Rapports et avis/Reports and opinions, 1986-1997,* CDC Publications, Collection « Droit et consommation », n° 35, Centre de droit de la consommation, Louvain-la-Neuve, 1998, 445 p.

▲ 4. Étude réalisée par F. Maniet, 2 volumes non publiés mais disponibles sur le site internet à la DG Sanco.

Ce *Model Act* tiendrait compte des développements de la matière au niveau communautaire, dans les États membres et dans les pays candidats à l'adhésion, dont les pays d'Europe centrale et orientale, appelés à intégrer l'acquis communautaire en vertu des accords d'association et de partenariat qui les lient à la Communauté. Il pourrait servir de référence utile dans l'évaluation du caractère élevé de la protection que la Communauté est tenue, conformément aux articles 95, par. 3 et 153 du traité instituant la Communauté européenne, de garantir au consommateur européen[1].

▲ 1. Sur la notion de « niveau élevé de protection », cf. l'arrêt *Allemagne c/ Parlement européen et Conseil* du 13 mai 1997, Aff. C-233/94, *Rec.*, 1997, p. I-2405 (à propos du niveau de protection reconnu au consommateur par la directive 94/19/CE du 30 mai 1994 relative aux systèmes de garantie des dépôts).

La politique d'harmonisation du droit des contrats de distribution en Europe

Didier FERRIER

Professeur à la Faculté de Droit de Montpellier

1. Aucune disposition spécifique du droit européen n'impose ou ne règle l'unification voire même l'harmonisation du droit des contrats de distribution.

Cela peut paraître surprenant en considération du rôle déterminant que jouent ces contrats dans la circulation des produits et services à l'intérieur du marché européen.

2. D'un côté, les contrats de distribution permettent aux fournisseurs de mobiliser des distributeurs sur l'ensemble du marché européen en créant un effet de réseau[1]. Ils constituent ainsi l'instrument d'organisation des rapports entre producteurs et distributeurs, c'est-à-dire du passage du stade économique de la production à celui de la consommation, sous diverses formules : contrats de représentation (agence commerciale, commission, courtage), contrats de commercialisation de produits avec exclusivité d'approvisionnement (contrat d'achat exclusif) ou exclusivité de fourniture (contrat de distribution sélective, contrat de concession exclusive), contrats de commercialisation de produits ou de services avec concession de savoir-faire (contrat de franchise, contrat de franchise principale), sans que cette énumération soit exhaustive compte tenu du principe de la liberté contractuelle.

▲ 1. « La condition juridique du réseau », *Mél. C. Mouly,* Litec, 1998, p. 95.

3. D'un autre côté, ces contrats peuvent, en raison des engagements d'exclusivité qu'ils emportent, contrarier le jeu de la concurrence et plus largement la réalisation du marché intérieur.

Or, la réalisation de ce marché constitue un impératif politique, non pour créer une Europe des marchands mais pour favoriser le processus d'unification européenne ; quelle que soit, dans un deuxième temps, l'importance historique assignée à ce processus.

L'impératif politique, s'il est d'inspiration nettement libérale en ce que se trouve affirmée la supériorité, de principe tout au moins, du marché sur la société civile et sur l'État, ne suppose pas une totale confiance à la main invisible puisque se trouve également visé le « *développement équilibré des activités économiques* »[1].

Ce libéralisme requiert donc une organisation du marché qui passe par l'harmonisation des règles minimales nécessaires à une telle organisation.

4. Une politique d'harmonisation du droit des contrats de distribution en Europe peut être ainsi justifiée[2].

La formule « politique d'harmonisation » montre que l'harmonie recherchée n'est pas un donné mais sera le résultat d'un processus.

Ce processus vise à réaliser une certaine unification du droit des contrats de distribution, conformément à l'idée qu'une identité de règles et donc de régime favorise la concurrence, les échanges et l'intégration du marché[3].

Pour autant l'intégration des marchés ne postule pas l'unification du droit des contrats de distribution (§ 1) et le processus d'harmonisation s'accommode aussi d'une certaine différenciation des droits des contrats quand il ne la provoque pas (§ 2).

▶ § 1. L'unification du droit des contrats de distribution

5. L'harmonisation va naturellement tendre d'abord à opérer l'unification des règles applicables aux contrats de distribution (A) puis à assurer l'unification dans l'application de ces règles (B).

▶ A. L'UNIFICATION DES RÈGLES APPLICABLES

6. L'unification des règles applicables a été recherchée moins dans le rapprochement des législations nationales (1) que par l'établissement d'une règle communautaire (2).

▲ 1. Traité CE, art. 2.

▲ 2. Cf. « La dimension communautaire : vers un régime commun du contrat de distribution ? », *in Le contrat cadre de distribution*, Cah. dr. entr., 1997, 3/4.

▲ 3. On n'opposera donc pas ici la régulation du marché à la régulation du contrat, tous deux servant l'intégration du marché, *contra* L. Idot, « La régulation communautaire des réseaux de distribution », *Les Petites Affiches,* 6 mars 1996, n° 29, p. 35.

1. Le rapprochement des règles nationales

7. Le rapprochement des règles nationales est une forme d'harmonisation suggérée par certaines dispositions du traité instituant la Communauté européenne[1].

L'illustration la plus nette de ce rapprochement dans le domaine du droit de la distribution est celle fournie par la directive du 18 décembre 1986 sur les contrats d'agence commerciale[2] ; la directive étant précisément définie comme l'« *acte juridique d'harmonisation par excellence des législations nationales*[3]. »

8. L'agent commercial, intervenant comme diffuseur des produits du mandant pour en susciter l'achat auprès d'une clientèle ou sur un territoire déterminé, joue un tel rôle dans l'intégration des marchés que les différences de législation réglant le régime de l'agence commerciale ont été perçues comme facteurs d'entrave à la concurrence et de barrière à l'accès au marché[4].

La directive de 1986[5] visait donc à réduire les disparités existantes entre les règles nationales applicables à cet intermédiaire du commerce : protection forte dans certains pays (Allemagne, France), nulle dans d'autres (Belgique, Royaume-Uni), en lui assurant un régime uniforme dans le marché européen.

9. L'agent commercial se trouve ainsi uniformément défini comme le professionnel indépendant chargé de manière permanente de négocier et éventuellement de conclure pour le mandant, l'achat et la vente de marchandises[6].

Sa relation au mandant est soumise à un ensemble d'exigences impératives tenant à la formation du contrat (possibilité d'obtenir une formalisation écrite du contrat), à son exécution (esprit de collaboration, loyauté, modalités de la rémunération sous forme de commission), à sa cessation (conditions de la rupture : préavis ; effets de la rupture : indemnisation, engagement de non concurrence).

Certaines de ces dispositions sont très précises : durée minimale du préavis de rupture[7], modalités de rémunération[8], d'autres, conformes à l'économie d'une directive[9], laissent une liberté plus ou moins grande de

▲ 1. Art.3, 100 et 100 A.
▲ 2. *JOCE,* 31 décembre 1986, n° L.382/17.
▲ 3. F. Dintilhac, V° « Rapprochement des législations », 1996, Rép. *Dalloz communautaire,* n° 5.
▲ 4. P. Cohen, *Le contrat d'agence commerciale international,* éd. Fac. Droit de Liège, 1997, p. 19.
▲ 5. Aboutissement de dix ans de travail marqués par l'opposition entre notion de droit allemand - Handelsvertreter - et de droit anglais - Law commission ; et transposée dans tous les États membres depuis 1995.
▲ 6. Rapp. Communication du 24 déc. 1962, *JOCE,* n° 139, 24 décembre 1962, p. 2921, faisant échapper ces contrats à l'art. 85 du traité de Rome, même s'ils stipulent une exclusivité ou un engagement de non concurrence, lorsque le représentant n'assume pas de risque commercial, à l'exception toutefois de l'engagement de ducroire.
▲ 7. Directive art. 15-2.
▲ 8. Directive art. 10-2, 10-3 et 11-1
▲ 9. Encore que certaines directives soient très détaillées, D. Vignes, « Le rapprochement des législations mérite-t-il encore son nom ? », *Mélanges J. Boulouis,* 1991, p. 533.

transposition aux États membres : droit à rémunération[1], indemnisation en fin de contrat[2]. Sur cette question essentielle de l'indemnisation, la plupart des États membres ont opté pour la solution du droit allemand (indemnité de clientèle plafonnée à un an de commission), la France a conservé sa solution (indemnité réparatrice du préjudice subi déjà prévue par un décret du 23 décembre 1958), l'Espagne, l'Angleterre et l'Irlande ont retenu les deux solutions cumulativement ou alternativement.

10. L'unification des droits nationaux n'est donc pas achevée. Le Conseil a d'ailleurs prévu une reconsidération de la directive, pour unifier définitivement le régime d'indemnisation[3].

Au demeurant, le rapprochement des règles nationales est, par définition, moins unificateur que l'établissement d'une règle communautaire.

2. L'établissement d'une règle communautaire

11. Les contrats de distribution peuvent, en raison de leurs effets anticoncurrentiels[4], relever soit de l'article 82 du traité CE, parce que leur promoteur est en position dominante[5], soit de l'article 81, parce que l'ensemble des accords liant le fournisseur aux distributeurs est constitutif d'une entente[6].

Pour autant, ces contrats ne sont pas condamnés car ils produisent aussi des effets bénéfiques pour la promotion ou l'organisation des ventes et, en prolongement, pour l'activation de la concurrence entre producteurs[7].

12. Les autorités européennes de la concurrence ont donc été amenées à préciser les conditions dans lesquelles certains accords de distribution, tombant sous le coup de l'article 81 § 1 du traité en raison de leurs effets anticoncurrentiels, pouvaient faire l'objet d'une appréciation favorable en application du bilan économique de l'article 81 § 3.

La Commission européenne a même été habilitée par le Conseil des ministres[8] à élaborer des règlements dits « d'exemption par catégorie » permettant de valider les contrats de distribution exclusive[9], les contrats d'achat exclusif[10], les contrats de franchise[11], les contrats de distribution automobile[12].

▲ 1. Directive art. 7.
▲ 2. Directive art. 17.
▲ 3. Directive art. 17-6, cette reconsidération devait, en principe, intervenir avant 1994.
▲ 4. On ne s'attachera pas ici aux effets d'entrave à la libre circulation des produits, tenant à l'exploitation de droits de propriétés intellectuelles qui relèvent des articles 28 et 30 du traité CE et ne concernent pas spécifiquement les contrats de distribution.
▲ 5. CJCE 13 fév. 1979, *Hoffman-Laroche*, Rec. 461.
▲ 6. CJCE 13 juill. 1966, *Grundig*, Rec. 429 ; CJCE 12 déc. 1967, *Haecht*, Rec. 526.
▲ 7. Par exemple « *Les accords qui instituent un système de distribution sélective ou exclusive influencent en principe la concurrence... et peuvent constituer un élément de concurrence conforme à l'article 85 § 1* », TPI 27 fév. 1992, Vichy, Rec. II, 415.
▲ 8. Règlement n° 19/65 du Conseil du 2 mars 1965, *JOCE*, n° 36, 6 mars.
▲ 9. Règlement 1983-83 du 22 juin 1983, *JOCE*, n° L 173, 30 juin.
▲ 10. Règlement 1984-83 du 22 juin 1983, *JOCE*, n° L 170, 30 juin.
▲ 11. Règlement 4087-88 du 30 novembre 1988, *JOCE*, n° L 359, 28 décembre.
▲ 12. Règlement 1475-95 du 21 juin 1995, *JOCE*, n° L 15, 21 juin.

Il s'agit de véritables normes en matière de contrats.

13. Les règlements définissent d'abord le contenu des accords concernés, lesquels étaient parfois inconnus ou méconnus dans certains droits[1], en leur donnant une acception uniforme[2].

Les règlements précisent ensuite les clauses acceptables parce qu'elles ne sont pas restrictives de concurrence (clauses dites « blanches »), les clauses acceptables malgré leur caractère restrictif de concurrence (clauses exemptées dites « grises ») et les clauses inacceptables en elles-mêmes (clauses dites « noires » : par exemple, clause fixant les prix de revente du distributeur) ou du fait de leur combinaison avec d'autres clauses.

Ces règlements dont l'objet était de répondre à l'afflux de demandes de notification individuelle provoqué par les premières applications de l'article 81 du traité CE aux réseaux de distribution[3], traduisent bien la volonté d'harmoniser le régime des contrats en cause[4] de manière très détaillée tant au regard de l'économie des contrats[5] que de leurs stipulations[6].

14. On a d'ailleurs reproché à la Commission d'être allée trop loin dans la réglementation de ces contrats[7]. Elle serait intervenue hors de sa compétence en s'intéressant à des clauses non restrictives de concurrence[8] et en édictant un véritable statut du distributeur sans lien avec la régulation du marché[9].

Le grief est sévère ; il peut être nécessaire pour assurer l'application des exigences réglementaires de considérer la relation contractuelle afin de garantir au distributeur une certaine autonomie, en évitant que le fournisseur en position de force impose sa loi. Pour prendre l'exemple, le plus souvent évoqué, de la distribution automobile : qu'en serait-il des limitations de l'exclusivité portant sur l'utilisation de la marque du concédant et de pièces

▲ 1. Ainsi à propos du contrat de franchise, cf. S. Peruzzetto, « La validité des réseaux de distribution au regard du droit français et communautaire », *in Aspects contemporains du droit de la distribution et de la concurrence*, Montchrestien, 1996, p. 29.

▲ 2. Cf. la différence entre la franchise américaine qui au sens large recouvre toute forme de distribution exclusive et la franchise européenne qui recouvre uniquement la distribution utilisant un savoir-faire commercial.

▲ 3. Qui se croyaient à l'abri de la qualification d'entente en raison du caractère vertical (fournisseur et distributeur ne sont pas en concurrence) et bilatéral (l'accord entre un fournisseur et un distributeur ne saurait affecter la concurrence) des relations établies.

▲ 4. Conseil, règlement 19/65 du 2 mars 1965, *JOCE*, 65, n° L 36-533 ; J. Huet, « Les sources communautaires du droit des contrats », *Travaux Association H. Capitant*, p. 22 : « *l'harmonisation juridique est très poussée* ».

▲ 5. Cf. la multiplication de dispositions sectorielles : hydrocarbure, bière, automobile.

▲ 6. Cf. à titre d'illustration, les dispositions réglementaires imposant une clause d'offre concurrente dans le contrat de distribution de bière concernant un débit de boissons donné en location gérance par le brasseur.

▲ 7. On a dénoncé une « véritable police des contrats », Ch. E. Gudin, « L'influence du droit communautaire sur le droit des affaires en France », *Rev. jur. com.*, 1987, n° spécial, « Droit communautaire et droit des affaires », p. 72 ; rapp. en droit interne la relation entre droit de la concurrence et droit des contrats, F. Dreiffus-Netter, « Droit de la concurrence et droit commun des obligations », *RTD civ.*, 1990, p. 369.

▲ 8. Ch. E. Gudin, préc., p. 81 : « *par l'effet d'une anomalie juridique... les règlements visent des hypothèses qui ne constituent pas des restrictions de concurrence.* »

▲ 9. L. Vogel, *Commentaire du règlement 1475-95*, CCC juill. 1995, n° 132 ; plus nuancée L. Idot, « La régulation des réseaux », *Les Petites Affiches*, mars 1996, n° 29, p. 37 ; le même reproche est adressé au statut d'intervenants marginaux comme les mandataires automobiles, Communication 18 déc. 1991, *JOCE*, n° C.329, 18 déc.

détachées fournies par lui, si le concessionnaire ne bénéficiait d'une stabilité du lien contractuel corrigeant la précarité de la relation tenant notamment à l'évolution des objectifs et aux divergences possibles entre le concédant et lui.

15. Ces règlements constituent[1] donc un puissant facteur d'unification si ce n'est des droits nationaux applicables aux contrats – encore que l'on relèverait de nombreuses imprégnations du droit national par la règle communautaire – tout au moins des contrats eux-mêmes et du droit de ces contrats dans la mesure où les règles de droit national différentes devront s'effacer lorsque le droit communautaire sera applicable[2].

L'unification concerne donc aussi l'application de ces règles.

B. L'UNIFICATION DANS L'APPLICATION DES RÈGLES

16. On a souligné que le droit des contrats se constitue « *dans la myriade des solutions qui en découle*[3] ».

A cet égard, l'application des règles européennes communes aux contrats de distribution peut servir ou remettre en cause le processus d'unification, que ce soit du fait du juge national et de l'autorité nationale (1) ou du fait des parties contractantes (2).

1. L'application par le juge et l'autorité nationale

17. Lorsque les règles dont l'unification est opérée sont nationales, leur application n'intéresse pas l'autorité communautaire[4].

Lorsque la règle applicable est communautaire, son application par les juges nationaux doit être assurée non seulement de manière systématique, c'est la finalité du principe de la primauté du droit communautaire[5], mais aussi de manière conforme sous peine de créer des distorsions là précisément où on cherchait à les supprimer.

18. Le juge national compétent pour appliquer les dispositions de l'article 81 § 1 et § 2 du traité ne peut donc contrarier ou méconnaître ce qui a été édicté ou décidé au plan communautaire[6].

▲ 1. La réforme du régime des restrictions verticales de concurrence ne devrait pas bouleverser cette analyse car le règlement unique 2790-1999 du 22 déc. 1999, *JOCE* n° L 336, 29 déc., remplaçant les règles particulières, à l'exception notable du règlement concernant la distribution automobile, ne remet pas en cause les solutions maintenant acquises. Il fixe d'ailleurs de manière unificatrice la définition des contrats de distribution (art.1 et 11), ainsi que les clauses inacceptables en elles-mêmes ou par leur combinaison (art. 4 et 5) ; les lignes directrices qui accompagnent le règlement jouent elles aussi un rôle d'unification par les avertissements et précisions qu'elles formulent.

▲ 2. Traité CE art. 249 : application directe des règlements en droit interne.

▲ 3. Ch. Jamin, art. préc., p. 55.

▲ 4. Ce que l'on pourrait parfois regretter : cf. *supra* les disparités dans les applications de régimes identiques d'indemnisation des agents commerciaux.

▲ 5. Avec en corollaire le rejet de la thèse de la simple barrière pour garantir le plein effet de la norme et de la solution communautaire, CJCE 13 fév. 1969, *Walt Wilhelm*, Rec. 1 ; H. Guérin et A. Decocq, « La simple barrière », *JCP*, 1983, I, 3108.

▲ 6. E. Putman, *Contentieux économique*, PUF 1998, p. 395 s. ; D. Berlin, « L'application du droit communautaire de la concurrence par les autorités françaises », *RTD europ.*, 1991, 1, 211 et 379 s. ; cf. le rappel de ce principe d'interprétation stricte, CJCE 28 fév. 1991, *Delimitis*, Rec. I, 935.

Par delà l'exigence générale de collaboration formulée à l'article 10 du traité, des conditions précises de coopération ont été établies à cette fin entre les autorités nationales et communautaires[1].

19. Il s'ensuit qu'une pratique anticoncurrentielle qui serait normalement sanctionnée en application de l'article 81 § 1, ne peut être jugée licite par application d'un droit national. Et, par extension, le juge national ne peut admettre au bénéfice d'un règlement d'exemption par catégorie un contrat qui ne répondrait pas explicitement aux conditions d'exemption de ce règlement[2]. La Commission a souligné qu'elle ne s'estimait plus dessaisie lorsque « *contre toute attente, l'autorité nationale arrive à considérer qu'il n'y a pas violation de l'article 85 ou de l'article 86 du Traité ou même des dispositions de son droit national de la concurrence*[3] ».

20. A l'inverse, un accord exempté par un règlement d'exemption par catégorie ou par l'effet d'une décision d'exemption individuelle fondée sur l'article 81 § 3 du Traité ne peut être sanctionné sur le fondement du droit national. Cela explique l'admission par le juge national de certains contrats ou de certaines clauses qui seraient pourtant condamnables en application du seul droit d'origine interne. Le juge allemand a du admettre l'opposabilité aux tiers et la validité du contrat de distribution sélective comportant une clause de garantie gênant la commercialisation des produits par un distributeur parallèle[4], alors pourtant que le droit allemand ne protège pas les accords de distribution sélective lorsque des distributeurs extérieurs au réseau ont pu se procurer les produits concernés[5]. De la même manière, le juge français admet sans difficulté la validité des engagements de non concurrence postcontractuelle à la charge des franchisés, alors pourtant que de tels engagements sont discutables au regard de la notion de fonds de commerce[6].

21. Cette application[7] de la règle communautaire par les juges favorise l'unification du droit des contrats par le fait des contractants eux-mêmes.

2. L'application par les contractants

22. Les contractants sont les premiers intéressés par la mise en œuvre des règles gouvernant les accords de distribution.

▲ 1. Communication 13 fév. 1993, *JOCE*, n° C. 39, 13 fév. 1993, p. 6 ; rapp. les propositions en matière d'application décentralisée des règles de concurrence et de contrôle *a posteriori* in *Livre blanc sur la modernisation des règles d'application des articles 85 et 86 du Traité*, CE COM 28 avril 1999.

▲ 2. Contrat d'achat exclusif conclu pour une durée de deux ans automatiquement prorogeable contrairement à l'exigence de durée déterminée disposée par le règlement 1984-83, Commission 23 déc. 1992, *Langnese et Scholler, JOCE*, n° L 183, 26 juill. 1993 et TPI 8 juin 1995, Rec. II, 1611.

▲ 3. Communication de la Commission 15 oct. 1997, *JOCE*, n° C.313, 15 oct. 1997, point 62.

▲ 4. CJCE 13 janv. 1994, *Metro I*, Rec. 15.

▲ 5. Car le réseau n'est pas « étanche » et ne mérite donc pas cette protection. Y. Brulard, « La protection de l'étanchéité des réseaux de distribution », *RIDC*, 1998.3, p. 23.

▲ 6. Paris, 13 nov. 1984, *GP* 1985, 1, 447 ; T. com., Paris, 18 sept. 1986, D. 1988, IR 23 ; sur le débat, Y. Serra, D. 1987, chr. 113 ; D. Ferrier, *Droit de la distribution*, Litec 2000, n° 648.

▲ 7. Généralement fidèle, cf. G. Canivet, *Aspects contemporains du droit de la distribution*, préc., p. 101.

En effet, la politique de concurrence n'a pas seulement un effet coercitif, elle emporte aussi un effet protecteur en permettant aux entreprises plutôt que notifier leur accord et demander le bénéfice d'une exemption individuelle[1], de se prévaloir des règles ou des solutions du droit communautaire pour obtenir protection dans leurs conventions et relations avec d'autres entreprises[2].

23. Les contractants trouvent alors dans les règlements d'exemption une sécurité juridique qui les satisfait pleinement[3].

Le très faible recours à la procédure de non opposition permettant de faire valider des stipulations non prévues par le règlement[4] montre bien la reprise scrupuleuse de ses exigences. Les contractants escomptent ainsi obtenir facilement la validation de leur contrat devant le juge, quel que soit le droit national applicable[5]. L'intérêt est évident pour les stratégies de réseau qui emportent la conclusion de contrats de distribution identiques ou similaires dans l'ensemble du marché européen.

La Commission a, elle-même, relevé l'effet asphyxiant ou « camisole », souvent reproché à ces règlements[6], qui conduit les contractants par une application trop servile de leurs exigences à méconnaître les réalités économiques en ne procédant pas aux aménagements juridiques qu'elles appellent[7].

24. Au demeurant, en l'absence même de règlement, les futurs contractants s'inspirent des décisions d'exemption individuelle rendues à propos de conventions correspondant à leur projet. Ainsi, dans le domaine de la distribution sélective de produits parfumants, les contrats conclus entre fournisseur et détaillant ont été pratiquement tous alignés sur les exigences formulées à l'occasion des affaires Yves Saint-Laurent et Givenchy[8].

On pourrait d'ailleurs se passer de règlement d'exemption catégoriel, dès lors que les décisions rendues à propos des contrats concernés fournissent le

▲ 1. Plus sûre que l'attestation négative qui ne s'impose pas aussi nettement aux juges nationaux, D. Berlin, « L'application du droit communautaire de la concurrence par les autorités françaises », RTD eur., 1991, 217.

▲ 2. Cf. exemple de la distribution sélective, *supra,* n° 20.

▲ 3. M. Trochu, *Incidence du droit communautaire sur la rédaction des contrats de distribution,* D. 1995, chr. 179 ; des praticiens ont même cherché à promouvoir des contrats types élaborés en conformité de la norme communautaire, L. de Contès, « Négociation d'un nouveau contrat cadre », *Dalloz Affaires,* 1996, 127.

▲ 4. Cf. en matière de franchise, règlement 4087-88, préc., art. 8.

▲ 5. Comme on l'a noté en droit français : « *La personne qui, devant une juridiction civile ou pénale se voit reprocher une pratique sur le fondement du titre IV de l'ordonnance de 1986 aura intérêt (dans certains cas) à invoquer le droit communautaire pour échapper à sa responsabilité* », G. Canivet, art. préc., p. 102.

▲ 6. Cf. R. Bieber et A. Cornu, « Les contrats de distribution », *Mél. Dessemontet,* CEDICAC, 1998, « *Vers une nouvelle orientation du contrôle européen des restrictions verticales* », p. 206, soulignant « *l'effet asphyxiant des règlements notamment sur les PME qui sont contraintes d'observer strictement les clauses autorisées par ces divers règlements alors même qu'elles ne correspondent pas à leur besoin* ». Ce fut l'une des raisons avancées pour remplacer les règlements d'exemption particuliers par un règlement général, *supra* ; Communication de la Commission, 26 nov. 1998, *JOCE,* n° C.365/3, 26 nov., pt. 1.

▲ 7. A l'exception pour le moment du règlement 1475-95.

▲ 8. Commission 16 déc. 1991, *Yves Saint Laurent, JOCE,* n° L. 12, 18 janvier 1992 ; Commission 24 juill. 1992, *Givenchy, JOCE,* n° L. 236, 19 août ; TPI 12 déc. 1996, *Leclerc,* Rec. II, 1851.

modèle à suivre. A titre d'exemple : l'arrêt BMW a fourni la norme contractuelle en matière de distribution automobile[1], l'arrêt *Pronuptia* la norme en matière de franchise[2]... Si le contexte économique n'a pas varié[3], le principe de la confiance légitime pourra utilement être invoqué à l'encontre de toute mise en cause d'un contrat établi conformément aux critères dégagés par la Cour de justice elle-même[4].

25. Ainsi, l'unification des contrats, et par là du droit des contrats[5], se réalise dans l'application spontanée des règles communautaires par les contractants.

Cette application n'est cependant pas systématique et par voie de conséquence l'unification non plus, car le processus d'harmonisation conduit aussi, dans un mouvement adverse, à la différenciation du droit des contrats de distribution.

▶ § 2. La différenciation du droit des contrats de distribution

26. Le jeu de la concurrence et l'intégration des marchés ne sont pas conditionnés par l'uniformisation du droit des contrats[6].

La politique d'harmonisation en matière de contrats de distribution va elle-même être à l'origine d'une différenciation de ces contrats.

L'affirmation semble paradoxale, mais il faut tenir compte d'abord de la cause même de la politique d'harmonisation qui tient à la seule nécessité d'assurer l'intégration des marchés et conduit à ne pas se préoccuper de ce qui relève spécifiquement de chaque marché national, il faut tenir compte ensuite de l'effet de la politique d'harmonisation qui est l'utilisation systématique, et par là excessive au regard des exigences de la concurrence, des contrats validés.

Dans le premier cas, la différenciation du droit applicable résultera de l'inapplication de la règle communautaire (A) ; dans le deuxième cas, la différenciation s'opérera par l'application de la règle communautaire (B).

▲ 1. CJCE 12 juill. 1979, Rec. 2435.

▲ 2. CJCE 28 janv. 1986, Rec. 353.

▲ 3. D'où l'importance du temps en droit de la concurrence : les exemptions individuelles sont toujours accordées pour une durée limitée, les règlements d'exemption eux-mêmes ont une échéance prédéterminée.

▲ 4. F. Hubeau, « Le principe de la protection de la confiance légitime en droit communautaire », *Cah. dr. eur.*, 1983, 143 ; J.P. Puissochat, « Vous avez dit confiance légitime ? », *Mél. G. Braibant*, Dalloz, 1996, 581.

▲ 5. Certains auteurs contestent que le recours à des contrats types puisse conduire à une réglementation commune, sauf lorsque des juridictions sont à même de faire respecter ces contrats, A. Tunc, « Standards juridiques et unification du droit », *Rev. int. dr. comp.*, 1970, 247.

▲ 6. Ch. Jamin, art. préc., p. 53 ; *contra* O. Lando et H. Beak, *op. cit.*, p. XV.

A. LA DIFFÉRENCIATION PAR L'INAPPLICATION DE LA RÈGLE COMMUNAUTAIRE

27. La politique d'harmonisation ne s'intéresse pas aux conventions qui ne sauraient faire obstacle à l'intégration des marchés, c'est-à-dire qui ne constituent pas un enjeu d'ordre européen[1] en raison de leurs stipulations (1) ou de leurs effets (2).

La pleine application des droits nationaux peut alors créer une différenciation des règles.

1. La différenciation en raison du contenu de la convention

28. La politique d'harmonisation ne concerne pas les contrats de distribution dans toutes leurs stipulations.

Les clauses ne créant aucun effet de blocage au regard de l'intégration des marchés et notamment aucun effet anticoncurrentiel relèvent pleinement de la règle nationale.

On avait même fait grief à la Commission de s'être intéressée dans les règlements d'exemption aux clauses dites « blanches »[2] qui, n'étant pas restrictives de concurrence, ne relevaient pas de sa compétence ; le règlement sur les restrictions verticales ne fait aucune référence à ces clauses, libérant ainsi le domaine des stipulations laissées à l'appréciation des parties et à l'application du seul droit national.

29. La question demeure de savoir où se situe la frontière entre les clauses restrictives de concurrence ou de nature à faire obstacle à l'intégration des marchés[3] et les clauses échappant à la vigilance et à l'harmonisation éventuelle du droit communautaire. La réponse est rendue compliquée par l'application de la règle de raison qui permet de considérer comme non restrictives, au sens de l'article 81 § 1, les clauses dont les implications anticoncurrentielles sont largement compensées par leur effet pro-concurrentiel, ou totalement justifiées par des nécessités techniques ou commerciales[4].

2. La différenciation en raison des effets de la convention

30. La politique d'harmonisation ne s'intéresse pas aux accords qui n'affectent pas le jeu de la concurrence au plan communautaire[5].

▲ 1. Sauf lorsque leur victime ne peut obtenir une protection adéquate de ses droits devant les juridictions nationales, TPI 18 sept. 1992, *Automec II*, Rec. II, 2223.

▲ 2. *Supra*, n° 13.

▲ 3. Étant mises à part les clauses dites « noires » qui sont toujours condamnées, *supra*, n° 13.

▲ 4. CJCE 25 oct. 1977, *Métro I*, Rec. 1875 ; CJCE 11 juill. 1985, *Remia*, Rec. 2545 ; CJCE 28 janv. 1986, *Pronuptia*, Rec. 353 ; TPI 27 fév. 1992, *Vichy*, Rec. II, 415 ; R. Kovar, « Le droit communautaire de la concurrence et la règle de raison », *RTD europ.*, 1987, 237 ; S. Peruzzetto, art. préc., p. 92 ; rapp. J.B. Blaise, « L'utilisation de la règle de raison en droit interne de la concurrence », *Mél. C. Champaud*, Dalloz, 1997, p. 85.

▲ 5. Le règlement 2790-1999 admet que le juge national retire l'exemption dont bénéficient des accords, sur son territoire s'il « *présente les caractéristiques d'un marché géographique distinct* » (art. 7) ; le risque est réel d'appréciations très différenciées et donc d'une différenciation corrélative des conventions, selon le marché où elles s'appliquent.

Cela concerne évidemment les accords qui produisent leurs effets hors du marché européen.

Cela concerne également les accords qui produisent leurs effets dans le marché européen mais sans affecter de manière sensible le jeu de la concurrence.

31. Ainsi, l'application d'un règlement d'exemption pris en application de l'article 81 § 3 suppose la démonstration préalable de l'affectation du commerce intra communautaire[1].

La Cour de justice a souligné qu'un « *règlement se limite à établir des conditions qui, si elles sont remplies font échapper certaines clauses contractuelles à l'interdiction et par conséquent à la nullité de l'article 81 § 2..., il n'introduit pas de prescriptions contraignantes affectant directement la validité ou le contenu des clauses contractuelles ou obligeant les parties contractantes à y adapter le contenu de leur contrat*[2] ».

La solution a été clairement reprise par la Cour de cassation[3].

32. La Commission présume l'absence d'effet sensible sur la concurrence pour les accords dits d'importance mineure, c'est-à-dire portant sur des produits ou services ne représentant pas plus de 10 % du chiffre d'affaires réalisé dans la partie du marché européen où l'accord produit son effet avec des produits identiques ou considérés comme similaires par les utilisateurs[4].

Il en résulte que, les exigences des règlements européens n'étant plus requises pour ces accords, leurs stipulations sont soumises uniquement au droit national. Sous réserve, toutefois, du respect de l'interdiction des clauses de protection territoriale absolue ou d'imposition de prix de revente[5], dans l'hypothèse douteuse où de telles clauses seraient admises par le droit national.

B. LA DIFFÉRENCIATION PAR L'APPLICATION DE LA RÈGLE COMMUNAUTAIRE

33. La différenciation pourra résulter aussi l'application de la règle du droit communautaire.

Elle sera alors la conséquence directe de l'harmonisation, en raison d'abord de l'uniformisation qu'elle provoque dans l'utilisation des contrats de distribution (1), ensuite des parts de marché des entreprises utilisant ces contrats (2).

▲ 1. Sur la notion d'intérêt communautaire, TPI 24 janv. 1995, *Viho*, Rec. II, 17 ; *Ledbroke*, Rec. II, 115 et *Tremblay*, Rec. II, 185 ; TPI 18 sept. 1992, *Automec II*, Rec. II, 2223 : « *Le non renouvellement d'un contrat BMW n'est pas considéré comme fondamental.* »

▲ 2. CJCE 18 déc. 1986, *VAG France*, Rec. I, 4071 ; le règlement n'a pas pour objet d'organiser de manière impérative la distribution.

▲ 3. Depuis Com. 9 mai 1990, D. 1990, 509, note P. Jourdain. On y a vu d'ailleurs un moyen de résistance à l'application de la règle communautaire, au profit de la règle nationale.

▲ 4. Règle dite *de minimis*, Communication 5 oct. 1997, *JOCE*, n° C.372, 9 déc. 1997.

▲ 5. Communication préc., point 11.

1. La différenciation en raison de l'effet cumulatif de réseaux

34. L'harmonisation du droit des contrats de distribution se traduit par leur uniformisation. Les parties utilisent les mêmes types de contrat en reprenant les exigences communautaires, autant pour satisfaire leur besoin de sécurité juridique que par souci d'efficacité économique.

35. Cette répétition de la formule contractuelle peut entraîner un affaiblissement de la concurrence, en limitant l'accès de nouveaux intervenants sur le marché désormais saturé par l'ensemble des réseaux ainsi mis en place avec des clauses restrictives de concurrence, telles que des clauses d'exclusivité.

La Commission estime que l'exemption par catégorie ne peut jouer « *lorsque dans le marché en cause la concurrence est restreinte par l'effet cumulatif de réseaux parallèles d'accords similaires établis par plusieurs fabricants ou négociants*[1] ».

Il en résulte que les fournisseurs vont se trouver privés du bénéfice de l'immunité accordée aux accords d'importance mineure[2] ou du bénéfice de l'exemption par catégorie[3], lorsqu'ils adoptent le même type d'accords c'est-à-dire lorsqu'ils suivent la politique d'harmonisation exprimée par la validation de ces accords.

36. La règle communautaire ne sera, alors, plus appliquée de la même manière à une même catégorie d'accords de distribution.

Les fournisseurs seront conduits soit à adopter des formules contractuelles différentes pour éviter l'effet de cumul, soit à modifier leurs accords pour les conformer à la nouvelle règle qui leur sera applicable.

Et cet effet de différenciation se trouvera multiplié par la prise en compte des parts de marché concernées par les accords de distribution.

2. La différenciation en raison de l'importance des parts de marché

37. L'harmonisation du droit des contrats de distribution peut produire encore des effets de différenciation du fait de la puissance économique des entreprises concernées.

L'assouplissement des conditions de l'exemption par catégorie prévu par la Commission va de pair avec le durcissement du régime applicable aux entreprises ayant un pouvoir de marché important. La Commission a, en effet, estimé qu'un tel pouvoir de marché entraînait un affaiblissement de la concurrence entre réseaux provoquant une aggravation des effets négatifs des restrictions verticales. Les accords concernés ne devraient donc plus

▲ 1. Communication 3 sept. 1986, préc., pt. 6 ; règlement 2790-1999, concernant les accords verticaux, art. 6, vise « *les accords cumulatifs de réseaux parallèles de restrictions verticales similaires pratiquées par des fournisseurs ou des acheteurs concurrents* ».

▲ 2. Communication 15 oct. 1997, préc., point 20.

▲ 3. Règlement 2790-1999, art. 6.

bénéficier de l'exemption par catégorie et devraient être examinés cas par cas[1].

38. On peut se demander si la part de marché est un indicateur suffisamment pertinent sur le pouvoir de marché[2], pour fonder une différenciation de traitement source de discrimination grave entre les fournisseurs et les réseaux concernés[3].

En effet, l'entreprise qui ne pourra pas utiliser des clauses autorisées à ses concurrents, se trouvera placée dans une situation de désavantage concurrentiel. Priver, par exemple, un fournisseur de la possibilité d'accorder une exclusivité territoriale, ou de stipuler une exclusivité d'achat dans les contrats conclus avec ses distributeurs conduit à le pénaliser gravement par rapport aux concurrents qui pourront utiliser ces moyens efficaces et habituels de développement des ventes. Certes, il pourra demander et, en principe, obtenir le bénéfice d'une exemption individuelle, mais dans un délai au cours duquel il sera exposé aux attaques commerciales ou judiciaires de ses concurrents.

La différenciation, effet de l'harmonisation, deviendra cause de discrimination.

*

39. En définitive, les éléments d'harmonisation en matière de droit des contrats de distribution présentent un caractère partiel et contrasté tantôt dans le sens d'une unification, tantôt dans celui d'une différenciation.

Ils ne sauraient donc constituer, en l'état, un droit commun de ce type de contrats.

Il faut l'accepter comme l'expression de la précarité inhérente à ces règles compte tenu bien sûr de leur finalité : les marchés doivent être intégrés[4], et de leur contexte : le marché est, en principe, évolutif[5].

La sécurité juridique sera, comme toujours, sacrifiée aux nécessités économiques ; et tant mieux pour les juristes invités à s'adapter et donc à créer.

▲ 1. Règlement 2790-1999, art. 8 : « *la Commission peut déclarer par voie de règlement, lorsque des réseaux parallèles de restrictions verticales similaires couvrent plus de 50 % d'un marché en cause, que le présent règlement ne s'applique pas aux accords verticaux qui comportent des restrictions spécifiques concernant ce marché.* »

▲ 2. Sauf position dominante relevant de l'article 82 du traité CE.

▲ 3. F. Bortolotti, « La révision des règlements d'exemption sur les ententes verticales », *RDAI*, 1999-2, p. 207.

▲ 4. Lorsque l'intégration sera réalisée certaines règles auront-elles encore un sens ?

▲ 5. Et les règles de concurrence aussi, *supra*, n° 24.

Harmonisation européenne et contrat de travail

Bernard BOSSU

Professeur à l'Université Nancy 2
Membre du Centre d'Étude
et de Recherche de l'Institut Régional du Travail (CERIT)

Peut-on trouver dans le droit communautaire les règles qui vont gouverner la relation de travail ? Une telle recherche est sans aucun doute vaine, il n'existe pas de dispositions qui, à l'instar du droit français, vont réglementer la relation de travail depuis l'embauche jusqu'à la rupture du contrat. Le droit communautaire ne propose pas, au moins actuellement, un contrat de travail type qui aurait vocation à s'appliquer à tous les travailleurs européens. Faut-il s'en offusquer, une telle situation met-elle mal à l'aise le juriste de droit social ? Une réponse négative s'impose si l'on se réfère aux objectifs initiaux du traité de Rome : l'ambition affichée n'était certainement pas une unification du droit social. Plus modestement, l'idée couramment répandue était que par l'effet du marché, les règles sociales des États membres vont s'harmoniser d'elles-mêmes.

Harmonisation, le mot est lâché, et il convient immédiatement d'essayer d'en préciser les contours. Pour mieux saisir l'état d'esprit du droit social communautaire, on peut procéder à un découpage en trois éléments. Une telle démarche est sans aucun doute réductrice mais elle permet d'avoir dès le départ quelques points de repère. Le premier élément a trait au principe de libre circulation des travailleurs. Comme nous venons de l'indiquer, le droit social communautaire a rejeté toute idée d'uniformisation sauf en ce qui concerne le déplacement des travailleurs. Schématiquement, on peut considérer que l'uniformisation consiste en l'introduction d'une règle commune qui va obligatoirement se substituer aux règles juridiques antérieures des différents États membres. La règle qui sera directement applicable dans les ordres juridiques internes ne laissera aucune place aux particularismes juridiques nationaux[1]. La solution ne doit pas surprendre puisque le principe de libre circulation des travailleurs est un des fondements de l'Union européenne. La mobilité des salariés doit se traduire par un libre accès à l'emploi qui rejette toute idée de préférence nationale.

A l'opposé de l'unification, on va trouver le deuxième élément : la coordination. Cette fois-ci, les différences entre les systèmes nationaux apparaissent irréductibles. Il en sera ainsi en matière de sécurité sociale, la disparité entre les États membres rendant illusoire toute possibilité de rapprochement. Le droit communautaire va coordonner le jeu des droits nationaux de sécurité sociale existants, afin que le travailleur qui se déplace dans la communauté puisse bénéficier, sans lacune ni cumul, des dispositions d'un droit national déterminé[2].

On l'a compris, la dernière technique d'élaboration du droit communautaire, entre l'uniformisation et la coordination, est l'harmonisation. L'idée est cette fois celle d'un rapprochement des législations des États membres en mettant en place une norme modèle qui n'est pas obligatoire en tant que telle. Les destinataires de la norme, c'est-à-dire les États membres, vont se référer à celle-ci afin de faire converger leurs systèmes[3]. La directive sera par excellence, l'instrument permettant la réalisation de l'harmonisation. C'est cette solution qui a été retenue pour le droit du travail. Cette volonté de rapprocher les législations sociales des États membres interpelle sur l'opportunité de la démarche et sur les conditions de sa mise en œuvre.

La première interrogation a trait à la raison de l'harmonisation. Pourquoi ? Cela est-il souhaitable ? Un premier élément de réponse peut être recherché dans l'objectif affiché par les Communautés. Celui-ci se subdivise en deux éléments complémentaires. L'Union Européenne se propose d'abord d'accroître le niveau d'emploi dans la Communauté. Elle s'engage en second lieu à égaliser, dans le progrès, les conditions de vie et de travail des salariés, ce second objectif étant réalisé par l'harmonisation des législations nationales[4]. Les ambitions affichées, au moins sur le plan théorique, peuvent difficilement susciter des critiques. Mais il est nécessaire de dépasser ce simple constat pour s'interroger plus complètement sur l'opportunité d'une harmonisation des règles du contrat de travail. Une telle solution a entraîné des réserves et des inquiétudes

Schématiquement, on peut dire que le rejet de l'harmonisation repose sur deux idées complémentaires. L'harmonisation ne serait pas en tant que telle possible car les relations de travail sont trop différentes selon les pays. Et, si malgré tout on souhaite harmoniser les législations des États membres, ce rapprochement ne peut se faire que par un nivellement par le bas, les pays les plus pauvres n'ayant pas les moyens financiers indispensables à une politique sociale élevée[5]. Qui plus est, l'Union européenne va accroître le risque

▲ 1. Ph. Martin, « Le droit social communautaire : droit commun des États membres de la Communauté européenne en matière sociale ? », *RTD Europ.*, 1994, p. 6.

▲ 2. P. Rodière, « Droit social de l'Union Européenne », *LGDJ*, 1998, n° 366.

▲ 3. Ph. Martin, *op. cit.*, p. 615.

▲ 4. P. Rodière, *op. cit.*, n° 1.

▲ 5. H. G. Mosley, « La dimension sociale de l'intégration européenne », *RIT*, 1990, p. 174.

du dumping social. Le marché unique va exacerber la concurrence entre les entreprises, celles-ci vont chercher à réduire les coûts de main d'œuvre en diminuant les salaires et en exigeant de l'État des dispositions moins protectrices. Le refus de souscrire à la demande se traduisant par des délocalisations, l'entreprise transposant son activité dans un pays moins protecteur socialement. A titre d'illustration, comment ne pas évoquer l'affaire « Hoover », l'entreprise ayant quitté la France pour l'Écosse en raison d'une protection sociale moins élevée.

Inversement, une vision sensiblement différente de l'Europe sociale est envisageable. En premier lieu, malgré la disparité des législations des États membres, il existe un modèle social européen[1]. La plupart des pays de l'Union européenne reconnaissent des droits fondamentaux de nature sociale[2]. Juridiquement mais aussi politiquement, il est donc difficile d'imaginer une harmonisation par le bas. En second lieu, la mise en place d'un marché unique n'est pas réalisable sans un minimum d'harmonisation sociale. Il était sans aucun doute utopique de considérer que l'Europe ne serait qu'un espace économique. Au contraire, le marché unique suppose des règles du jeu identiques afin de rendre la concurrence saine. Les normes communautaires devraient placer toutes les entreprises dans des situations voisines. Une telle harmonisation réduira aussi sensiblement l'intérêt des délocalisations au sein de l'Europe communautaire même s'il est évidemment difficile de les empêcher. Enfin, on notera que même pour les pays à protection sociale élevée, le droit communautaire a pu être un facteur de progrès. Dans le domaine de la protection des femmes et notamment de l'égalité professionnelle entre les hommes et les femmes, la législation communautaire a enrichi considérablement le droit français. Si l'harmonisation des règles qui régissent le contrat de travail apparaît finalement souhaitable, encore convient-il de s'interroger sur les moyens permettant d'aboutir à une telle réalisation.

Initialement, pour les rédacteurs du traité, l'idée était que par l'effet du marché, les règles sociales vont s'harmoniser d'elles-mêmes. On laissait donc avant tout aux États membres le soin de régler eux-mêmes les problèmes. C'est à ce processus spontané de rapprochement qu'est venu s'appliquer le mot harmonisation[3]. D'emblée, l'objectif économique attribué à la Communauté va rendre ambiguë la finalité sociale. Derrière l'harmonisation sociale, on trouvera souvent la volonté d'assurer de meilleures conditions de concurrence en égalisant les charges des entreprises. Ainsi l'article 119 du traité qui établit le principe de l'égalité de rémunération entre travailleurs masculins et féminins répondrait à une préoccupation économique. La sous-rémunération des travailleurs féminins dans certains États membres pourrait contribuer à

▲ 1. O. Dutheillet de Lamothe, « Du traité de Rome au traité de Maastricht : la longue marche de l'Europe sociale », *Dr. soc.*, 1993, 195.

▲ 2. F. Gaudu, « L'influence du droit communautaire sur la politique de l'emploi », *Dr. Soc.*, 1993, p. 804.

▲ 3. P. Rodière, *op. cit.*, n° 10.

fausser la concurrence[1]. Cela permet aussi de comprendre pourquoi en matière sociale le traité de Rome ne parle pas d'unification mais d'harmonisation. Les différences entre les législations des États membres ne sont pas prohibées dès lors que le coût pour l'entreprise est analogue[2]. Un pays peut accorder moins de jours de congés annuels qu'un autre mais plus de jours fériés rémunérés.

L'idée d'une harmonisation spontanée par le simple jeu du marché est aujourd'hui abandonnée. Il s'agissait d'un vœux dont la concrétisation ne s'est pas réalisée. Certes, l'impact économique des mesures sociales est toujours essentiel. Quelle norme sociale n'a d'ailleurs pas d'incidence sur les conditions de la concurrence[3] ? Mais la construction européenne pouvait difficilement se développer en espérant d'hypothétiques progrès en matière sociale. Des actions communautaires plus actives sont apparues nécessaires. Deux questions doivent être alors successivement analysées. Qui sont les acteurs de l'harmonisation en droit social et quel est le contenu actuel de celle-ci ?

▶ § 1. Les acteurs de l'harmonisation

Les acteurs de l'harmonisation jouent un rôle essentiel car ils renseignent sur les moyens qui vont être utilisés pour aboutir à un rapprochement. De façon classique, la question posée est celle du partage qui doit être opéré entre les instances communautaires et les États membres. La solution n'a cessé d'évoluer au gré des modifications apportées au traité de Rome et toutes les incertitudes ne sont pas encore levées. Beaucoup plus original est sans aucun doute le rôle particulier qui a été confié progressivement aux partenaires sociaux en matière d'harmonisation.

▸ A. LE RÔLE DE LA COMMUNAUTÉ ET DES ÉTATS MEMBRES

A quel niveau doit-on se placer pour réaliser l'harmonisation sociale ? Le principe de base est la souveraineté des États en la matière[4]. La communauté ne doit pas faire ce que les États peuvent accomplir, l'harmonisation sociale relève par priorité de la compétence nationale. L'inscription dans les textes communautaires du principe de subsidiarité conforte une solution régulièrement affirmée. L'article 3 B du traité de Maastricht déclare que « *dans les domaines qui ne relèvent pas de sa compétence exclusive, la communauté n'intervient, conformément au principe de subsidiarité, que si et dans la mesure où les objectifs de l'action envisagée ne peuvent pas être réalisés de manière suffisante par les États membres et peuvent donc, en raison des*

▲ 1. G. Lyon-Caen, « Les caractères originaux du droit social européen », in *Études offertes à L. Julliot de la Morandière,* Dalloz, 1964, p. 334.
▲ 2. G. Lyon-Caen, *op. cit.,* p. 333.
▲ 3. P. Rodière, *op. cit.,* n° 4.
▲ 4. L. Cartou, *L'Union européenne,* Dalloz, 2ᵉ éd. 1996, n° 374.

dimensions ou des effets de l'action envisagée, être mieux réalisés au niveau communautaire ». La volonté d'une Europe qui ne soit pas coupée des citoyens implique que les décisions soient prises au niveau le plus proche de ceux-ci. L'intervention de la communauté suppose donc la démonstration de sa plus grande efficacité.

Il n'en reste pas moins vrai qu'il n'est pas toujours facile en pratique de percevoir le niveau le plus approprié[1]. De plus, certains textes peuvent être compris comme relativisant le principe de subsidiarité. Ainsi, l'accord sur la politique sociale, annexé au traité de Maastricht prévoit dans son article 2 que la communauté soutient et complète l'action des États membres dans les domaines suivants : milieu de travail, conditions de travail, information et consultation des travailleurs, égalité entre hommes et femmes, intégration des personnes exclues du travail. Outre le caractère particulièrement vague de certains termes, on peut légitimement s'interroger sur la compatibilité du « soutien » et du « complément » communautaire avec le principe de subsidiarité[2]. Un élément de réponse peut être trouvé dans le 2 § de l'article 2 qui prévoit que « *le Conseil peut arrêter, par voie de directive, des prescriptions minimales applicables progressivement, compte tenu des conditions et des réglementations techniques existant dans chacun des États membres* ». En d'autres termes, la communauté pourrait jouer le rôle de l'aiguillon. Elle adopterait des dispositions minimales en matière sociale qui inciteraient les États membres à rapprocher leur législation dans tel ou tel domaine[3]. Il est en effet probable que même si l'harmonisation sociale demeure de la compétence des États membres, la crainte d'une altération de la compétitivité de ses entreprises, peut faire hésiter un État à modifier de façon importante sa législation dans tel domaine. Aussi, dès lors que la réforme apparaît nécessaire pour la réalisation de l'Union Européenne, une directive communautaire sera un soutien non négligeable à l'action des États membres[4]. On notera que le traité d'Amsterdam a intégré l'ensemble du dispositif examiné dans son article 137.

Les rapports entre la communauté et les États membres peuvent être appréhendés sous un autre éclairage. Historiquement la place occupée par le droit du travail dans le traité de Rome était modeste. La mise en place d'un droit communautaire du travail pouvait tout d'abord être recherchée dans le cadre très général de l'article 100 qui permet au Conseil d'« arrêter des directives pour le rapprochement des dispositions législatives, réglementaires et administratives des États membres qui ont une incidence directe sur l'établissement ou le fonctionnement du marché commun ». Certaines dispositions du traité vont toucher toutefois plus directement la matière sociale. L'article 117 affirme ainsi que « *les États membres conviennent de la nécessité de promouvoir l'amélioration des conditions de vie et de travail de la main*

▲ 1. M. A. Moreau, « Tendances du droit social communautaire », *Dr. Soc.*, 1994, p. 82.

▲ 2. G. Lyon-Caen, *Le droit social de la Communauté européenne après le traité de Maastricht,* D. 1993, p. 150.

▲ 3. Ph. Martin, *op. cit.*, p. 616.

▲ 4. Ph. Langlois, « Europe sociale et principe de subsidiarité », *Dr. Soc.*, 1993, p. 204.

d'œuvre permettant leur égalisation dans le progrès ». La disposition est ambitieuse mais elle revêt un caractère essentiellement programmatique : il n'y a pas de délai attaché à la réalisation de l'objectif. Enfin, les articles 119 et 120 du traité de Rome imposent des engagement plus précis aux États membres dans deux cas : l'égalité des salaires masculins et féminins et l'équivalence des congés payés. En définitive, le traité de Rome fait preuve d'une grande modestie en droit du travail. L'harmonisation sociale n'est pas jugée véritablement indispensable à la réalisation de la communauté économique européenne. Les débuts timides du droit social communautaire peuvent aussi s'expliquer par le plein emploi qui caractérise cette période. On ressent sans doute moins qu'aujourd'hui l'utilité d'un espace social communautaire[1].

Au contraire, avec la crise économique naissante, on va assister à partir de 1974 au début d'un rapprochement de la législation des États membres. Trois directives vont marquer cette période. Une directive du 17 février 1975 est relative aux licenciements collectifs, une directive du 14 février 1977 a pour objet le maintien des droits des travailleurs en cas de transfert d'entreprise, enfin une directive du 20 octobre 1980 s'intéresse à la protection des salariés en cas d'insolvabilité de l'employeur. Ces différents textes prendront appui sur l'article 100 du traité de Rome et l'incidence directe des dispositions adoptées sur l'établissement ou le fonctionnement du marché commun ou sur l'article 117 et l'idée d'égalisation dans le progrès des conditions de vie et de travail. Inversement, les années 1980 vont se traduire par une stagnation, aucune disposition à caractère normatif concernant le droit du travail ne sera adoptée. L'explication doit être recherchée dans l'aggravation de la crise économique et le développement d'une compétition accrue sur le plan international. Ces circonstances de fait vont rendre impossible toute harmonisation sociale : l'unanimité nécessaire au sein du Conseil ne peut plus être atteinte. Se développe alors l'idée qu'un espace social européen passe nécessairement par une modification des institutions communautaires.

L'acte unique européen de 1987 va ouvrir de nouvelles perspectives en encourageant le dialogue entre les partenaires sociaux (article 118 B). Mais surtout, l'article 118 A va permettre l'adoption de directives à la majorité qualifiée. Le nouveau texte prévoit que « *les États membres s'attachent à promouvoir l'amélioration, notamment du milieu de travail, pour protéger la sécurité et la santé des travailleurs et se fixant pour objectif l'harmonisation, dans le progrès, des conditions existant dans ce domaine* ». En raison de sa formulation peu explicite, ce nouveau texte va engendrer un débat important sur son champ d'application. Que faut-il entendre notamment par l'amélioration du milieu de travail ? L'article contient une précision : il s'agit de protéger la santé et la sécurité. En conséquence, la réglementation européenne peut se développer sur les expositions des salariés aux risques, l'utilisation des produits, des machines... Les directives visant à assurer la

▲ 1. P. Venturi, « Quarante ans de politique sociale européenne », *Les Petites Affiches*, 3 juil. 1998, n° 79, p. 8.

sécurité du salarié au travail vont se multiplier à partir de 1989. Faut-il aller plus loin et considérer que l'article 118 A est susceptible de concerner l'ensemble des conditions de travail dès lors qu'elles ont une incidence sur la santé et la sécurité ? La CJCE a apporté un début de réponse dans un arrêt du 12 novembre 1996. Le Royaume-Uni souhaitait l'annulation de la directive du 23 novembre 1993 sur l'aménagement du temps de travail parce qu'elle ne pouvait pas être fondée sur l'article 118 A. La Cour rejette la demande au motif que « *rien dans les termes de l'article 118 A n'indique que les notions de milieu de travail, de sécurité et de santé ... devraient ... être entendues dans un sens restrictif et non comme visant tous les facteurs, physiques ou autres, capables d'affecter la santé et la sécurité du travailleur dans son environnement de travail, et notamment certains aspects de l'aménagement du temps de travail* ». La Cour ajoute que l'interprétation large peut aussi « *s'appuyer sur le préambule de la Constitution de l'Organisation mondiale de la santé dont font partie tous les États membres, qui définit la santé comme un état complet de bien-être physique, mental et social, et non pas seulement comme un état consistant en une absence de maladie ou d'infirmité*[1] ».

Une autre étape importante de l'Europe sociale sera constituée par l'adoption par le Conseil européen de Strasbourg en décembre 1989 de la Charte communautaire des droits sociaux fondamentaux des travailleurs. Même si ce texte, adopté sans le Royaume-Uni, n'a pas de valeur contraignante, il montre que la communauté reconnaît des droits sociaux aux travailleurs. Il révèle l'attachement des États membres à un modèle de relations sociales inspiré de traditions et de pratiques communes. Pour que les dispositions de la charte ne demeurent pas symboliques, la Commission européenne a été chargée d'élaborer un programme d'action législative. Celui-ci débouchera sur l'adoption de directives diverses. A titre d'illustration, on peut citer la directive du 14 octobre 1991 qui est relative à l'obligation de l'employeur d'informer le travailleur des conditions applicables au contrat ou à la relation de travail.

Avec le traité de Maastricht, le volet social européen va connaître un nouvel essor sans la participation toutefois du Royaume-Uni, celui-ci ayant refusé toute obligation nouvelle en matière sociale. Pour contourner le veto britannique, un accord sur la politique sociale, annexé au traité de Maastricht, sera signé par onze États membres. Ce nouveau texte réalise une extension significative du vote à la majorité qualifiée. Celui-ci concerne désormais :

- l'amélioration du milieu de travail pour protéger la santé et la sécurité des travailleurs,
- les conditions de travail,
- l'information et la consultation des travailleurs,
- l'égalité entre hommes et femmes sur le marché du travail et dans le travail,
- l'intégration des personnes exclues du travail.

▲ 1. CJCE, 12 nov. 1996, *Dr. Soc.*, 1997, p. 303, note P. Martin.

Ces mesures interviendront sous formes de directives adoptées selon la procédure de majorité qualifiée de l'article 189 C qui suppose une coopération du Conseil et du Parlement. L'accord prévoit également que le Conseil peut agir dans d'autres domaines, après simple consultation du Parlement mais à l'unanimité cette fois. Il s'agit notamment de la sécurité sociale et la protection des travailleurs, la résiliation du contrat de travail et la représentation et la défense collective des intérêts des travailleurs et des employeurs, y compris la cogestion. Enfin l'accord exclut de la compétence communautaire la question des rémunérations, le droit d'association, le droit de grève et le lock-out. Suite au changement de majorité politique au Royaume-Uni, l'ensemble du protocole social a été intégré dans le traité d'Amsterdam (une modification a toutefois été apportée : pour les directives adoptées à la majorité qualifiée, la procédure de codécision parlementaire est substituée à la procédure de coopération).

Avec ce nouveau dispositif, la communauté apparaît mieux armée pour mettre en place une harmonisation des règles touchant le contrat de travail. Faut-il pour autant s'attendre à un programme d'action renforcée de la part de la Commission ? La réponse n'est pas évidente car l'Union Européenne a aussi sensiblement renforcé le rôle des partenaires sociaux. Ces derniers pourraient devenir les véritables initiateurs d'une harmonisation des règles touchant le contrat de travail[1].

▶ B. LE RÔLE DES PARTENAIRES SOCIAUX

La grande originalité du droit social communautaire réside dans la possibilité pour les partenaires sociaux de contribuer à l'harmonisation. La solution puise d'abord son fondement dans une vieille tradition nationale ; le droit du travail de chaque État membre a toujours confié un espace aux partenaires sociaux. Les mérites de la négociation collective sont connus : en privilégiant le bilatéral sur l'unilatéral, l'accord négocié permet de déboucher sur des solutions acceptées par tous. Et de par sa faculté d'adaptation, la convention collective répond aux problèmes concrets des entreprises. C'est donc un élément de dynamisme qui favorise la compétitivité[2]. De plus, les partenaires sociaux jouent souvent un rôle remarqué dans l'élaboration des lois, le législateur reprenant les dispositions d'accords négociés. Les italiens parlent à cet égard de « la loi négociée » ou de « la loi contractée »[3]. La loi peut aussi renvoyer pour sa mise en œuvre aux accords collectifs, celle du 13 juin 1998 sur les 35 heures en est une remarquable illustration.

L'Union européenne pouvait difficilement rester insensible à ces considérations. Pourtant, la place particulière accordée aux partenaires sociaux dans la construction européenne est apparue assez tardivement. Au départ, ils ne jouaient qu'un rôle insignifiant. Les difficultés rencontrées pour mettre

▲ 1. P. Venturi, *op. cit.*, p. 15.

▲ 2. O. Quintin, « Bilan et perspectives du dialogue social en Europe », *Les Petites Affiches*, 3 juil. 1998, p. 18.

▲ 3. O. Dutheillet de Lamothe, *op. cit.*, 195.

en place l'Europe sociale vont accélérer l'évolution. La communauté peut se doter d'une conscience sociale européenne en dépassant les aléas politiques et en se rapprochant des citoyens. Les partenaires sociaux peuvent donc contribuer efficacement au développement de l'Europe sociale. Si l'objectif est clair, encore faut-il avoir les moyens de l'atteindre. Schématiquement, on peut dire que deux voies sont utilisées : le dialogue social et l'intégration des partenaires sociaux dans le processus normatif communautaire institutionnel.

Historiquement, c'est d'abord le dialogue social entre les partenaires sociaux qui a été encouragé. Les discussions entre les représentants des syndicats européens et le patronat vont se développer même si elles n'épousent que rarement la forme de négociations tendant à la conclusion d'accords[1]. Ces rencontres seront officialisées par l'acte unique européen. L'article 118 B précise : « *La Commission s'efforce de développer le dialogue entre les partenaires sociaux au niveau européen, pouvant déboucher, si ces derniers l'estiment souhaitable, sur des relations conventionnelles.* » Les discussions qui peuvent guider la Commission dans ses orientations sont susceptibles de se dérouler à trois niveaux différents. Le débat peut se manifester au niveau interprofessionnel ou par secteurs d'activité, il est également possible dans les groupes de dimension européenne.

Avec l'accord sur la politique sociale annexé au traité de Maastricht, le rôle octroyé aux partenaires sociaux prend une nouvelle dimension : ils sont intégrés dans le processus normatif. La démarche suivie peut se résumer en trois étapes.

· Dans un premier temps, avant de présenter des propositions dans le domaine de la politique sociale, la Commission est tenue de consulter les partenaires sociaux sur l'orientation possible d'une action communautaire. Après cette consultation, si la Commission estime qu'une directive doit être adoptée, elle présente son projet aux partenaires sociaux qui expriment un avis ou une recommandation.

· Dans un deuxième temps, les partenaires sociaux peuvent décider de réaliser eux-mêmes l'action envisagée. Ils ont alors neuf mois pour négocier leur accord, et en cas d'échec, la Commission peut relancer son initiative selon les voies classiques.

· Dans un troisième temps, si un accord a été conclu au niveau européen, il faut procéder à sa mise en œuvre. Deux voies sont alors ouvertes aux partenaires sociaux.

L'article 4 § 2 prévoit que l'accord peut être mis en œuvre « *selon les procédures et les pratiques propres aux partenaires sociaux et aux États membres* ». Cette première démarche écarte toute intervention des institutions communautaires, des négociations sont engagées dans chaque pays pour réaliser la transposition.

Les partenaires sociaux peuvent aussi opter pour une autre solution. Ils demandent à la Commission de transmettre au Conseil une proposition de

▲ 1. P. Rodière, *op. cit.*, n° 83.

décision reprenant les termes de leur accord. En pratique, il s'agira fréquemment d'une directive. Cette deuxième voie n'est toutefois possible que dans les hypothèses où la communauté a compétence en matière sociale. Elle est donc exclue pour les rémunérations, le droit d'association et les conflits collectifs. Cette deuxième modalité de mise en œuvre de l'accord soulève une difficulté juridique. L'acte négocié par les partenaires sociaux peut-il être modifié par la Commission ou le Conseil ? Actuellement, la pratique va plutôt dans le sens d'un maintien du texte en l'état[1]. Deux réserves doivent toutefois être formulées. La Commission ne peut transmettre au Conseil un texte qui contiendrait des dispositions illégales. Celles-ci seront donc retirées. En second lieu, il convient de vérifier la représentativité des partenaires sociaux qui ont négocié le texte[2]. Ce point est essentiel car l'accord négocié peut éventuellement déboucher sur une directive. Or, qu'est-ce que la représentativité au niveau communautaire ? Le concept de représentativité étant variable suivant les États et parce que l'organisation des partenaires sociaux au niveau européen est en cours, la Commission a défini dans une communication du 14 décembre 1993 des critères minimums. Ceux-ci sont au nombre de trois :

- l'organisation doit être interprofessionnelle, sectorielle ou catégorielle et être organisée au niveau européen ;
- l'organisation doit être composée d'organisations elles-mêmes reconnues comme faisant partie intégrante des structures des partenaires sociaux des États membres, avoir la capacité de négocier des accords et être, dans la mesure du possible, représentative dans tous les États membres ;
- l'organisation doit disposer de structures lui permettant de participer de manière efficace au processus de consultation[3].

Cette association des partenaires sociaux au processus normatif a débouché sur quelques résultats significatifs. La Commission a lancé en février 1995 une consultation des partenaires sociaux sur la conciliation entre la vie familiale et la vie professionnelle. Les partenaires sociaux ont alors décidé d'engager des négociations sur le congé parental et un accord-cadre a été conclu le 14 décembre 1995. Conformément à l'article 4 § 2 de l'accord sur la politique sociale, les négociateurs ont transmis à la Commission une demande de mise en œuvre de leur accord par le Conseil. Celui-ci reprendra le texte dans une directive du 3 juin 1996. Une démarche similaire a permis d'aboutir à une directive sur le travail à temps partiel le 15 décembre 1997. Actuellement, les partenaires sociaux viennent d'adopter une proposition d'accord-cadre sur le contrat de travail à durée déterminée. Le texte

▲ 1. M. A. Moreau, « Sur la représentativité des partenaires sociaux européens », *Dr. Soc.*, 1999, p. 56.

▲ 2. P. Rodière, *op. cit.*, n° 77.

▲ 3. Ces critères reprennent une proposition faite à la Commission par les partenaires sociaux, v. P. Rodière, *op. cit.*, n° 93 ; v. sur le contrôle opéré par le juge sur cette représentativité, Tribunal de première instance des communautés européennes, 17 juin 1998, *Dr. Soc.*, 1999, p. 53, note M.A. Moreau.

reconnaît que « *les contrats à durée indéterminée sont et resteront la forme générale de relations d'emploi entre employeurs et travailleurs* ». Les parties affirment également le principe de non-discrimination et établissent « *un cadre pour prévenir les abus résultant de l'utilisation de contrats ou de relations de travail à durée déterminée successifs* ». Cet accord a été repris par une directive en date du 28 juin 1999.

Un dernier rôle octroyé aux partenaires sociaux doit être relevé. Il se situe dans le prolongement de l'intégration au sein du processus normatif. L'accord sur la politique sociale prévoit que les États membres peuvent confier aux partenaires sociaux la mise en œuvre des directives communautaires dans leur ordre juridique national. Cette solution, déjà évoquée par la Charte communautaire des droits fondamentaux, figure aussi dans certaines directives. Ainsi, celle du 14 octobre 1991 prévoit *in fine* que « *les États membres adoptent les dispositions législatives, réglementaires et administratives nécessaires pour se conformer à la présente directive ... ou s'assurent ... que les partenaires sociaux mettent en place les dispositions nécessaires par voie d'accord ...* ». En pratique, une difficulté majeure se présente. Si l'État est libre de choisir le moyen permettant de réaliser la transposition, encore faut-il que l'effet utile de la directive soit assuré[1]. Le § 4 de l'article 2 du protocole social précise d'ailleurs que l'État membre concerné doit prendre « *toute disposition nécessaire lui permettant d'être à tout moment en mesure de garantir les résultats imposés par ladite directive* ».

Les partenaires sociaux jouent donc un rôle tout à fait original en droit social communautaire. Au-delà des aspects institutionnels, cette fonction particulière pourrait contribuer à renforcer sensiblement le contenu de l'harmonisation. C'est celui-ci qu'il nous faut maintenant envisager.

▶ § 2. Le contenu de l'harmonisation

L'examen du contenu de l'harmonisation interpelle inévitablement sur son niveau. La communauté a dès le départ souhaité une harmonisation non régressive, elle a parlé d'harmonisation dans le progrès. L'affirmation doit être creusée afin d'en comprendre la portée exacte. Ensuite, il faudra s'intéresser aux règles du contrat de travail qui ont été effectivement harmonisées. Ce n'est pas l'ensemble de la relation de travail qui doit être touché par l'harmonisation. Il faut déterminer le noyau dur de l'harmonisation qui va constituer le socle des droits minimums du travailleur européen.

▶ A. L'HARMONISATION DANS LE PROGRÈS

Comment doit se réaliser l'harmonisation des règles sociales des différents États membres ? La crainte souvent exprimée est la mise en place d'un droit du travail moins protecteur pour le salarié, l'harmonisation prenant

▲ 1. A. Lyon-Caen, « Le rôle des partenaires sociaux dans la mise en œuvre du droit communautaire », *Dr. Soc.*, 1997, p. 70.

pour modèle les États qui ont une législation sociale peu développée. Le risque serait donc celui du dumping social.

L'examen du droit social communautaire montre le caractère excessif voire infondé de l'affirmation. Celle-ci est d'abord mise à mal par les objectifs affichés par le traité. L'article 117 qui introduit les dispositions sociales affirment que « *les États membres conviennent de la nécessité de promouvoir l'amélioration des conditions de vie et de travail de la main d'œuvre permettant leur égalisation dans le progrès* ». Certes, la disposition est une norme programmatique qui est difficilement opposable aux États, mais elle doit assurément orienter l'action de la communauté[1]. L'action future de cette dernière doit répondre à la finalité précitée[2]. L'article 118 A, qui concerne exclusivement l'amélioration du milieu de travail pour protéger la sécurité et la santé des travailleurs, indique que l'objectif est « l'harmonisation dans le progrès ». Le traité d'Amsterdam reprend la même perspective en ajoutant dans le nouvel article 136 une référence remarquée à la Charte sociale européenne et à la Charte communautaire des droits fondamentaux.

Reste alors à préciser les contours de la notion d'harmonisation dans le progrès. Celle-ci paraît indiquer que le modèle servant de base à l'action communautaire ne peut pas être l'État ou le droit social est peu avancé. La doctrine a mis en avant une égalisation par le haut, « *chaque État membre devra se hisser au niveau de protection sociale atteint dans l'État le plus avancé* » et « *tous les États membres devront aller plus loin encore*[3] ». Le but à atteindre semble donc être le progrès social pour tous les travailleurs de la communauté. Deux difficultés majeures doivent être alors résolues : que faut-il entendre par progrès et comment peut-on réaliser l'objectif ainsi fixé ?

La première interrogation a trait à la notion de progrès. Le concept fait penser à un caractère qui a été longtemps attribué au droit du travail : c'est un droit progressif. Dans les années soixante, lorsque l'on s'interrogeait sur but poursuivi par le droit du travail, la réponse était unanime. C'est un droit qui a vocation à protéger toujours plus le salarié. Avec la crise économique, les certitudes se sont envolées, et l'on préfère parler aujourd'hui d'un droit ambivalent voire d'un droit de l'emploi[4]. Certes, la matière est toujours imprégnée d'un souci de protection du travailleur mais celui-ci doit être compatible avec la situation économique. On peut même aller plus loin et considérer que le progrès c'est la sauvegarde de l'emploi. Or la réalisation de ce nouvel objectif peut déboucher sur une remise en cause de certains avantages acquis. Le progrès est une notion qui s'est relativisée, il est aujourd'hui frappé du sceau de l'incertitude. Le débat actuel en France sur les 35 heures est une remarquable illustration de l'ambiguïté de la notion.

▲ 1. P. Rodière, « Construction européenne et droit du travail », *in Études offertes à G. Lyon-Caen,* Dalloz, 1989, p. 37.

▲ 2. F. Saramito, « Le progrès social est-il encore un objectif du droit communautaire ? », *in Mélanges H. Sinay,* Peter Lang, 1994, p. 306.

▲ 3. F. Saramito, *op. cit.*, p. 303 ; G. et A. Lyon-Caen, *Droit social international et européen,* Dalloz, 8e éd. 1993, n° 219.

▲ 4. J. E. Ray, « Droit du travail, droit vivant », *Liaisons,* 5e éd., 1996, n° 19, p. 14 et p. 10.

La relativité de la notion de progrès peut être appréhendée dans une optique sensiblement différente. Le débat, au sein de la communauté, sur le travail de nuit des femmes, illustre bien les incertitudes qui traversent le progrès. Une affaire célèbre a marqué la construction européenne. Un directeur français est poursuivi pour avoir fait travailler la nuit des femmes dans son entreprise. L'article L 213-1 du code du travail pose en effet en principe l'interdiction du travail de nuit des femmes. Pour sa défense, l'employeur invoque la non conformité du droit français avec le droit communautaire et notamment la directive du 9 février 1976 relative à la mise en œuvre du principe de l'égalité de traitement entre les hommes et les femmes en ce qui concerne l'accès à l'emploi, à la formation professionnelle et à la promotion professionnelle et aux conditions de travail. Le tribunal de police d'Illkirch qui devait se prononcer sur la légalité de l'infraction décide d'interroger la CJCE. Par un arrêt rendu le 25 juillet 1991, elle affirme que l'article 5 de la directive est suffisamment précis pour créer à la charge des États membres l'obligation de ne pas poser en principe législatif l'interdiction du travail de nuit. Précisons que l'article 5 prévoit que « *l'application du principe de l'égalité de traitement en ce qui concerne les conditions de travail implique que soient assurées aux hommes et aux femmes les mêmes conditions sans discrimination fondée sur le sexe* ». La décision de la CJCE impose la réflexion : en autorisant les femmes à travailler la nuit peut-on retenir la notion de progrès ? Il est sans doute difficile d'apporter une réponse tranchée à pareil problème. On se risquera néanmoins à rappeler quelques éléments de réponse avancés lors du débat. L'interdiction du travail de nuit pour les femmes répond à une logique de protection. Protection de la femme elle-même, le travail de nuit aurait des répercussions négatives sur la santé. Protection de la famille ensuite, le travail de nuit menace la vie familiale. Le progrès ne peut nier la dimension humaine du salarié[1]. A cette logique de protection s'oppose une logique d'assimilation. Le droit communautaire veut supprimer toute trace de la vulnérabilité physique de la femme et de son rôle assigné dans la famille. L'interdiction du travail de nuit pour les femmes uniquement rompt l'égalité entre les sexes aussi bien face à la vie familiale et sociale que face à l'emploi et aux risques du travail. En un mot, la discrimination serait constituée. L'ensemble du débat montre que l'approche de la notion de progrès est malaisée.

Un autre élément d'incertitude concerne la réalisation de l'objectif fixé : l'harmonisation dans le progrès. La place laissée à l'économie dans la réalisation du but affiché a engendré une part de scepticisme. L'article 117 du traité prévoit dans son alinéa 2 que l'harmonisation dans le progrès résultera notamment « du fonctionnement du marché commun ». Le texte pourrait laisser penser que le rapprochement découlera exclusivement de l'instauration généralisée d'une économie de marché[2]. Mais comme nous l'avons vu précédemment, la croyance en un processus spontané de rapprochement des

▲ 1. A. Supiot, « Principe d'égalité et limites du droit du travail (en marge de l'arrêt Stoeckel) », *Dr. Soc.*, 1992, p. 385.

▲ 2. F. Saramito, *op. cit.*, p. 304.

États membres n'a pas empêché des actions communautaires plus significatives. L'article 117 prévoit d'ailleurs expressément que l'harmonisation résultera aussi des procédures prévues par le traité.

La référence à l'économie ressurgit au travers d'autres dispositions. L'article 1 du protocole sur la politique sociale indique notamment que « *la Communauté et les États membres doivent tenir compte de la nécessité de maintenir la compétitivité de l'économie de la Communauté* ». L'article 118 A précise que les « *directives évitent d'imposer des contraintes administratives, financières et juridiques telles qu'elles contrarieraient la création et le développement des petites et moyennes entreprises* ». Cette référence à l'économie renvoie au débat classique de l'autonomie du droit du travail. Elle rappelle que le progrès social suppose d'abord une entreprise économiquement compétitive. A partir de là, le doute peut s'installer quant à la possibilité d'une réelle harmonisation dans le progrès.

Les disparités économiques entre les États membres rendent aussi problématique l'adoption de normes sociales élevées pour tous. Sauf à dispenser certains États de l'application des règles communautaires touchant le droit du travail, il est difficile d'échapper à la mise en place de normes à faible niveau protecteur[1]. L'alignement des législations se ferait par le bas. On pourrait alors douter de l'utilité des directives pour les pays dotés d'une législation sociale élevée. L'article 118 A semble conforter cette analyse en affirmant dans son alinéa 2 que le Conseil « *arrête par voie de directive les prescriptions minimales applicables progressivement* ». Comment des dispositions minimales peuvent-elles contribuer à réaliser un progrès général[2] ? Cette analyse présente un intérêt essentiel : elle permet d'identifier clairement les limites de l'harmonisation dans le progrès. Mais elle ne rend pas complètement compte de la réalité de l'Europe sociale. Certains éléments du tableau demeurés dans l'ombre, doivent être aussi sous le feu des projecteurs.

En premier lieu, faut-il considérer que la notion de prescriptions minimales limite l'intervention communautaire à un faible niveau protecteur ? L'arrêt Royaume-Uni contre Conseil rendu par la CJCE le 12 novembre 1996 apporte une réponse de première importance[3]. La Cour indique que « *l'expression "prescriptions minimales" figurant à l'article 118 A signifie seulement qu'elle autorise les États membres à adopter des normes plus rigoureuses que celles qui font l'objet de l'intervention communautaire* ». Ce n'est donc pas le niveau protecteur de la norme qui est en jeu mais la possibilité de prévoir une protection plus grande au niveau national. La solution a été confirmée dans un arrêt du 17 décembre 1998. Le débat portait en l'espèce sur la directive du 28 juin 1990 qui protége les travailleurs contre les risques liés à l'application des agents cancérigènes au travail. Le texte communautaire impose dans un premier temps une identification des ris-

▲ 1. P. Rodière, « Construction européenne et droit du travail », *op. cit.*, p. 36.

▲ 2. F. Kessler et F. Meyer, « La dynamique de l'article 118 A du Traité de Rome », *Rev. Internat. de droit économique*, 1992, n° 2, p. 129.

▲ 3. P. Rodière, « Droit social de l'Union européenne », *op. cit.*, n° 347.

ques puis, dans un second temps, leur élimination ou leur limitation à un niveau aussi bas qu'il est techniquement possible. Le droit italien pouvait-il imposer à l'employeur de rechercher immédiatement le niveau d'exposition le plus faible avant toute appréciation des risques ? La CJCE répond positivement. La directive adoptée sur la base de l'article 118 A fixe des prescriptions minimales. Cela signifie « *que les États membres sont autorisés à adopter des normes plus rigoureuses que celles qui font l'objet de l'intervention communautaire*[1] ». Elle ajoute que l'article 118 A prévoit expressément dans son paragraphe 3 la possibilité pour chaque État membre de prendre des mesures de protection renforcée.

Cette possibilité de prévoir des normes plus élevées, est-elle limitée à l'article 118 A ou a t-elle vocation à s'appliquer pour l'ensemble du droit social ? La solution a assurément un champ d'application très large, diverses directives non fondées sur l'article 118 A, permettent l'adoption de normes plus protectrices[2]. Ainsi, l'article 7 de la directive relative à l'obligation de l'employeur d'informer le travailleur des conditions applicables au contrat ou à la relation de travail prévoit que « *la présente directive ne porte pas atteinte à la faculté des États membres d'appliquer ou d'introduire des dispositions législatives, réglementaires ou administratives plus favorables aux travailleurs, ou de favoriser ou de permettre l'application de dispositions conventionnelles plus favorables aux travailleurs* ». Ces solutions s'inscrivent dans une perspective d'ordre public social, les dispositions nationales peuvent déroger au droit communautaire en vue d'assurer une meilleure protection du travailleur. *A contrario,* l'adoption d'une directive ne doit pas être le prétexte à la mise en place de dispositions nationales moins favorables. Le principe posé par la Charte communautaire des droits fondamentaux figure désormais dans les directives. Ainsi, l'article 16 de la directive du 22 juin 1994 relative à la protection de l'emploi des jeunes au travail affirme que « *la présente directive ne constitue pas une justification valable pour la régression du niveau général de protection* ». On parle de clause de non régression. Il convient toutefois de bien mesurer la portée exacte de ce type de clause. Il ne s'agit pas d'instaurer un système de droits définitivement acquis au profit des travailleurs. Un État ne peut simplement invoquer les prescriptions minimales du droit communautaire pour abaisser le droit interne existant au niveau de ce minimum[3].

Même pour les pays qui ont une législation sociale élevée, le droit communautaire peut être source de progrès social. En limitant notre raisonnement à la France, on se doit de souligner la contribution importante du droit communautaire en vue d'assurer réellement l'égalité entre les hommes et les femmes[4]. Celle-ci va d'ailleurs connaître un nouvel essor avec la directive du 15 décembre 1997 relative à la preuve de la discrimination en matière

▲ 1. CJCE, 17 déc. 1998, *DO,* 1999, p. 10, note F. Meyer.

▲ 2. P. Pochet, « L'actualité du droit du travail communautaire : la mise en œuvre de la charte de 1989 », *Dr. Soc.,* 1993, p. 696.

▲ 3. P. Pochet, *op. cit.,* p. 699.

▲ 4. F. Gaudu, *op. cit.,* p. 805.

sexuelle. De même, lors de la suppression en 1986 de l'autorisation administrative de licenciement en matière économique, l'État français n'a pas pu ignorer la directive du 17 février 1975 relative aux licenciements collectifs qui impose une information et une intervention de l'administration[1]. La directive du 24 juin 1992 qui a modifié celle de 1975 indique que pour comptabiliser les licenciements collectifs, il convient de prendre en compte tous les modes de cessation du contrat de travail à l'initiative de l'employeur. En conséquence, par une loi du 29 juillet 1992, le législateur français va imposer l'information et la consultation des représentants du personnel dans l'hypothèse d'un départ négocié[2]. Enfin, comment ne pas évoquer le revirement spectaculaire opéré par l'Assemblée plénière de la Cour de cassation en matière de transfert d'entreprise. Le nouvel employeur est-il tenu de reprendre les salariés de son prédécesseur ? Une telle obligation supposait pour la chambre sociale un lien de droit entre les deux entrepreneurs successifs[3]. La CJCE va au contraire estimer que la directive sur les transferts d'entreprise n'exige pas un tel lien. Par trois arrêts rendus le 16 mars 1990, l'Assemblée plénière reprendra exactement la formule de la CJCE : la directive du 14 février 1977 s'applique « *même en l'absence d'un lien de droit entre les employeurs successifs, à tout transfert d'une entité économique conservant son identité et dont l'activité est poursuivie ou reprise*[4] ».

L'harmonisation des règles qui gouvernent le contrat de travail doit donc se faire dans le progrès. Pour autant, il ne faut pas en déduire que le droit communautaire a vocation à fixer des règles précises touchant l'ensemble de la relation de travail. C'est davantage la construction d'un socle de droits fondamentaux communs à tous les travailleurs européens qui est recherchée. C'est en quête de celui-ci que nous allons partir.

▶ B. LE « NOYAU DUR » DE L'HARMONISATION

L'objectif du droit communautaire n'est pas la mise en place d'une réglementation complète et approfondie des droits et obligations du salarié et de l'employeur. Les droits nationaux et notamment le droit français sont déjà très importants en la matière, et il ne serait sans doute pas opportun d'y ajouter un droit communautaire aussi exhaustif. L'enjeu est différent : il s'agit de mettre en place un statut de base du travailleur européen. Il n'est pas question ici de normes contingentes et variables, il s'agit de déterminer les éléments fondamentaux qui doivent gouverner la relation de travail[5]. En un mot quel doit être le noyau dur de l'harmonisation ? Quels sont les éléments qui doivent constituer le statut de base du travailleur européen ?

▲ 1. P. Rodière, « Construction européenne et droit du travail », *op. cit.,* p. 38.
▲ 2. Article L 321-1, al. 2, du Code du travail.
▲ 3. Soc., 12 juin 1986, *Dr. Soc.,* 1986, p. 605, Concl. G. Picca.
▲ 4. Ass. Plén., 16 mars 1990, *Dr. Soc.,* 1990, p. 399, Concl. Dontenwille et notes G. Couturier et X. Pretot ; D. 1990, p. 305, note A. Lyon-Caen.
▲ 5. J.C. Javillier, « Le droit du travail communautaire : un droit en construction ? », *in Écrits en l'honneur de J. Savatier,* PUF, p. 232.

Même si le traité communautaire ne contient pas un catalogue des droits sociaux fondamentaux, il se réfère à divers instruments juridiques qui proclament l'existence de droits fondamentaux pour les salariés. L'article 117 du traité, tel que modifié par le traité d'Amsterdam, évoque la « conscience » qu'ont la communauté et les États membres des droits sociaux fondamentaux énoncés dans la Charte communautaire et la Charte sociale. Même si la formule se veut prudente, la référence à ces deux chartes constitue un apport non négligeable, les textes visant la plupart des droits de base habituellement reconnus au salarié. De son côté, la CJCE. affirme que les droits fondamentaux font partie des principes généraux du droit dont elle a pour mission d'assurer le respect dans le cadre des objectifs de la communauté, la Cour se référant à la convention européenne des droits de l'homme ou encore aux traditions constitutionnelles communes aux États membres[1]. Dans l'arrêt Defrenne du 15 juin 1978, la CJCE a ainsi considéré que l'élimination des discriminations fondées sur le sexe fait partie des droits fondamentaux dont elle entend assurer le respect[2].

Essayons alors d'établir plus concrètement le socle de base du travailleur européen. Même si actuellement les dispositions restent parcellaires et incomplètes, il est néanmoins possible de dégager quelques lignes directrices.

· Le premier axe fort est sans aucun doute l'idée que la non discrimination doit gouverner la relation de travail. La prohibition des discriminations fondées sur la nationalité domine évidemment l'ensemble de la construction juridique communautaire[3], la solution étant commandée par le principe de libre circulation. Mais le principe d'égalité connaît en droit communautaire beaucoup d'autres applications. La directive du 15 décembre 1997 sur le travail à temps partiel pose le principe de la non discrimination entre travailleurs à temps plein et travailleurs à temps partiel. De même, l'accord-cadre du 18 mars 1999 sur le contrat à durée déterminée prévoit que les travailleurs à durée déterminée ne sont pas traités d'une manière moins favorable que les travailleurs à durée indéterminée[4]. Avec l'entrée en vigueur du traité d'Amsterdam, le principe d'égalité de traitement devrait connaître un nouvel essor puisque l'article 6 A donne au Conseil compétence « *pour prendre les mesures nécessaires pour combattre toute discrimination fondée sur le sexe, la race ou l'origine ethnique, la religion ou les convictions, un handicap, l'âge ou l'orientation sexuelle* ». Dans un arrêt du 30 avril 1996, la CJCE a d'ailleurs déjà estimé que le licenciement d'un transsexuel au motif de sa conversion sexuelle est contraire au droit communautaire[5].

Plus fondamentalement, le principe d'égalité de traitement a connu jusqu'à présent ses manifestations les plus spectaculaires en matière d'égali-

▲ 1. S. Robin-Olivier, « La référence aux droits sociaux fondamentaux dans le traité d'Amsterdam », *Dr. Soc.*, 1999, p. 612.

▲ 2. CJCE, 15 juin 1978, aff. 147/77, Rec. p. 1365, *RTD eur.*, 1986, p. 231, note L. Limbrecht.

▲ 3. P. Rodière, « Droit social de l'union européenne », *op. cit.*, n° 160.

▲ 4. « Contrat à durée déterminée, Accord-cadre européen », *Liaisons sociales*, C 2, 19 mars 1999, n° 44.

▲ 5. CJCE, 30 avril 1996, aff. 13/94, *Rec.*, p. 2143.

té des sexes. Il est évidemment impossible de présenter complètement l'acquis communautaire. On se bornera à rappeler que c'est la directive du 9 février 1976 qui a proclamé le principe général d'égalité entre les sexes en matière sociale[1]. Le texte précise dans son article 2 § 1 que « *le principe de l'égalité de traitement ... implique l'absence de toute discrimination fondée sur le sexe, soit directement, soit indirectement* ». A l'évidence, une différence de traitement qui serait directement fondée sur le sexe est prohibée. La directive réserve toutefois dans son article 2 les mesures assurant la protection de la femme, notamment en ce qui concerne la grossesse et la maternité et les mesures qui visent à promouvoir l'égalité des chances entre hommes et femmes, en remédiant aux inégalités de fait qui affectent les chances des femmes en matière professionnelle[2]. Un des apports les plus remarqués du droit communautaire est la prohibition des discriminations indirectes. Une directive du 15 décembre 1997 relative à la charge de la preuve dans les cas de discrimination à raison du sexe vient de consacrer la construction de la CJCE. Une mesure de l'employeur apparemment neutre va avoir un impact différent sur un groupe composé majoritairement de personnes du même sexe. Ainsi, lorsqu'en matière de rémunération, le taux horaire des travailleurs à temps partiel est inférieur au taux horaire des travailleurs à temps plein, une discrimination indirecte peut apparaître. Il en sera ainsi notamment lorsque la catégorie des travailleurs à temps partiel comprend de manière prépondérante des travailleurs du sexe féminin[3]. On a donc une preuve d'ordre statistique : on va regarder comment est payé le groupe composé majoritairement de femmes par rapport au groupe composé majoritairement d'hommes et ce pour des emplois comparables. On parle de discriminations objectives dans la mesure où aucune intention de discriminer hommes et femmes n'est requise. Ce qui compte c'est le résultat pratique de la distinction opérée. Toutefois, l'employeur pourra échapper au reproche de discrimination en invoquant un motif objectif tel que des difficultés économiques. Il faut également que le désavantage constaté ne soit pas excessif c'est-à-dire disproportionné par rapport au but poursuivi[4].

S'inspirant de la jurisprudence de la Cour de justice, la directive du 15 décembre 1997 va également faciliter la preuve de la discrimination en procédant à un réaménagement de la charge de la preuve[5]. Dans un premier temps, la personne qui s'estime lésée doit faire état devant le juge des faits qui permettent de présumer l'existence d'une discrimination directe ou indirecte. Il faut donc une apparence de discrimination dont il résulte une

▲ 1. P. Rambaud, « L'égalité des sexes en droit social communautaire », D. 1998, p. 112.

▲ 2. V. sur l'ensemble de la question, F. Dekeuwer-Defossez, « L'égalité des sexes », *Connaissance du droit*, Dalloz, 1998, p. 73 et s.

▲ 3. V. sur l'ensemble de la question, M. A. Moreau-Bourlès, « La jurisprudence européenne en matière d'égalité de traitement entre les travailleurs masculins et féminins », *Dr. Soc.*, 1989, p. 549.

▲ 4. V. en dernier lieu, CJCE, 9 fév. 1999, *TPS*, avril 1999, n° 172, note P.-H. Antonmattei.

▲ 5. M.-T. Lanquetin, « Discriminations à raison du sexe » (commentaire de la directive 97/180 du 15 décembre 1997 relative à la charge de la preuve dans les cas de discrimination à raison du sexe), *Dr. Soc.*, 1998, p. 688 ; B. Teyssie, « Sur la preuve d'une discrimination fondée sur le sexe », *TPS*, mars 1998, p. 1.

présomption de discrimination. Il appartient ensuite au défendeur, c'est-à-dire à l'employeur, de rapporter la preuve qu'il n'y a pas eu violation du principe de l'égalité de traitement.

· L'autre axe fort de la communauté en matière de relations de travail concerne la santé et la sécurité des travailleurs. La solution ne doit pas surprendre, n'affirme-t-on pas que le droit à la santé constitue le premier des droits de l'homme[1] ? Diverses directives ont ainsi développé la prévention des accidents en prévoyant des mesures appropriées afin d'assurer la sécurité.

Au niveau de la conclusion du contrat, une directive du 14 octobre 1991 prévoit l'obligation pour l'employeur d'informer le travailleur des conditions applicables au contrat ou à la relation de travail. L'objectif est cette fois de garantir au travailleur une connaissance suffisamment complète de ses conditions de travail grâce à la remise obligatoire d'un document écrit. Celui-ci indique notamment le lieu de travail, la qualification de l'emploi et la caractérisation du travail à effectuer. De tels éléments pourront aider à déterminer l'existence d'une modification du contrat. On rappellera également qu'un accord-cadre sur le contrat à durée déterminée est intervenu le 18 mars 1999 et qu'il vise à prévenir le recours abusif à ce type de contrat.

Parmi les interventions marquantes du droit communautaire, il convient de mentionner la directive du 14 février 1977 relative au transfert d'entreprise, modifiée par une directive du 29 juin 1998. Elle vise à assurer le maintien de l'emploi du salarié et elle a exercé une influence non négligeable sur le droit français. Sans pouvoir être évidemment exhaustif, on notera que le droit communautaire s'est aussi intéressé au licenciement économique. Une directive de 1975 modifiée à diverses reprises en détermine la notion tout en prévoyant une consultation des représentants des travailleurs et une information de l'autorité publique.

Au terme de ce panorama incomplet, on ne peut nier que la mise en place de règles minimales communes à tous les travailleurs est encore loin d'être atteinte. Des progrès ont été accomplis mais les lacunes demeurent importantes notamment en matière de rupture du contrat de travail. Or la protection minimale accordée à un travailleur est souvent illusoire s'il n'y a pas un encadrement de la rupture du contrat. Le bilan ne peut donc être qu'en demiteinte. Et c'est sans doute du côté des partenaires sociaux qu'il convient de rechercher une harmonisation plus rapide et plus complète.

▲ 1. N. Catala, « Les droits de l'homme dans l'entreprise », *in* XXe Congrès de l'IDEF, *Revue juridique et politique indépendance et coopération,* n°s 3 et 4, juil.-oct. 1989, p. 908.

PARTIE IV

Vers un droit commun européen des contrats ?

Les travaux de la Commission Lando

Denis TALLON

Professeur émérite de l'Université Paris II (Panthéon-Assas)

Il n'est pas facile même pour quelqu'un qui y a participé presque dès l'origine de présenter en une demi-heure un travail qui a commencé en 1981 et qui n'est pas encore terminé. Je ne pense pas d'ailleurs que ce soit en ma qualité d'« ancien » que l'on a fait appel à moi car je suppose qu'il ne m'est pas seulement demandé une simple description des travaux de la Commission Lando, même pimentée par quelques anecdotes. Il importe surtout de tracer l'évolution du projet, de le situer par rapport à d'autres, d'en évaluer l'avenir.

Les débuts ont été modestes : une idée simple au départ, qui a provoqué la création d'un groupe de travail. Cela conduit à l'élaboration de textes selon la technique d'un « Restatement » à l'américaine, dont la première partie a été publiée, dont la deuxième est chez l'imprimeur et dont la troisième est très avancée[1]. Mais déjà d'autres perspectives s'ouvrent. D'aucuns voient dans les Principes européens de droit du contrat une première étape vers un Code civil européen. C'est cette évolution que je me propose de retracer, à partir de l'idée de départ jusqu'à la rédaction des Principes (§ 1), puis en essayant d'évaluer les possibilités de passer d'un « Restatement » à un Code civil européen (§ 2).

▶ § 1. D'une idée aux principes européens du droit du contrat

Dès 1974, Ole Lando lançait l'idée. Comme le précise l'introduction[2], il y a « *besoin d'une infrastructure communautaire au droit du contrat pour servir*

▲ 1. *Principles of European Contract Law*, Part I : « Performance, Non Performance and Remedies, prepared by the Commission on European Contract Law », edited by Ole Lando and Hugh Beale, Martinus Nijhoff Pub., 1995 ; la version française, *Les Principes du droit européen du contrat. L'exécution, l'inexécution et ses suites,* a paru fin 1997, La Documentation française. La deuxième partie « Formation, validité, interprétation » sera publiée incessamment. Cette publication comprendra les deux parties refondues, ce qui entraîne un changement de numérotation.

▲ 2. Introduction, p. 15 de l'édition française.

de fondement aux règles communautaires qui gouvernent des espèces spécifiques de contrat, en augmentation constante ». Il faut donc rédiger cette partie générale du droit du contrat, sous la forme de ce qui, faute de mieux, a été appelé des principes. « Règles » eut été plat, « Code » ambitieux et prématuré. Mais ces principes sont parfois assez détaillés. Ce ne sont pas des principes généraux. On notera que le même terme de principes a été retenu par Unidroit.

Un groupe d'experts des neuf pays (à l'époque) a été constitué et s'est réuni pour la première fois à Hambourg en 1982. Selon sa taille, chaque pays avait un ou deux experts - je ne dis pas représentants, car ils n'avaient aucune position officielle. C'étaient presque tous des universitaires bénévoles et totalement indépendants. Les premiers experts français furent Roger Houin puis moi-même. Au fur et à mesure de l'élargissement de la CEE et de l'UE, le groupe s'agrandit, sans pour autant changer de statut[1]. Ce fut donc cette Commission qui a entrepris la tâche de « mettre en musique » l'idée de base (A). Il faudra ensuite évaluer quel sera l'impact de ces règles (B).

▶ A. LE DÉVELOPPEMENT DE L'IDÉE

Une question préalable se pose aussitôt : pourquoi des principes européens alors qu'à la même époque Unidroit lançait ses « Principes relatifs aux contrats du commerce international »[2] ? N'y a-t-il pas eu une duplication d'efforts ?

Les travaux d'Unidroit commencent à peu près en même temps que ceux de la Commission Lando, en 1981. Ils ont abouti plus tôt puisque l'ensemble correspondant à peu près aux deux premières parties des PEDC - Formation, exécution, inexécution - a été terminé et publié en 1994 alors que les PEDC sont encore en cours de publication (v. *infra*). En examinant les textes, on constatera très vite les ressemblances entre les deux séries de Principes. Ils se présentent tous deux sous forme d'un « Restatement »[3] sans aucune valeur normative. Mais ils n'ont pas la même portée ni la même finalité.

Les Principes Unidroit ont une valeur universelle. L'idée sous-jacente est d'extraire de la Convention des Nations Unies sur la vente internationale de marchandises - dont on sait qu'elle a été adoptée par un grand nombre de pays - des règles valables pour toute espèce de contrats internationaux. Il fallait, comme dans la Convention de Vienne, surmonter les différences tenant à la diversité des régimes politiques (et notamment des régimes libé-

▲ 1. Pour plus de détails, v. la préface de Ole Lando, p. 5-8 de l'édition française.

▲ 2. Unidroit, *Principes relatifs aux contrats du commerce international*, Rome, 1994 ; version anglaise de la même date.

▲ 3. Les « Restatements » sont des compilations méthodiques et sous forme d'articles de la jurisprudence dans des domaines particuliers de la Common Law. Il en existe un en matière de contrat, qui en est même à sa seconde mouture : *Restatement second of the Law of Contracts*. Ces « Restatements » sont l'œuvre d'un organisme privé, l'American Law Institute, composé de praticiens et d'universitaires. Ils n'ont donc de valeur que persuasive, en fonction de la réputation de leur rapporteur principal et de leur valeur intrinsèque. Les solutions adoptées par les « Restatements » sont souvent retenues par les juges.

raux et socialistes) et du développement économique. Une préoccupation constante d'Unidroit a été de préparer des textes acceptables par les pays « capitalistes » avancés, les pays socialistes et les pays émergents - un souci qui n'existe pas pour les PEDC. Ceux-ci n'ont pas en effet de vocation universelle. Ils sont destinés aux seuls pays membres et ils ont vocation à s'insérer dans la structure juridique de l'UE. A un marché unique, à une monnaie unique, doit correspondre au moins partiellement un droit unique. Et tout d'abord, un droit unique du contrat, se superposant à la réglementation spécifique de tel ou tel contrat. Ainsi, les PEDC sont-ils adossées au droit communautaire. Ce caractère explique en partie le retard pris par le PEDC par rapport aux Principes Unidroit, car, à chaque élargissement de l'Union, il a fallu revoir ce qui avait été fait avec les juristes des nouveaux membres pour vérifier qu'il n'existait pas d'incompatibilité avec le droit de ces pays. Une autre raison du retard a été que la Commission Lando ne bénéficiait pas d'une infrastructure propre alors que l'on connaît l'efficacité du secrétariat d'Unidroit.

De fait, les deux commissions ont travaillé en parallèle. D'ailleurs cinq membres étaient communs aux deux groupes, dont les deux responsables, O. Lando et J. Bonell. Il y a eu une constante collaboration, non exempte parfois d'une certaine émulation. Il n'est donc pas étonnant que les deux séries de textes présentent de fortes ressemblances.

Outre la portée différente, on relèvera aussi que les Principes Unidroit se limitent aux « contrats du commerce international » alors que les PEDC visent tous les contrats, dans la mesure où ils ne font pas l'objet d'une réglementation impérative nationale.

Cette comparaison des deux textes marque bien les ambitions de chacun. En 1981, elles étaient nettement différenciées. Elles le sont moins aujourd'hui, avec l'effondrement des droits socialistes en Europe. La double démarche se justifie moins. Il est vrai qu'il y a encore la Chine, qui est membre d'Unidroit et qui, malgré son « économie socialiste de marché », reste un pays communiste.

Il est vraisemblable qu'aujourd'hui, on aurait procédé différemment. Mais ce qui est fait est fait, et il faut maintenant se concentrer sur les PEDC.

Où donc en sont-ils ? Il avait été décidé d'adopter au départ une approche inspirée de la Common Law (« remedies precede rights ») et de commencer par l'exécution et l'inexécution du contrat, jugées plus importantes car c'est à ce moment que les difficultés surgissent, et peut-être aussi plus faciles à rédiger. Puis viendrait l'étude de la formation, de la validité et de l'interprétation du contrat. En pointillé était envisagée une troisième partie consacrée au régime du contrat, sinon même de l'obligation.

La première partie a été publiée en 1995 en anglais et en 1997 en français. La deuxième partie est terminée et une version consolidée de la première et de la deuxième partie est en cours de réalisation, également en anglais et en français. L'ensemble comporte 159 articles, accompagnés d'un commentaire - sur le modèle des « Restatements » américains - et d'une note comparative. La troisième partie est en cours de rédaction depuis 1997 et sera vraisemblablement publiée dans le courant de l'an 2001. Il y a donc eu une accélération du rythme, car la technique de rédaction est mieux maîtrisée. L'élargissement de l'UE n'a pas trop ralenti le travail car les nouveaux membres se sont rapidement intégrés. Certes, la préparation de la troisième partie est plus ardue car son contenu est plus hétérogène. On y aborde en effet des institutions qui ne sont plus seulement contractuelles. Elles concernent d'abord les rapports contractuels mais elles peuvent s'appliquer aussi à toutes sortes d'obligations. Ainsi en va-t-il de la cession de créance, de la compensation, de la solidarité, etc.[1]

Le travail n'est donc pas terminé. Mais on peut déjà tenter de discerner quel sera l'impact des PEDC.

▸ B. QUEL IMPACT ?

Il est certes hasardeux de se livrer à des hypothèses sur l'impact d'un texte qui n'est pas encore terminé. Mais on peut s'aider en se référant à l'accueil qui a été fait aux Principes Unidroit qui ont pris, on le sait, une certaine avance, et ont donc déjà obtenu une certaine reconnaissance.

Les uns comme les autres n'ont aucune valeur normative. Ce sont des modèles privés. L'article premier des PEDC, très semblable au préambule des Principes Unidroit, mérite à ce titre d'être analysé[2]. Tout d'abord, les Principes peuvent s'appliquer par la volonté des parties, en ce sens qu'ils offrent un système quasi-complet de règles cohérentes. Il ne semble pas que les Principes Unidroit aient déjà été utilisés de la sorte, d'après les analyses faites des sentences arbitrales. Mais il est peut-être trop tôt pour en tirer des conséquences. En ce qui concerne les PEDC, on peut espérer que, une fois complets, ils seront choisis par les organes communautaires comme règles applicables aux contrats qu'ils passent. On peut aussi espérer que, comme déjà pour les Principes Unidroit, ils seront considérés comme un moyen – non nécessairement exclusif – de déterminer ce qu'est la *lex mercatoria* ou même les principes généraux du droit lorsque le contrat fait référence à ces notions élusives. Ou bien même, en l'absence de loi applicable ou en cas de lacune de la loi applicable. Les PEDC pourront servir de « bouche-trou ». Enfin, comme les Principes Unidroit, ils pourront être (et ont déjà été) utilisés pour la préparation des réformes législatives, notamment dans les pays ex-socialistes. Et puis il y a aussi un effet dérivé. C'est le rôle doctrinal. Déjà, les notes comparatives placées sous chaque article, après le commentaire (qui joue le rôle d'exposé des motifs), fournissent un matériau précieux pour le chercheur. Et tout comme les « Restatements » aux États-Unis, ils déclenchent des controverses doctrinales stimulantes sur l'utilité de l'unification européenne du droit. Des cours, des stages de formation sont organisés dans diverses universités européennes, où ils peuvent servir de matériel pédago-

▲ 1. La troisième partie comprendra les matières suivantes : intérêts composés, pluralité de parties, cession de créance, reprise de dette, condition, compensation, illégalité, immoralité, prescription extinctive, revocation, estoppel. Unidroit a aussi entrepris un semblable travail.

▲ 2. V. le texte en annexe.

gique. Des ouvrages paraissent, tel le livre de H. Kötz et A. Flessner[1], ou sont en préparation, tel le *Case-book on Contract*[2] sous la direction de W. van Gerven. Ce mouvement attire l'attention sur le rôle du droit du contrat en Europe. Et il conduit à se demander qu'il ne conviendrait pas d'aller plus loin. Les PEDC sont actuellement sans valeur directe en dehors de la volonté des parties, des juges ou des arbitres. Le moment est-il venu d'envisager de leur attribuer une valeur normative directe ? Faut-il y voir l'amorce d'une véritable codification ?

▶ § 2. D'un « Restatement » à un code ?

Avec le passage du persuasif au normatif, on change de registre. Il y a d'abord la question politique : qui sera le législateur ? Et puis il y a le débat de politique législative : faut-il donner aux PEDC cette valeur normative (A), un débat qui suscite de nombreux projets (B).

A. LE DÉBAT

Il se situe au cœur même du débat sur l'Europe. La solution préférée dépend de la conception que l'on a de l'Europe, simple zone de libre échange ou véritable fédération, avec toutes les positions intermédiaires. Aux deux bouts se trouvent les fanatiques, avec qui il est inutile d'entamer la discussion. Et puis il y a les « plutôt pour » et les « plutôt contre ». Il faut aussi tenir compte du principe de subsidiarité, qui impressionne certains - notamment dans l'administration européenne. La subsidiarité ne devrait-elle pas conduire à freiner l'action d'harmonisation, qui pourrait être mieux réalisée au plan national ? D'où une interprétation restrictive des articles 94 et 95 nouveaux du traité (art. 100 et 100 A anciens). Pour d'autres au contraire, c'est une « action opérationnelle » qui ne peut être efficacement entreprise que par une action communautaire. C'est d'ailleurs la position du Parlement européen, qui a pris à l'unanimité trois résolutions en faveur d'un code civil européen depuis 1989. Et l'on peut invoquer le modèle américain, où la technique des lois uniformes a donné en général de bons résultats, par exemple le Uniform Commercial Code - bien qu'on puisse lui dénier la qualité d'un véritable code, à l'européenne. Pour la réalisation d'un code européen du contrat, voire d'un code civil, on peut hésiter sur la technique : soit un règlement soit une convention portant loi uniforme. On est loin de l'article 1.101 PEDC. Il semble bien que le principe de subsidiarité soit suffisamment souple pour ne pas faire obstacle aux propositions les plus hardies.

▲ 1. H. Kötz et A. Flessner, *European Contract Law*, vol. I : « Formation, Validity and Content of Contracts ; Contract and Third Parties », by H.Kötz, trad. Tony Weir, Clarendon Press, 1997.

▲ 2. Dans la collection « Ius Commune Casebooks for the Common Law of Europe » dirigée par le professeur W. van Gerven et dont un premier volume a déjà été publié sur la responsabilité délictuelle. Deux des quatre auteurs du *Casebook* sur le contrat sont des membres de la Commission Lando.

De toute façon, il sera facile d'adapter les Principes à cette transformation. On sait d'ailleurs que la plupart de ses dispositions n'ont qu'une valeur supplétive et que donc elles ne heurtent pas trop fort les ordres juridiques nationaux. Le débat n'est donc pas clos et il ne pourra être tranché que par les politiques. Et pourtant les juristes s'affairent déjà.

B. LES PROJETS

A la suite du Parlement européen, on parle beaucoup, et parfois avec passion, d'un code européen de droit privé. Conviendrait-il de dépasser les PEDC ? Ceux-ci ne constitueraient que le socle d'une entreprise plus ambitieuse, une première étape qui a été facilitée par une assez grande similitude des droits nationaux en la matière, qui repose sur le principe commun d'autonomie de la volonté. Il s'agirait alors de s'attaquer à l'ensemble du droit civil, ou plus précisément du droit civil patrimonial, le droit de la famille ne devant pas y figurer (comme c'était le cas en URSS et dans les ex-pays socialistes d'Europe). Il faut noter que la troisième partie des PEDC amorce déjà le mouvement en ce qu'il passe insensiblement du contrat aux obligations et qu'il contient bon nombre de règles dispositives et non principalement supplétives. Ce saut dans l'inconnu ne fait pas peur à certains, qui envisagent non seulement de donner une force contraignante aux PEDC mais aussi de les dépasser en traitant de tout le droit civil, au sens indiqué plus haut. C'est ce que propose d'entreprendre un membre de la Commission Lando, le professeur Christian Von Bar, de l'Université d'Osnabrück, qui prévoit, en six ans, de couvrir les biens, les sûretés, la responsabilité délictuelle et les contrats spéciaux. Et il a reçu déjà des appuis, notamment financiers[1].

Par rapport aux PEDC, ce projet - qui les englobe - constitue non seulement un élargissement important, mais aussi un changement de nature. Et dès lors de multiples questions se posent. Ce mode sera-t-il limité aux rapports intra-communautaires, laissant en dehors les rapports internes et les rapports internationaux non-communautaires ? Mais alors, comment sera vécue la cohabitation en ce qui restera des droits nationaux, et plus particulièrement du droit impératif de protection des consommateurs ? Le projet est certes grandiose. Il devra surmonter de sérieux obstacles.

Conclusion

L'élaboration d'un droit commun du contrat, encore non normatif, engendre une certaine dynamique. La Commission Lando a commencé timidement par l'exécution et l'inexécution du contrat. Puis, l'appétit venant en mangeant, elle est passée à la formation et à la validité du contrat. Avec la troisième partie, comme nous l'avons vu, on déborde déjà sur le droit des

▲ 1. Dont notamment la Fondation allemande pour la recherche (Deutsche Forschunggemeinschaft).

obligations. Et l'on prépare déjà l'étape suivante : un code civil européen. La dynamique ne risque-t-elle pas de s'essouffler en cours de route ? Il faut se rappeler que toute œuvre d'unification prend du temps et rencontre des résistances. Regardons ce qui s'est passé en France – et l'on pourrait aussi parler des États-Unis, de l'Allemagne et de la Suisse. Rappelons nous « l'impossible Code civil » si bien évoqué par J.L. Halpérin[1]. L'idée de départ se trouve déjà dans Dumoulin. Et il a fallu Domat et Pothier[2] pour la faire avancer : toujours le rôle de la doctrine. Et on se trouvait en présence de 65 coutumes générales et de 300 coutumes locales, lorsque la loi des 16/24 août 1790 a décidé qu'il serait établi un corps unique de lois « simples, claires et appropriées à la Constitution ». Portalis lui-même n'écrivait-il pas que les codes se font avec le temps ? L'unification du droit suppose une longue patience. Elle nécessite le concours de la doctrine, l'appui de l'enseignement, le recours à la méthode comparative. Et il faut prendre en compte la résistance quasi-viscérale de ceux qui ne veulent pas entendre parler de l'abandon du droit national, qui ne veulent pas dire adieu à Portalis (ou à Blackstone). Sans doute y a-t-il eu à la fin du XVIIIe siècle des juristes pour regretter la fusion annoncée de la coutume du Beauvaisis ou du Vermandois dans un ensemble unique...

Nous voilà bien loin des travaux de la Commission Lando. Ceux-ci sont neutres par rapport à ces perspectives. On peut s'arrêter là. Ils peuvent aussi constituer un point de départ. De toute façon, ils doivent servir à construire une culture juridique commune, qui seule peut justifier un code européen de droit privé. Ce n'est sans doute pas « demain la veille ».

▲ 1. Jean-Louis Halpérin, *L'impossible Code civil*, PUF, 1992.

▲ 2. Dont on rappellera qu'ils ne se sont pas contentés de commenter des coutumes mais de construire un *jus commune*.

Annexe

Article 1.101 – Application des Principes

1) Les présents Principes sont destinés à s'appliquer en tant que règles générales du droit des contrats dans l'Union européenne.
2) Ils s'appliquent lorsque les parties sont convenues que leur contrat serait régi par eux.
3) Ils peuvent recevoir application :
   a) lorsque les parties sont convenues que leur contrat serait régi par « les principes généraux du droit », la *lex mercatoria,* ou une expression similaire ;
   b) lorsque les parties n'ont pas choisi de système ou de règles de droit devant régir leur contrat.
4) Ils peuvent, en cas d'insuffisance du système ou des règles de droit applicables, procurer la solution de la question posée.

Article 1.101 – Application of the Principles

1) These Principles are intented to be applied as general rules of contract law in the European Union.
2) These Principles will apply when the parties have agreed that their contract is to be governed by them.
3) These Principles may be applied :
   a) when the parties have agreed that their contract is to be governed by « general principles of law », the *lex mercatoria or* the like ; or
   b) when the parties have note chosen any system or rules od law to govern their contract.
4) These Principles may provide a solution to the issue raised where the sytem or rules of law applicable do not do so.

Bibliographie récente

J. Basedow, « Un droit commun des contrats pour le marché commun », *RIDC,* 1998, 7.

B. Markesinis (ed.), *The Gradual Convergence, Foreign Ideas, Foreign Influences and English Law on the Eve of the XXIst Century,* Clarendon Press, 1997.

C. Müller-Graff, « Les perspectives d'un droit privé européen », *Rev. europ.,* 1998, 242.

F. Osman (sous la dir.), *Vers un code européen de la consommation, Codification, unification et harmonisation du droit des États membres de l'Union europénne,* Bruylant, 1998 (Colloque de l'Université Lyon 2).

P. de Vareilles-Sommières (sous la dir.), *Le droit privé européen,* Economica, 1998 (Colloque Université de Reims).

F. Werro (ed.), *New Perspectives on European Private Law,* Ed. Universitaires Fribourg, Suisse, 1998, avec une imposante bibliographie.

La Commission Lando : le point de vue d'un « common-law lawyer »

Hugh BEALE

Université de Warwick

Commenter le travail de la Commission Lando et les Principes du droit européen du contrat[1] que la commission a publiés, du point de vue d'un *common lawyer*, est pour moi une tâche un peu difficile. En premier lieu, je suis membre du groupe. Deuxièmement, après beaucoup de temps passé à discuter avec des collègues français, allemands et d'autres pays de la Communauté, je regrette, ou plutôt je suis fier d'être un peu contaminé par les notions du droit civil. Il est difficile de prendre suffisamment de recul pour réfléchir. Mais je m'efforce de le faire.

Je voudrais faire part de mes réactions à quatre niveaux : la substance des règles, la méthodologie, la question, déjà bien discutée, des « pour » et des « contre » de la codification, ainsi que les buts du projet Lando.

▸ § 1. La substance des Principes du droit européen du contrat

Les comparatistes font très souvent l'expérience que les droits, en dépit des vocabulaires et des concepts assez différents, donnent des résultats très proches dans leur application. C'est le cas avec les droits du contrat en Europe : on utilise des moyens différents, mais on arrive à des résultats

▲ 1. Je me réfère à la seconde version, *Commission on European Contract Law, Principles of European Contract Law Parts I and IIb* sous la direction de O. Lando and H. Beale, 1999. Les numéros 0.000 se réfèrent à la deuxième version ; ceux 0.000 à la première (version française), Commission pour le droit européen de droit, *Les principes du droit européen du contrat : l'exécution, l'inexécution et ses suites,* I. de Lamberterie, G. Rouhette et D. Tallon, 1997.

comparables. Donc, je crois que le *common lawyer*, même le *common lawyer* pur, peut accepter sans difficulté - sans hésitation même - la plupart des solutions offertes par les Principes. Bien sûr, il existe des différences quant aux résultats. Par exemple, la règle célèbre du *mail box* est modifiée : comme dans le *common law*, une fois la lettre d'acceptation envoyée, l'offrant ne peut plus révoquer l'offre[1] ; mais, à la différence du *common law*, les Principes prévoient que si la lettre d'acceptation est perdue et n'arrive jamais, il n'y a pas d'acceptation valable[2]. Mais ces différences sont très mineures et, ce qui a une plus grande importance, elles sont bien évidentes.

Il est intéressant de faire une comparaison entre les Principes et le *Contract Code* fait par Dr. H. McGregor pour la *Law Commission anglaise*[3]. Le code McGregor représente une version moderne du *common law*, avec quelques réformes qui sont désirées par de nombreux juristes anglais[4]. Bien sûr, il y a des différences entre ce Code et les Principes. Pour la plus grande part cependant, ces différences résultent soit de différences de structure, les Principes ayant plus souvent adopté une structure civiliste pour expliquer les règles[5], soit du simple fait que le Code du Dr. McGregor a été rédigé en 1966. Donc, quelques doctrines plus récentes - la protection contre les clauses abusives en général, l'évaluation des dommages-intérêts dans la monnaie étrangère - n'y figurent pas. Par comparaison, les différences sur les questions plus classiques, entre les résultats découlant du Code McGregor et des Principes, me paraissent être presque insignifiantes[6].

Il y a un certain nombre de différences plus importantes entre les droits. Dans ces cas, peut-être le *common lawyer* sera, à première vue, un peu choqué par le règlement des différences adopté par les Principes. Dans la partie des Principes déjà publiée, sur *L'exécution, l'inexécution et ses suites*[7], il y a, à mon avis, trois différences importantes : le changement de circonstances (imprévision), la question de l'exécution en nature et le principe de la bonne foi. Je parlerai de ce dernier point de manière plus détaillée plus tard.

Quant à l'imprévision[8], je crois qu'elle est un très bon exemple de *functional approach,* aujourd'hui traditionnel pour les comparatistes[9]. La règle prévoyant que si, après la conclusion du contrat, l'économie de ce dernier est bouleversée par des événements extérieurs, le contrat doit être renégocié, est bien connue en droit allemand, mais inconnue en principe dans le *common law*. Dans le *common law*, la partie affectée par le changement doit exécuter

▲ 1. Art. 2:202 (1), *Henthorn v Fraser* [1892] 2 ch. 27.

▲ 2. Art. 2:205 (1), cp. *Household Fire Insurance Co. Ltd. v Grant* (1894), 4, Ex. D.216.

▲ 3. H. McGregor, *Contract Code drawn up on behalf of the English Law Commission,* Giuffrè, Milano, 1993.

▲ 4. Par exemple le Code de la stipulation pour autrui et l'*assurance of performance*, cf. art. 8:105 des *Principes.*

▲ 5. V. ci-dessus, avant n. 19.

▲ 6. Il y a une différence qu'il faut mentionner : l'absence dans le Code McGregor, comme dans le *common law,* du dol par réticence. V. Beale *in Exploring the Boundaries of Contract,* sous la direction de R. Halson, 1996, p. 23. Une autre différence - l'imprévision - sera présentée ultérieurement.

▲ 7. V. note 1.

▲ 8. Dans la nouvelle version, art. 6:111.

▲ 9. V. K. Zweigert & H. Kötz, *Introduction to Comparative Law,* 3e éd., 1998, p. 34-35.

néanmoins ses obligations sans aucun soulagement, sauf s'il existe dans le contrat une clause qui aide en ce sens (clause d'indexation, *Hardship clause*, par exemple), ou si le contrat est tout à fait déchargé par « frustration ». Le principe de frustration s'applique si l'exécution du contrat est devenue impossible pour une cause étrangère et irrésistible[1]. Il ne s'applique pas quand l'événement a seulement comme résultat que l'exécution du contrat est devenue très onéreuse[2]. Mais, si on examine soigneusement les décisions anglaises, on voit qu'en effet le droit anglais, sous certaines conditions, donne assistance à la partie qui souffrira si elle doit exécuter son obligation originelle dans des circonstances très différentes. Je pense à l'affaire bien connue de *Krell v Henry*[3], où la Cour a décidé qu'un contrat de location d'une chambre avec une vue sur *Pall Mall* pour regarder la procession du couronnement du Roi Edouard VII (but non mentionné dans le contrat) a été *frustrated* par l'annulation de la procession. On n'est pas très loin, à mon avis, de la doctrine allemande du *Wegfall der Geschäftsgrundlage*, même si la solution (disparition du contrat) est différente. Plutôt, dans un cas[4] très similaire à l'arrêt Canal de Craponne[5], la Cour d'appel anglaise est arrivée à une solution contraire à celle de la Cour de cassation et assez proche de la doctrine allemande. Lord Denning M. R. a opéré une application hérétique de la frustration (il a énoncé que l'inflation monétaire peut, dans des circonstances extrêmes, conduire à la frustration) ; les autres (la majorité) ont jugé que le contrat n'était que pour une durée indéterminée et donc qu'il peut être résilié avec un délai raisonnable, interprétation incroyable quand le contrat stipule qu'une partie doit fournir l'eau à l'autre à un taux fixé *at all times hereafter*. De plus, en droit anglais, les contrats à long terme contiennent très souvent des clauses de renégociation, les *hardship clauses*, qui sont tout à fait valables en droit anglais[6]. Donc, la pratique en Angleterre est, je crois, plus proche de la position allemande qu'elle ne l'est du droit civil français ; et l'article 6:111 n'est pas tellement différent.

L'exécution en nature présente aussi une différence entre les systèmes. En France et en Allemagne, c'est le remède principal ; en *common law*, en dépit de quelques affirmations selon lesquelles on peut l'obtenir plus souvent[7] aujourd'hui, elle reste exceptionnelle. Ici, la différence est plus apparente que réelle. L'exécution par un tiers est très bien connue en droit anglais, mais sous un autre nom : la victime n'obtient pas l'exécution par un tiers, mais la résolution du contrat et les dommages-intérêts pour les coûts causés par un tiers. L'effet reste exactement le même. Ce qui n'existe pas en droit anglais,

▲ 1. Par exemple, le bâtiment loué est détruit par un incendie fortuit : *Taylor v Caldwell* (1863), 3 B & S 826.

▲ 2. *Davis Contractors Ltd. v Fareham UDC* [1956] A.C. 696.

▲ 3. [1903] 2 K.B. 740.

▲ 4. *Staffordshire Area Health Authority v South Staffordshire Waterworks Co.* [1978] 1 W.L.R. 1387.

▲ 5. Cass. civ., 6 mars 1876.

▲ 6. *Superior Overseas Development Corporation Corp. v British Gas Corporation* [1982] 1 Lloyd's Rep. 262. V. J. Bell, « Incidents de changements de circonstances », *in Le contrat aujourd'hui*, sous la direction de D. Tallon & D. Harris, 1987, 241.

▲ 7. Par exemple Ogus, « Les remèdes », in *ibid.*, 307-308.

uniquement dans les situations exceptionnelles, c'est l'équivalent de l'exécution forcée par l'astreinte. Dans ce cas, la Commission a fait un compromis : « *Le créancier d'une obligation (autre que de payer une somme d'argent) a le droit d'exiger l'exécution en nature, sauf* ... [si] *le créancier peut raisonnablement obtenir l'exécution par un autre moyen*[1]. »

C'est un compromis qui, pour le droit anglais, n'est pas très loin du droit national ; et pour les autres systèmes, nous croyons qu'il reflète la pratique.

Le plus surprenant peut-être pour les juristes de n'importe quel pays, ce ne sont pas les résultats, mais ce sont les structures, les concepts adoptés par les Principes. Un des problèmes, lorsqu'il s'agit de rédiger ces Principes, est qu'on doit exprimer les résultats dans un système, un schéma, pour les expliquer. Souvent, il faut adopter le schéma de l'un ou de l'autre droit. Donc, pour les remèdes, le schéma, comme celui de la Convention de Vienne sur la vente internationale de marchandises, est très proche de celui du *common law*. Donc, par contraste avec le droit allemand, on ne trouve pas, dans les Principes, de division entre les types d'inexécution - le délai, l'impossibilité, l'exécution défectueuse ; par comparaison avec le droit français, on n'a pas besoin de la résolution judiciaire[2] et on trouve des règles assez détaillées sur les dommages-intérêts[3]. Cependant, pour le cas de la force majeure, on a adopté un schéma assez proche du droit français, et donc on évite toutes les difficultés du *common law* sur les questions de l'impossibilité partielle ou temporaire[4]. Dans la nouvelle partie, le chapitre 4 sur l'erreur adopte aussi un plan civiliste : quand une partie veut annuler le contrat parce qu'elle l'a conclu en commettant une erreur fondamentale, par exemple parce que l'autre partie lui a, sans dol, donné des informations fausses, il peut agir sur le terrain de l'erreur[5] et non pas, comme dans le *common law*, sur le plan de la *misrepresentation*[6]. Donc, il faut que tout le monde s'acclimate un peu aux nouvelles structures, même si dans les affaires concrètes les solutions sont très proches. Mais je ne crois pas que ceci amènera de grandes difficultés.

▶ § 2. La méthodologie des Principes du droit européen du contrat

Ce qui rend les juristes anglais plus inquiets, c'est à la fois une question de substance et de méthode : c'est le principe de bonne foi. Il est bien connu que le droit anglais n'a jamais adopté un tel principe ; à sa place, il a une

▲ 1. Art. 9:102 (2).

▲ 2. Art. 9:303.

▲ 3. Chapitre 9, section 5.

▲ 4. V. Beale *in National and European Law on the Threshold to the Single Market,* sous la direction de G. Weick, 1993, p. 177.

▲ 5. Art. 4:103. Erreur fondamentale de fait ou de droit.

▲ 6. Par exemple *Redgrave v Hurd* (1881) 20 Ch. D. 1. En droit anglais, l'erreur sur la substance n'affecte pas la validité du contrat sauf si les deux parties sont victimes de la même erreur, v. *Bell v Lever Bros* [1932] A.C. 161.

plénitude de règles particulières[1]. Très souvent, les résultats sont exactement les mêmes ou assez proches de ceux des droits continentaux. Mais ce qui est un peu surprenant, c'est de trouver dans les Principes des règles détaillées (souvent, selon le commentaire, elles sont fondées sur le principe général), et le principe lui-même dans l'article 11:201(1) : « *Chaque partie est tenue d'agir conformément aux exigences de la bonne foi.* »

Nous ne sommes pas habitués dans le *common law* aux clauses générales de ce type. Bien sûr, ce principe de bonne foi n'est pas très loin du rôle historique de l'équité, mais il faut se souvenir qu'aujourd'hui, l'équité est elle-même limitée par des règles nettes et a perdu de sa flexibilité. Il est vrai que, de temps en temps, de nouvelles règles de l'équité se sont développées[2] ; mais leur origine en équité est un hasard ; le *common law* a aujourd'hui presque la même flexibilité et souvent on ne connaît pas exactement l'origine du développement[3].

On se demande comment cet article 1:201 sur la bonne foi sera appliqué par les juges ou les arbitres. S'ils l'utilisent pour affiner, préciser les Principes, ou pour développer des règles nouvelles assez précises, voilà une application acceptable. Le *common lawyer* peut admettre aussi l'emploi de cet article comme principe de conduite, pour éviter l'abus de droit. Beaucoup de règles particulières du droit anglais sont destinées à ce but, par exemple l'arrêt bien connu de *Hong Kong Fir Shipping*[4], qui essaie d'exclure que la victime d'une inexécution mineure puisse, sur cette base, résilier le contrat pour des raisons non liées à l'inexécution, mais parce que le marché est devenu défavorable pour lui. Assez souvent, la Cour anglaise se trouve frustrée, non pas parce que la conduite d'une partie est déraisonnable mais, parce qu'elle tombe en dehors des règles particulières et qu'elle ne peut rien faire[5]. Pour ces cas, un principe de bonne foi sera utile, et le Code McGregor inclut un article sur la bonne foi dans l'exécution du contrat[6]. Mais on s'inquiète de ce que le juge puisse utiliser le principe de la bonne foi comme pouvoir souverain, pour sanctionner n'importe quelle conduite qu'il n'aime pas et pour imposer n'importe quelle obligation qu'il pense raisonnable. En Angleterre, nous estimons que la certitude que les résultats des affaires judiciaires seront prévisibles est très importante, peut être plus importante que la justice nuancée sur les faits de l'affaire[7]. Bien sûr, le droit anglais laisse assez souvent au juge un pouvoir souverain[8], mais c'est dans des circonstances limitées, très étroites par comparaison avec l'article 1:201.

▲ 1. V. le jugement de Bingham L.J., *in Interfoto Picture Library Ltd. v Stiletto Visual Programmes Ltd.* (1989) Q.B. 433, 439.

▲ 2. Par exemple *Barclays Bank plc v O'Brien* [1994] 1 A.C. 140.

▲ 3. Par exemple le développement du *economic duress* ; v. par exemple, *Chitty on Contracts,* 28e éd., 1999, §§ 7-010 et s.

▲ 4. *Hong Kong Fir Shipping Co. Ltd. v/ Kawasaki Kisen Kaisha Ltd,* 1962, 2 Q.B. 26.

▲ 5. Par exemple, *Lombard North Central plc v Butterworth* [1987] Q.B. 527 (exercice déraisonnable de clause de résiliation de plein droit ; non limitée par les règles sur les clauses pénales).

▲ 6. Art. 201.

▲ 7. Par exemple, l'arrêt *Bunge Corp. v Tradax SA* [1981] 2 All ER 513, ou le H.L. a limité l'application du principe du Hong Kong Fir, *supra,* n° 27.

▲ 8. Par exemple Law Reform (Frustrated Contracts) Act 1943, ss. 1 (2) and (3).

Mais, il y a une autre disposition des Principes qui est beaucoup plus surprenante pour le juriste anglais qui compare les Principes à la législation sur le droit des contrats dans son pays. C'est l'article 1:106 (2) : « *Les questions qui entrent dans le champ d'application des présents Principes mais que ceux-ci ne tranchent pas expressément seront, dans la mesure du possible, réglées conformément aux idées dont ils s'inspirent ...* »

Il est vrai que la technique d'interprétation des statuts anglais, qui se fait traditionnellement à la lettre du texte, est récemment devenue plus large, utilisant une méthode téléologique et se référant, en cas de doute, à l'histoire législative[1] ; mais c'est tout à fait différent du développement par analogie qui est demandé par cet article des Principes européens.

Ce point conduit à une observation : dans les débats, assez fréquents en Angleterre, sur les pour et les contre de la codification, il est souvent remarqué que la codification entraîne une perte de flexibilité, et limite la possibilité de développer le droit. Je crois que quelques critiques n'ont pas perçu la différence entre un code et un statut. Dans les années soixante, il y avait un grand projet entre les *Law Commissions* anglaises et écossaises, pour la codification du droit des contrats. Après beaucoup de travail, y compris la préparation d'un code complet par le Dr. Harvey McGregor[2], le projet a été abandonné. Les raisons annoncées officiellement pour cette décision étaient assez vagues[3], mais un des commissionnaires écossais m'a dit qu'un problème très grave était que les Écossais voulaient un code alors que les Anglais pensaient à un statut, législation détaillée qui s'appliquerait de manière stricte selon la coutume anglaise. Il est bien évident qu'un statut qui doit être interprété d'une telle façon peut empêcher le développement du droit du contrat. Il est essentiel que les Anglais se détachent de cette technique stricte. Une brève réflexion révèlera que des clauses générales et l'interprétation supplétive sont, pour un vrai code, indispensables. Pour les Anglais, c'est une nouveauté, mais une nouveauté essentielle.

▶ § 3. La codification *versus common law*

Le « pour » et le « contre » de la codification du droit ont été beaucoup discutés dans les pays de *common law*, non seulement au XXe siècle quand on pense aux États-Unis, aux *model laws*[4], et, en Angleterre, à la codification du

▲ 1. *Pepper v Hart* [1993] 593, H.L. Cela va changer encore une fois quand le Human Rights Act 1998 entrera en vigueur en 2000 : la Cour sera obligée, en tous cas, d'interpréter la législation anglaise en conformité avec la Convention : s. 3 (1).

▲ 2. V. note 4.

▲ 3. V. Scottish Law Commission, 7th Annual Report, 1971-1972 (n° 28), § 16 ; English Law Commission, 8th Annual Report, 1972-73 (n° 58), § 3-5.

▲ 4. Rosen, *What has happened to the Common Law ? - Recent American codifications and their impact on judidicial practice and the law's subsequent development* [1994] Wisconsin L.R. 1119.

droit des contrats[1], mais aussi dans les deux pays au XIXe siècle[2]. Considérons quelques uns des « pour » et « contre ».

Dans les années soixante, parmi les avantages allégués d'un code, il y a celui qu'un code peut rendre le droit accessible aux citoyens, plus facile pour le juriste de le trouver et de l'expliquer. Quant au premier avantage, j'ai de grands doutes. Il est vrai qu'en Angleterre nous avons adopté le *Supply of goods and Services Act 1982*, en partie, pour rendre plus accessibles les droits aux consommateurs[3]. Mais même un statut avec une application étroite est trop compliqué pour une personne qui n'a aucune expérience du droit, je crois qu'un code ne peut pas être suffisamment simple pour expliquer ses droits aux citoyens en général. Mais pour le spécialiste - homme ou femme d'affaires, par exemple - c'est tout à fait différent. Je crois qu'un code de contrats peut être utile pour ceux qui sont chargés de conclure ou d'administrer les contrats. Mais même ici, on ne doit pas exagérer. On peut trouver les règles régissant les contrats dans des manuels qui sont, pour une grande part, clairs et exacts. Il est vrai qu'en droit anglais, les textes n'ont pas la même autorité qu'un code civil en France ; mais je me demande si cette distinction est très importante pour l'homme d'affaires. Je crois qu'il est également plus facile pour le profane de comprendre le droit quand il est expliqué dans un manuel, qu'en lisant le Code civil avec toutes les explications qui sont nécessaires. Cependant, les Principes - avec leurs commentaires et leurs illustrations - sont, je crois, un bon compromis qui sera utile aux profanes.

Est-ce que le droit codifié est plus facile pour l'avocat ou le juriste-consulte ? Dans les affaires difficiles où le droit est vraiment douteux, je ne le crois pas. Dans les deux systèmes, il faut considérer la jurisprudence et la doctrine, et le code n'est plus un point de départ, comme le sont les arrêts classiques du *common law*. Il faut se souvenir, cependant, que la plus grande partie des affaires ne présentent pas de telles difficultés : pour la majorité des cas, le droit est assez clair, ce sont les faits qui sont douteux. Dans ces cas plus faciles - on l'a dit pour les États-Unis -, les juristes-consultes trouvent qu'il est plus aisé de consulter le droit codifié que le *common law*[4].

On peut également lire un ouvrage, par exemple *Chitty on Contracts*. Mais cela suppose qu'un tel ouvrage existe. Pour le projet des principes communs du droit européen du contrat, il n'existe pas encore[5]. Donc, si on veut établir des règles communes, un code est inévitable.

La codification entraîne aussi des difficultés et des inconvénients. Un danger est que le droit perdra sa flexibilité, la possibilité de s'adapter aux

▲ 1. Hahlo, *Here lies the Common Law : Rest in Peace* (1967) 30 Modern L.R. 24 ; Gower, *A Comment, ibid.*, 259 ; Diamond, *Codification of the Law of Contract* (1968) 31 Modern L.R. 13.

▲ 2. V. Herman, « The fate and future of codification in America » (1996) 40 *Am. J. Legal History*, 407 et références dans *Hablo, supra*.

▲ 3. « Law Commission, Law of Contract : Report on Implied Terms in Contracts for the Supply of Goods », *Law Com.*, n° 95, 1979.

▲ 4. Rosen, *supra*, n° 35, p. 1140.

▲ 5. Une exception, H. Kötz, *European Contract Law* (1998), une œuvre très utile. Mais jusqu'à présent, il ne couvre qu'une partie du champ contractuel et n'a pas beaucoup de détails.

circonstances nouvelles dans la vie sociale ou économique. On peut réduire cette difficulté en suivant la méthode du Code civil français, en utilisant des principes très généraux. Mais dans ce cas, l'incertitude augmentera et il sera nécessaire de consulter une masse de jurisprudence ou de doctrine pour découvrir l'application actuelle des Principes. De l'autre côté, si on accepte des principes détaillés, il sera plus difficile d'adapter les Principes aux circonstances non prévues. Ici il paraît, à première vue, que le *common law* a un grand avantage. Mais, là encore, je crois que les différences sont à nouveau exagérées. Il est vrai qu'un juge anglais a le pouvoir de « distinguer » les arrêts précédents, de dire que la règle énoncée dans ces arrêts ne s'applique pas aux circonstances de l'affaire présente. Les Cours supérieures peuvent renverser la jurisprudence, *overrule* les arrêts précédents. Mais il faut accepter que, pour la plus grande partie, le droit anglais des contrats a une stabilité remarquable et que, plus souvent que de changer eux-mêmes les principes du droit anglais, les juges ont préconisé une solution législative pour résoudre, par exemple, les problèmes des clauses abusives[1] ou pour créer la stipulation pour autrui[2].

Il est possible que la codification entraîne un danger plus fondamental, celui que le droit des contrats deviendra fixé dans un certain modèle ou philosophie qui ne peut guère être changé même si ses idées fondamentales ne sont plus acceptées. Par exemple, Rosen[3] se demande si le *Code Commercial Uniform*, en acceptant un modèle de contrat fondé sur l'accord des parties, a empêché les cours américaines d'adopter de nouvelles conceptions de contrat fondées sur une *reliance* ou sur une *substantive fairness.* Je suis d'accord qu'en théorie la codification peut mettre dans le béton les principes du jour. Mais en pratique, je ne le crois pas. Il est vrai que, au cours des années, le droit anglais du contrat a beaucoup changé, d'un système assez protecteur depuis le XVIIIe siècle à un principe de laissez-faire au XIXe, suivi par un renversement au XXe siècle[4] (et, on peut dire, encore un retour aux philosophies victoriennes dans les années Thatcher[5]). Mais, d'un autre côté, la plupart de ces changements sont faits par voie législative[6]. Je ne trouve pas à cet égard une grande différence entre la philosophie du *common law* et celle du droit allemand, lequel est fondé sur un Code du XIXe siècle. De l'autre côté, la jurisprudence en France et en Allemagne a fait de grands progrès en adaptant leurs codes respectifs aux circonstances nouvelles.

▲ 1. V. les mots de Lord Reid, *Suisse Atlantique Société d'Armement Maritime SA v/ Rotterdamsche Kolen Centrale NV* [1967] 1 A.C. 361 ; Unfair Contract Terms Act, 1977.

▲ 2. V. Lord Reid *in Beswick v Beswick* [1968] A.C. 58, 72 et Lord Scarman *in Woodar Investment Development Ltd v/ Wimpey Construction U.K. Ltd.* [1980] 1 W.L.R. 277, 300 ; cp. Steyn LJ *in Darlington BC v Wiltshier Northern Ltd,* [1995] 1 W.L.R. 68, 76 ; *Law Commission Report,* n° 242, « Privity of Contract : Contracts for the Benefit of Third Parties », 1996 ; Contracts (Rights of Third Parties) Act, 1999.

▲ 3. *Supra,* n° 35, p. 1217 ff.

▲ 4. P. Atiyah, *Rise and Fall of Freedom of Contract,* 1979.

▲ 5. P. Atiyah, *Introduction to the Law of Contract,* 5th ed., 1995, p. 27-34.

▲ 6. *Mais v/ H. Collins,* Law of Contract (3e éd., 1997).

Mais dans le contexte d'un Code européen de droit privé, le Professeur Legrand a posé des questions très importantes[1]. Il prétend qu'entre le *common law* et le droit civil, il existe des différences profondes, non seulement dans les règles et concepts, qui sont superficielles, mais entre les mentalités des juristes, et que ces différences sont tellement profondes qu'un Code européen est un projet perdu d'avance. On peut s'entendre sur les mots, mais les juristes de chaque côté de la Manche l'entendraient dans un sens tout à fait différent.

Il est difficile dans une brève présentation de faire justice aux subtilités des arguments de M. Legrand. Mais, si j'ai bien compris, les points essentiels incluent les suivants[2] :

- le processus de raisonnement du *common law* - qui est pragmatique, fondé sur les faits individuels de chaque cas, et qui ne développe le droit que par analogie - est loin du raisonnement par principe du droit civil ;
- le *common law* rejette la systématisation sur laquelle sont fondés les codes civils ;
- le *common law* n'utilise pas de vraies « règles » de droit, parce que les juges ne sont pas tenus d'appliquer une règle stricte : ce que le juriste anglais appelle une règle n'est qu'une prédiction, une question de probabilité de ce que les juges décideront ;
- les faits du cas étant, pour le juriste anglais, essentiels ; pour le juriste français, c'est le principe ;
- le Droit anglais reste lié, encore, au système des remèdes et nie qu'on peut avoir un droit sans qu'il existe un remède.

Il est certain qu'il existe de grandes différences entre les méthodologies du droit civil - le droit français surtout - et celles du *common law*. Sur chacun des points dans cette liste, je ne peux que dire que M. Legrand a raison. Mais je voudrais suggérer que ces différences sont quelquefois exagérées, quelquefois plus théoriques que pratiques, et qu'elles représentent parfois un tableau un peu dépassé.

Par exemple, il est vrai que le *common law* évite les principes généraux en faveur des instances particulières. Par exemple, le droit du contrat anglais a un grand nombre de règles particulières pour gouverner la conduite des parties à propos de laquelle on dirait, en France, qu'elle n'est pas de bonne foi ; mais en Angleterre, le principe de bonne foi lui-même est inconnu. Cependant, le droit anglais des contrats se compose de principes assez généraux. Un des développements importants du dernier siècle était la formulation par les académiciens des principes du droit du contrat, même si on a beaucoup emprunté aux auteurs civilistes[3]. Dans les dernières années, on a fait de

▲ 1. P. Legrand, *European Legal Systems are not Converging* [1996] International & Comp. L.Q. 52 ; Legrand, *Against a European Civil Code* (1997) 60 Modern L.R. ; Legrand, *Are civilians educable ?* (1998) 18 Legal Studies 216.

▲ 2. V. 1996, Int. & Comp. L.Q. 52, 64 et s.

▲ 3. V. Simpson, *Innovations in Nineteenth Century Contract Law* (1975) 91 Law Q.R. 247.

même pour le droit de restitution[1]. Ces formulations ne sont, en théorie, d'aucune importance, parce que la doctrine est, dans l'optique classique du *common law,* sans aucune autorité. Quand, dans les années soixante, j'ai fait mes études, on apprenait encore qu'un *barrister* ne peut citer un auteur à la Cour sauf si l'auteur est déjà mort. Ce n'était qu'un prétexte. Les arrêts sont pleins d'explications de principes - principes fondés, bien sûr, sur les arrêts précédents, mais que les juges prenaient, *sub silentio,* de la doctrine, et qui souvent étaient considérés comme presque immuables. Plutôt, aujourd'hui l'analyse de la doctrine par des auteurs encore vivants est souvent citée comme très convaincante.

Les Cours aussi ont formulé des principes pour remplacer une jurisprudence désorientée ou difficile ; les exemples plus clairs sont, peut-être, dans le champ délictuel, comme pour les blessures causées par le choc d'avoir vu un accident causé à un autre[2] ; mais notez aussi les devoirs de la *House of Lords* sur la question de la femme qui, sous pression de son mari, a consenti à cautionner les dettes d'affaires de son époux[3]. Il est vrai que ces principes sont souvent assez étroits en comparaison avec les idées larges du Code civil français ; mais le *common law* n'est pas la masse d'instances individuelles que l'on peut imaginer.

Autrement dit, je crois qu'aujourd'hui la méthodologie du *common law* est moins éloignée de celle du droit civil. Et, comme nous considérons les Principes rédigés par le groupe Lando, il faut remarquer que ces Principes n'ont pas la forme du Code civil français. Certainement, ils contiennent des textes assez larges - par exemple le principe de la bonne foi - mais, comme je l'ai déjà dit, ils contiennent également des règles assez spécifiques. De plus, ils ont un commentaire qui contient une explication du but de chaque article ainsi que des illustrations. Ces dernières servent non seulement à illustrer les Articles, mais également à les interpréter. Si les illustrations d'un Article sont d'une situation très différente de celle à laquelle est confronté l'arbitre, on peut interpréter l'article comme inapplicable en dépit de la lettre des Principes. En effet, l'arbitre aura le pouvoir de « distinguer » les deux situations de manière assez proche de celle de la méthode utilisée par le *common law.*

▶ § 4. Le but des Principes

Mais surtout pour évaluer l'utilité des Principes du droit européen du contrat du point de vue du *common lawyer,* il faut considérer le but - ou plutôt les divers buts - du projet. Considérons le premier article :

▲ 1. R. Goff and G. Jones, *Law of Restitution,* 5th éd., 1998 ; P. Birks, *Introduction to the Law of Restitution,* 1985.

▲ 2. *McLoughlin v O'Brien* [1983] A.C. 410 ; *Alcock v Chief Constable of South Yorkshire* [1992] A.C. 310.

▲ 3. *Barclays Bank plc v O'Brien* [1994] 1 A.C. 140.

Article 1.101 : Applications des Principes

1) Les présents Principes sont destinés à s'appliquer en tant que règles générales du droit des contrats dans l'Union européenne.
2) Ils s'appliquent lorsque les parties sont convenues de les incorporer à leur contrat ou d'y soumettre celui-ci.
3) Ils peuvent recevoir application lorsque les parties :
   a) sont convenues que leur contrat serait régi par « les principes généraux du droit », la *lex mercatoria* ou une expression similaire,
   b) ou n'ont pas choisi de système ou de règles de droit devant régir leur contrat.
4) Ils peuvent, en cas d'insuffisance du système ou des règles de droit applicables, procurer la solution de la question posée.

Le premier alinéa se rapporte principalement à l'utilisation des Principes dans le développement du droit européen des contrats dans le sens le plus immédiat – l'harmonisation des droits nationaux par les directives de la Communauté, dans le champ de contrats de consommation ou d'ailleurs. Pour cette harmonisation, on a besoin d'un vocabulaire et de concepts autonomes, mais compréhensibles pour les législateurs des États membres, qui doivent les traduire dans leurs systèmes nationaux. C'est une tâche importante, et il est difficile d'assurer que les juristes de tous les pays comprennent pour chaque article ou concept, la même chose. Mais c'est une tâche qui ne relève pas, je crois, des difficultés énoncées par M. Legrand.

Pour le dernier alinéa, pour le développement du droit du contrat dans mon pays (il faut ajouter que les lacunes dans le droit du contrat sont un problème non seulement pour les pays de l'Europe Centrale mentionnés dans l'introduction, mais pour tous les pays), je trouve utile un *Restatement* ou synthèse des systèmes européens. Ce que je trouve inestimable c'est qu'il contient des notes sur les droits nationaux. On peut donc découvrir les sources des idées et on a la possibilité de considérer leur application actuelle, et leur contexte juridique, économique et social pour estimer si oui ou non la même règle sera utile dans son propre système.

Donc, pour certains buts annoncés dans les Principes mêmes, je n'ai pas de problème. Peut-on dire la même chose pour les alinéas 2 et 3 qui se réfèrent à l'utilisation des Principes pour les contrats internationaux, ou au choix des parties ou par exemple aux Principes internationaux du droit du contrat ? Les avantages des Principes généraux pour ces contrats sont déjà bien discutés[1]. Dans ce cas, on est plus hésitant. Il faut être sûr non seulement de ce que les juristes de chaque pays visaient sous les termes employés dans les Principes le même concept, mais aussi s'ils avaient en commun la même philosophie, le même but pour le droit du contrat. Sinon, ils applique-

▲ 1. Par exemple Lando, 1985, *International Business Lawyer*, 17 ; *Lando in Liber memoralis François Laurent*, 1989, p. 555 ; *Drobnig in Festschrift für E. Steindorff*, 1990, p. 1141 ; Lando, 1992, 56 RabelsZ 261 ; *Beale in National and European Law on the Threshold to the Single Market*, sous la direction de G. Weick 1993 ; Castronovo, 1995, *Rivista de diritto commerciale e del diritto generale delle obligazione*, 21 ; Tallon *in Mélanges offerts à André Colomer*.

ront les Principes de façon divergente et le projet sera perdu. Je crois que pour contrôler si oui ou non il existe un problème sur ce plan, il faut plus de travail sur l'application actuelle des règles de chaque système[1].

Il faut aussi considérer un but additionnel annoncé dans l'introduction : « *Les États membres de la Communauté peuvent souhaiter harmoniser leur droit de contrat. Les Principes peuvent être établis comme modèle de départ pour ce travail d'harmonisation.* »

Il paraît que la Commission envisage de travailler sur un Code européen.

Pour certains membres de la Commission, ce but est clair ; pour les autres, je ne peux me prononcer. Pour ma part, il est difficile, sinon impossible, de séparer mon opinion de juriste du *common law* de celle d'un citoyen – bien ou peu enthousiaste, bon citoyen ou mauvais – de l'Union européenne. Dans les limites d'un seul système juridique, la codification peut être une question plus ou moins technique visant à reformuler le droit de façon plus compréhensible ou plus moderne ; mais dans le contexte des traditions juridiques diverses, c'est une question politique, consistant à créer un État nouveau. Donc, on doit admettre qu'on ne peut que la considérer en termes politiques. Il a été bien remarqué que la résistance que l'on trouve aujourd'hui dans certains États membres contre l'harmonisation du droit privé est l'expression d'un sentiment politique contre l'abandon des traditions nationales en faveur d'une uniformité qui est vue comme imposée par Bruxelles ou par ceux qui veulent une Europe unifiée au sens politique.

Donc, en tant que *common lawyer*, je ne suis plus compétent. Comme citoyen, je ne suis pas particulièrement spécialiste. Je dis tout simplement : je suis en faveur d'une convergence économique, politique, sociale et culturelle. Mais pour cette dernière, je ne veux pas d'unification. La société dans laquelle je voudrais vivre ne doit pas avoir de culture uniforme, mais une diversité, un pluralisme, où toutes les traditions variées sont respectées, sont traitées comme ayant leur propre valeur, sauf s'il est démontré qu'elles ont un effet négatif sur les autres. Dans les autres secteurs culturels – les langues, l'art et même la cuisine – nous avons découvert assez tard les vertus de la diversité, des traditions régionales, locales, ethniques. A mon avis, il faut la même diversité pour le droit privé.

Bien sûr, il faut développer des systèmes pour les transactions internationales, trouver des méthodes pour réduire les difficultés rencontrées par ceux qui ont le malheur d'être mêlés à des querelles qui traversent les frontières. Il faut aussi harmoniser les droits sur des points où les différences ont de sérieux effets, par exemple anticoncurrentiels. Mais harmoniser les droits sur les points qui suscitent des difficultés n'est pas la même chose que l'unification. Donc, si pour les relations économiques ou sociales, il est nécessaire de créer un code de droit privé, je préférerais un code dans le style des directives, qui ne se prononce que sur les résultats auxquels les

▲ 1. V. Beale, « The Principles of European Contract Law and Harmonisation of the Law of Contract », *in Festschrift til Ole Lando,* sous la direction de L. Andersen, J. Fejo & R. Nielsen, 1997, p. 21.

droits nationaux doivent aboutir, mais qui laisse la possibilité d'utiliser les traditions juridiques de chaque pays.

Je me demande si ce type de code même est nécessaire. Il a été remarqué qu'aux États-Unis, depuis la première partie du siècle, on a achevé une harmonisation entre les droits des États sans unification du droit. Les règles des *Restatements* ne sont pas obligatoires. Il en est de même des *Model Laws*, comme le *Code Uniform Commercial*. Ce dernier a été adopté partout, mais beaucoup d'États n'ont pas adopté le Code dans son intégralité ou sans modification. Plutôt, le professeur Rosett a dit que l'harmonisation est l'effet d'une économie qui touche l'ensemble du pays et d'un système de formation juridique qui traite d'un Droit – hypothétique – national[1]. On peut croire que le même processus peut produire un effet parallèle, même si les différences entre les systèmes en Europe sont beaucoup plus grandes qu'entre ceux des États-Unis, sauf en ce qui concerne la Louisiane.

J'espère moi-même que l'effet n'est pas identique : j'ai l'impression que les différences entre les systèmes étatiques des États-Unis sont devenues très petites. Pour les raisons déjà données, je voudrais préserver autant de traditions nationales compatibles avec le fonctionnement adéquat du marché commun. Comme M. Legrand, je crois que nous, les juristes de quelque tradition que nous soyons, nous devrions accepter des différences. Mais pour les accepter, il faut les comprendre. Pour les comprendre, pour découvrir quels principes sont vraiment communs, lesquels sont vraiment différents, et pour savoir quelles différences sont vraiment coûteuses, lesquelles sont à préserver, je crois que des principes comme les Principes rédigés par le groupe Lando sont très utiles – je dirais, essentiels.

Les Principes ne sont pas, cependant, suffisants. Il reste beaucoup à faire.

M. Legrand a dit qu'il y a un grand danger que les juristes de traditions variées interprètent les règles de façon très divergente. Comme je l'ai dit, je suis tout à fait d'accord. Je me demande si les différences entre les règles ne reflètent pas quelquefois simplement des concepts différents ou proviennent de l'Histoire, mais aussi si elles ne résultent pas de différences plus profondes de philosophie, le rôle du droit du contrat. Je rappellerai un seul exemple[2]. Considérons les remèdes pour l'inexécution du contrat. Il y a une grande différence entre les remèdes du système français et ceux du *common law*. En *common law*, l'exécution en nature est presqu'inconnue en dehors de la vente immobilière. Le remède normal reste les dommages-intérêts, avec, pour l'inexécution plus grave, la résolution du contrat. La résolution est non judiciaire et, bien que les Cours aient développé des doctrines destinées à éviter la résolution abusive, il est permis assez librement de résilier le contrat pour inexécution. Le droit français, avec la mise en demeure (qui est inconnue en droit anglais sauf dans des situations très spécifiques), l'importance de l'exécution en nature, le besoin – au moins en théorie – de la

▲ 1. Rosett, « Unification, Harmonisation, Restatement, Codification and Reform in International Commercial Law » (1992) 40 *American J. Comp. L.*, 683.

▲ 2. V. Beale, « Termination », *in Towards a European Civil Code,* sous la direction de A. Hartkamp et al., 2e éd., 1998, 348, 358.

résolution judiciaire, la possibilité d'un délai de grâce, paraît assez différent. Ces différences ont-elles tout simplement des raisons historiques, sont-elles des règles qu'on peut abandonner sans aucun regret ? Ou sont-elles le reflet du concept que le contrat a lui-même une valeur, que dans l'intérêt public le droit doit supporter le contrat, encourager son exécution, quels que soient les intérêts des parties ? Je me le demande.

M. Legrand a soulevé d'autres questions plus intéressantes sur le rôle du juge et son attitude face au droit des parties. Il existe une recherche comparative sur les pratiques des affaires contractuelles en Angleterre, en Italie et en Allemagne qui suggère que les Allemands ont une attitude envers le droit différente de celle des Anglais. Les contractants allemands pensent que le droit du contrat est vraiment un code pour la vie des affaires sur lequel on peut fonder la confiance que l'on porte à son partenaire, qu'on peut citer sans hésitation[1]. En Angleterre, dans les champs contractuels que j'ai étudiés, le droit est plutôt regardé comme une arme de dernier ressort qu'on utilise en cas de catastrophe, lorsque toutes les autres méthodes ont échoué. La raison en est que selon les hommes d'affaires que j'ai interrogés, la référence au contrat même est signe de méfiance, et conduira rapidement à la fin des relations commerciales[2].

Pour comprendre les vraies différences entre nos droits, je crois qu'il faut étudier ces questions difficiles à saisir. Sinon, nous risquons des méprises plus graves que celles sur les règles ou les concepts. Les Principes sont un bon début ; ensuite le terrain sera plus difficile, mais, s'il est possible, plus stimulant[3].

▲ 1. Bachmann and S. Deakin, « Trust, Co-operation and the Contractual Environment ; Evidence from a Comparative Study of Inter-firm Relations », *ESRC*, 1995, p. 29 ; S. Deakin, F. Lane and Wilkinson, *in Contracts, Co-operation and Competition,* sous la direction de S. Deakin and J. Michie, 1997, p. 105, esp. p. 122-134.

▲ 2. H. Beale and T. Dugdale, « Contracts between Businessmen » (1975) *British J. Law & Society,* 45.

▲ 3. L'auteur voudrait remercier vivement M. le professeur Claude Witz qui a rendu compréhensible un papier rédigé dans un *franglais* affreux. Les erreurs qui restent sont les miennes.

La commission Lando : le point de vue d'un juriste français

Denis MAZEAUD

Professeur à l'Université Panthéon-Assas (Paris II)

Puisqu'il m'est demandé de donner le point de vue d'un juriste français sur « Les principes européens du droit du contrat » élaborés par la commission Lando, c'est-à-dire une opinion subjective et personnelle sans aucun mandat pour représenter la communauté juridique française, il me faut, au préalable, préciser l'état d'esprit avec lequel j'aborde l'idée même de *Jus commune* contractuel, et confesser les principes sur lesquels repose ma religion contractuelle. En effet, cette intervention s'inscrit, en premier lieu, dans une perspective de politique juridique, puisqu'il s'agit au fond de se demander si, au moins à terme, l'Union Européenne doit pénétrer l'univers contractuel et conduire à de nouveaux abandons de souveraineté. En second lieu, ce propos est nécessairement placé sous l'égide de la logique comparatiste, dans la mesure où, en prenant garde de ne pas trop pêcher par « hexagocentrisme », son objet consistera à comparer les solutions émanant des Principes avec celles du droit français des contrats et à apprécier leur degré de compatibilité avec l'esprit qui innerve notre théorie générale.

En ce qui concerne l'idée même d'harmonisation du droit des contrats en Europe, ou mieux le projet d'un droit ou/et d'un code européen du contrat, on ne peut manquer d'être frappé par la faiblesse de l'écho qu'ont pour le moment rencontré les Principes imaginés par la Commission Lando. Dans un article consacré au Droit européen du contrat[1] M. Tallon avait exprimé le souhait que la publication de ces Principes inspire « *la réflexion de la doctrine européenne* », qu'« *ils provoquent des discussions, des controverses* » et qu'ils suscitent « *un bouillonnement d'idées* »[2] dans la communauté

▲ 1. « Vers un droit européen du contrat », *Mélanges Colomer,* Litec, 1993, p. 485 s.
▲ 2. *Ibid.,* p. 291.

juridique. Je ne suis pas certain que les espérances de M. Tallon aient été comblées, du moins en ce qui concerne la doctrine française. Ainsi, si l'on compare l'ampleur et la teneur de la réaction doctrinale engendrée par ces Principes européens avec celle provoquée par les Principes d'Unidroit, on est bien forcé de constater que l'œuvre de la Commission Lando n'a pas donné lieu à la ferveur doctrinale espérée. Alors que la doctrine française s'est beaucoup épanchée sur les Principes relatifs aux contrats du commerce international[1], sans d'ailleurs les accabler de critiques acerbes, elle a opposé aux Principes européens, soit un silence assourdissant, soit un réquisitoire extrêmement sévère. La lecture des écrits de MM. Jamin[2] et Raynard[3] permet de s'en convaincre puisque l'un et l'autre, d'abord, émettent des doutes sur le bien fondé des postulats politiques et économiques sur lesquels repose l'idée même de ces Principes ainsi que sur la méthode qui a présidé à leur élaboration, sur leur capacité unificatrice, ensuite, dénoncent l'unité de façade que ces Principes sont susceptibles de réaliser et, enfin, remettent en cause, en entonnant un hymne vibrant en faveur du pluralisme contractuel et en insistant sur la spécificité culturelle que reflètent les différents droits contractuels nationaux, la légitimité même de ces Principes.

Pour ma part, tout en étant assez intrigué par la différence de traitement réservé aux deux ébauches de codifications évoquées même si j'en devine la cause, à savoir la dimension européenne et par conséquent idéologique et politique qui oriente nécessairement le jugement porté sur le projet mené par la commission Lando, je ne porterai pas un regard aussi engagé et critique sur ces Principes et sur le projet qu'ils incarnent. Même si elle est parsemée d'embûches d'ordre politique, linguistique et technique, je considère en effet, que l'aventure d'un *Jus commune* contractuel est possible parce qu'à tort ou à raison j'ai quelque peine à admettre que l'harmonisation ou l'unification européenne soit concevable en matière économique, monétaire, culturelle, industrielle, sportive et sociale, et que seul le domaine juridique, précisément le droit des contrats, y soit imperméable. Cela étant, je ne prends pas parti sur le point de savoir si ce projet d'harmonisation est politiquement souhaitable ou légitime car ce serait alors me prononcer en tant que citoyen, or le point de vue qu'il m'a été demandé de donner est celui d'un juriste, français qui plus est...

Dans cette perspective, l'essentiel consiste à faire œuvre de comparaison, c'est-à-dire, en l'occurrence, à apprécier la mesure dans laquelle ces Principes européens du droit du contrat sont susceptibles de se concilier, de se combi-

▲ 1. Sur lesquels, v. F.-M. Bannes, « L'impact de l'adoption des principes Unidroit 1994 sur l'unification du droit commercial international : réalité ou utopie ? », *RRJ,* 1996, p. 933 et s. ; B. Fauvarque-Cosson, « Les contrats du commerce international, une approche nouvelle : les principes d'Unidroit relatifs aux contrats du commerce international », *RIDC,* 1998, p. 463 et s. ; J. Huet, « Les contrats commerciaux internationaux et les nouveaux principes d'Unidroit : une nouvelle *lex mercatoria* ? », *Les Petites Affiches,* 10 nov. 1995, p. 6 et s. ; C. Kessedjian, « Un exercice de rénovation des sources du droit des contrats du commerce international : les principes proposés par l'Unidroit », *Rev. crit. DIP,* 1995, p. 641 et s. ; C. Larroumet, « La valeur des principes d'Unidroit applicables aux contrats du commerce international », *JCP,* 1997.I.4011.

▲ 2. « Un droit européen des contrats », *in Le droit privé européen,* Economica, 1998, p. 40 et s.

▲ 3. Obs. *in RTD civ.,* 1998, p. 1006 et s.

ner avec la lettre du droit commun français des contrats, voire de contaminer l'esprit de notre théorie générale. Théorie générale que je perçois, puisqu'il est désormais acquis que ce concept n'est pas objectif et universel mais qu'il existe en autant d'exemplaires que d'observateurs de la planète contractuelle[1], comme animée aujourd'hui par une double inspiration libérale et solidariste ; théorie générale dans laquelle me semblent vivre désormais en bonne intelligence, et à armes égales, les idées, les idéaux, de liberté et de loyauté contractuelles.

Cette précision étant donnée sur la subjectivité de mon point de vue, son objet consistera, pour l'essentiel, à vérifier si, comme l'a soutenu un des membres de cette commission[2], ces Principes ont atteint l'effet souhaité et l'objectif recherché par leurs promoteurs, à savoir d'une part, ne pas heurter profondément les droits nationaux des pays membres de l'Union européenne, d'autre part, constituer une source d'évolution de ces droits nationaux. En somme, il nous faut vérifier, et c'est ce qui constituera la trame de ce point de vue d'un juriste français, que les Principes du droit européen du contrat ne constituent pas une force d'agression à l'encontre du droit contractuel français mais, tout au contraire, qu'ils se présentent comme une source d'inspiration pour le législateur et le juge français.

Il faut le concéder, la mission que je me suis ainsi auto-confiée n'est guère aisée parce que ces Principes, fruit d'un compromis politique et juridique, sont féconds en contrastes et en paradoxes. Entre autres, on relèvera que le droit contractuel qu'ils établissent semble placé sous l'égide d'une philosophie dualiste : *libéral dans la répartition des pouvoirs qu'il organise au sein du contrat, le droit qu'esquisse les Principes apparaît épris de l'esprit de solidarité dans l'exécution des devoirs contractuels qu'il impose.* Par ailleurs, les pouvoirs du juge sur le contrat font l'objet d'un traitement remarquable et contrasté : écartés ou déplacés quant au sort d'un contrat mal né ou inexécuté, ils sont considérablement renforcés en cas de déséquilibre profond et, ce, à tous les stades du processus contractuel. Enfin, on notera que la volonté de sauver le contrat qui transparaît dans certaines dispositions tranche singulièrement avec le pouvoir unilatéral conféré au contractant, sur lequel plane le risque d'une inexécution, d'anéantir par anticipation le lien contractuel.

Une ultime confession avant d'entrer dans le vif du sujet et d'exposer le point de vue annoncé à défaut d'être attendu, notre mission sera remplie non seulement, et comme on s'en est déjà expliqué, de façon partiale, mais surtout de façon partielle. Il ne peut, en effet, être question d'une présentation exhaustive des Principes. Et nombreux sont donc les points sur lesquels à tort ou à raison nous garderons le silence, quitte à être taxé de réticence. C'est ainsi qu'on ne s'arrêtera pas, en raison de la relative indifférence qu'elles nous suggèrent, sur la proclamation des principes de la liberté

▲ 1. En ce sens, v. E. Savaux, *La théorie générale du contrat, mythe ou réalité ?*, LGDJ, 1997.
▲ 2. D. Tallon, *eod. loc.*

contractuelle[1] et du consensualisme[2], pas plus que sur la validité des clauses relatives à la responsabilité[3] ou l'intangibilité relative des clauses pénales[4]. De même, se bornera-t-on à évoquer, en dépit de leur intérêt, les dispositions qui écartent la nullité d'un contrat dont l'objet est impossible[5] ou qui accordent aux contractants le pouvoir d'évincer conventionnellement la nullité pour erreur spontanée ou provoquée[6]. Enfin, malgré leur relative originalité, on ne s'arrêtera point sur les règles relatives à la rencontre des volontés[7], à la liberté de la preuve[8] ou au lieu d'exécution de l'obligation[9].

Ces éliminations arbitraires étant opérées, il est désormais plus que temps d'apprécier la teneur, l'impact et la valeur de ces Principes européens à l'aulne de notre droit contractuel national. Dans cette optique particulière, il paraît envisageable de porter un double regard sur les Principes européens du droit du contrat : dans un premier temps, on s'arrêtera sur *le Droit* (§ 1) qu'ils tendent à promouvoir, puis, dans un second temps, on se penchera sur *le Contrat* (§ 2) qu'ils contribuent à façonner. Ainsi, pourra-t-on, je le crois, évaluer les mérites de ces Principes européens, jauger leur capacité d'adaptation aux règles et notions contractuelles nationales et juger de leur potentiel d'inspiration.

▶ § 1. Le droit

L' étude du Droit européen du contrat issu des Principes élaborés par la commission Lando suppose, d'une part qu'on le contemple à travers l'objectif de la théorie des sources du droit, et il se présente alors sous la forme d'un droit virtuel (A), d'autre part qu'on l'envisage au regard de la théorie générale du contrat, et il prend alors les atours d'un droit vertueux (B).

▶ A. UN DROIT VIRTUEL

Si ce Droit contractuel « transeuropéen », conçu par une brochette d'universitaires s'adonnant aux délices de la codification, apparaît comme un droit virtuel, un droit qui se conjugue plus au futur qu'au présent, c'est moins parce qu'il serait un droit savant, voire dogmatique, que parce qu'il souffre d'un déficit chronique d'autorité, d'intensité, et qu'il est promis, dans l'esprit de certains, à une absence fatale d'unité.

1. Un déficit d'autorité

Les Principes européens du droit des contrats, est-il besoin de le rappeler, ne constituent pas une source autonome du droit contractuel. A l'instar des

▲ 1. Art. 1.102.
▲ 2. Art. 1.201.
▲ 3. Art. 8.109.
▲ 4. Art. 9.509.
▲ 5. Art. 4.102.
▲ 6. Art. 4.118.
▲ 7. Art. 2.201 et s.
▲ 8. Art. 2.101.
▲ 9. Art. 7.101.

principes d'Unidroit, ils n'ont pas « la valeur obligatoire d'une loi interne ou d'une convention internationale »[1]. Il s'agit de simples recommandations de type incitatif[2], mais dénuées de tout caractère impératif, dont l'autorité procède de leur insertion dans la charte contractuelle. En définitive, la source de leur force réside dans la volonté contractuelle expresse ou tacite des parties et est, pour une part non négligeable, réduite au bon vouloir du juge du contrat, qu'il soit privé ou étatique.

Parce qu'il ne constitue rien d'autre qu'un modèle proposé aux acteurs de la planète contractuelle, qu'il est ainsi seulement emprunt d'une vertu incitative et que son succès dépend pour l'essentiel de sa force de persuasion[3], le droit des contrats émanant des Principes étudiés mérite bien le qualificatif de virtuel, d'autant plus qu'il semble, en outre souffrir d'une incapacité à l'unité.

2. Une incapacité à l'unité

Pour ceux des auteurs qui se sont penchés sur son berceau, le droit européen du contrat constitue un projet utopique et irréaliste en raison du recours systématique aux notions standards, aux normes cadres dont le propre est précisément de renvoyer à la culture spécifique de celui qui les met en œuvre. Cette prolifération de concepts flexibles, fluides, flous serait source d'insécurité et d'incohérence ; au fond, elle condamnerait les Principes européens du droit du contrat à une harmonisation artificielle, à une unité de façade[4].

La critique ne nous paraît pas absolument décisive ; l'insécurité et l'incohérence ne sont pas nécessairement les mamelles des notions standards. En ce qui concerne le risque d'insécurité, il peut être écarté. En effet, il en faudrait plus pour dérouter le juge français habitué depuis belle lurette à composer avec un droit contractuel qui brille par sa fluidité et par le recours quasi-systématique à des concepts flexibles tels la bonne foi, l'abus, l'équité et j'en passe. Or, si l'utilisation de ces concepts par le juge constitue assurément un vecteur de la justice contractuelle, il n'a pas été démontré pour l'instant qu'elle emportait de graves atteintes aux impératifs de sécurité juridique et de stabilité contractuelle.

Quant au risque d'incohérence, il ne nous paraît pas inéluctable. On relèvera, tout d'abord, que ce risque n'a pas été dénoncé, à juste titre d'ailleurs puisqu'il ne s'est pas réalisé, à propos de l'utilisation de standards dans d'autres textes à vocation internationale et l'on pense par exemple à la bonne foi dans la convention des Nations-Unies sur la vente internationale de marchandises, signée à Vienne le 11 avril 1980. Alors pourquoi appréhender ici ce que l'on ne redoute point ailleurs ?

▲ 1. Ch. Larroumet, *eod. loc.*
▲ 2. En ce sens, v. J. Raynard, *eod. loc.*
▲ 3. En ce sens, v. D. Tallon, *eod. loc.*
▲ 4. En ce sens, v. Ch. Jamin et J. Raynard, *eod. loc.*

Ensuite, même pour les standards empruntés à d'autres systèmes juridiques, il n'y a, nous semble-t-il pas lieu de s'inquiéter de l'aptitude du juge français à en tirer la quintessence, ni de s'alarmer d'une possible dissidence avec ses collègues européens. Et on pense en particulier au concept de « raisonnable » utilisé à maintes reprises dans les Principes. S'il ne nous semble pas d'un maniement très compliqué pour le juge français, c'est d'une part parce qu'il l'exploite déjà pour apprécier l'efficacité de la rétractation d'une offre émise sans délai exprès d'acceptation[1], d'autre part en raison de la parenté avec les notions de bonne foi[2], d'abus et d'excès qu'il utilise, dans la mise en œuvre du droit national, pour sanctionner la fixation unilatérale d'un prix au mépris des intérêts du cocontractant ou d'une peine privée contractuelle disproportionnée par rapport au préjudice causé par l'inexécution du contrat.

Si la menace d'incohérence nous semble plus apparente que réelle, c'est en outre parce qu'on peut, me semble-t-il, tout aussi bien soutenir que la voie de l'harmonisation suppose pour être ouverte le recours aux standards juridiques qui sont l'expression de la marge nationale d'appréciation indispensable pour assurer le maintien d'un certain pluralisme. Au fond, pourquoi l'idée d'un droit européen des contrats rimerait-elle nécessairement avec la pensée contractuelle unique ?

Enfin, pour éloigner définitivement ce spectre de l'incohérence, il suffirait, comme on l'a déjà relevé, de créer une juridiction suprême investie du pouvoir d'assurer une certaine unité d'interprétation et de tempérer les disparités inhérentes à la mise en œuvre de ces normes cadres[3].

Pour conclure sur ce point et sur une note optimiste quant à la vitalité des Principes du droit européen du contrat et du Droit qui en émane, on rappellera que les principes d'Unidroit, bien qu'ils soient eux aussi truffés de notions standards et dénués de tout organe juridictionnel assurant leur interprétation uniforme, n'en rencontrent pas moins un assez vif succès dans la pratique contractuelle et devant les juridictions arbitrale et judiciaire, si l'on en croit les observateurs les plus autorisés[4].

La virtualité n'est donc pas nécessairement un obstacle insurmontable opposé à l'harmonisation du droit européen des contrat ; il en va de même pour le second trait caractéristique de ce droit en germe qui, nous l'avons déjà dit, se présente sous les atours d'un droit épris de vertus.

▲ 1. On sait, en effet, qu'en droit français, il est de jurisprudence constante que l'offre émise sans délai exprès d'acceptation ne peut pas être rétractée avant l'expiration d'un délai raisonnable d'acceptation.

▲ 2. Aux termes de l'article 1.108 : « *Doit être tenu pour raisonnable aux termes des présents Principes ce que les personnes* de bonne foi *placées dans la même situation que les parties regarderaient comme tel.* »

▲ 3. En ce sens, v. Ch. Jamin, *eod. loc.*

▲ 4. En ce sens, v. B. Fauvarque-Cosson, « Les contrats du commerce international, une approche nouvelle : les principes d'Unidroit relatifs aux contrats du commerce international », *RIDC*, 1998, p. 463 et s., sp. n° 6.

B. UN DROIT VERTUEUX

Sans doute parce que de l'aveu même de ses promoteurs, il est orienté vers la protection des faibles, le Droit contractuel, qui émane des Principes étudiés, a toutes les allures d'un droit vertueux, sans d'ailleurs pour autant succomber aux sirènes de l'ordre moral. Et à cet égard, on remarquera avec intérêt que pas plus le concept de cause illicite ou immorale que la règle de la conformité du contrat aux bonnes mœurs n'ont droit de cité dans les Principes.

En bref, ce sont deux vertus qui sont ici mises à l'honneur et qui se déclinent en autant d'exigences : d'une part, l'*exigence de loyauté,* d'autre part, l'*exigence de proportionnalité.*

1. L'exigence de loyauté

Le juriste ne saurait feindre l'étonnement face à l'exigence de loyauté imposée par les Principes européens du droit du contrat, puisque depuis près d'un quart de siècle, il a assisté, impuissant ou enthousiaste, à l'invasion de son droit interne par la bonne foi. Sur ce plan, donc, il existe une heureuse harmonie entre le droit positif interne et le droit commun européen, ce qui simplifiera vraisemblablement l'œuvre d'harmonisation. La bonne foi est, en effet, présente dans les deux systèmes à tous les stades du processus contractuel, négociation, exécution et expiration du contrat et, pour l'essentiel s'épanouit en des termes identiques : loyauté et solidarité.

Il convient tout de même de souligner quelques particularités présentées par les Principes au regard de cette notion de bonne foi.

D'abord, la bonne foi n'est pas seulement une règle de comportement qui s'impose aux contractants, c'est aussi une directive d'interprétation que doivent suivre les juges, au même titre[1], c'est-à-dire sur un pied d'égalité, que l'impératif de sécurité des relations contractuelles. La précision mérite d'être apportée car ce faisant les rédacteurs, plutôt que d'adopter une attitude manichéenne consistant à opposer justice contractuelle et sécurité juridique, ont placé ces deux impératifs dans une situation de complémentarité, ce dont se réjouiront tous ceux qui pensent que bien loin d'être l'ennemie de la stabilité contractuelle, la bonne foi en est une alliée précieuse.

Dans la même veine, on rappellera, ensuite, que les promoteurs des Principes ont souhaité instaurer un équilibre entre le principe traditionnel de la liberté contractuelle et l'exigence de loyauté puisqu'il est expressément prévu que la première ne peut s'épanouir que dans le respect de la seconde[2]. Autant dire, que les Principes ont une vision saine et pragmatique de la liberté qui, dans la pratique contractuelle se réduit souvent à la liberté unilatérale du maître du contrat. Pour mériter le label de liberté contractuelle, la liberté du contractant dominant ne doit pas, au stade de la formation du contrat, s'épanouir au mépris des intérêts du contractant dépendant.

▲ 1. Art. 1.104.
▲ 2. Art. 1.102.

Enfin, et surtout, on remarquera que les Principes retiennent la bonne foi dans sa double dimension.

En premier lieu, ils la déclinent dans sa version classique et traditionnelle, telle qu'elle est aujourd'hui reçue en droit français, à savoir le devoir minimum d'honnêteté et de moralité qui s'impose à chaque contractant qui doit donc, au nom de l'exigence de loyauté, s'astreindre à un certain civisme contractuel[1]. C'est ainsi, par exemple, que le contractant qui a rédigé unilatéralement l'acte instrumentaire ne peut opposer à son partenaire des clauses que celui-ci n'a ni connues, ni acceptées[2]. L'exigence de loyauté contractuelle s'oppose ainsi à l'efficacité des clauses clandestines et impose une certaine transparence. Transparence à laquelle on peut aussi rattacher la règle selon laquelle le débiteur confronté à un cas de force majeure doit prévenir son créancier du risque d'inexécution fortuite[3]. Par ailleurs, la bonne foi oblige les négociateurs d'un contrat à faire preuve de cohérence ; ce qui suppose une certaine constance dans la négociation et interdit, en tout état de cause, que l'on s'engage dans une discussion avec l'intention délibérée de ne pas conclure[4].

En second lieu, il importe de souligner que les Principes admettent avec un certain éclat la version moderne et dynamique de la bonne foi chère à Demogue, en vertu de laquelle le contrat ne doit plus être appréhendé comme le siège d'intérêts antagonistes mais comme le creuset de l'intérêt commun des contractants, animé par un esprit altruiste. Cette vision solidariste du contrat est parfaitement exprimé par l'article 1.107 des Principes aux termes duquel « *chaque partie doit à l'autre une collaboration qui permette au contrat de produire son plein effet.* » L'affirmation de l'exigence de solidarité dans le souci de l'intérêt bien compris du contrat est d'autant plus remarquable pour le juriste français que notre droit interne fait encore preuve de timidité et que la doctrine dominante fait montre d'hostilité à l'égard de cette lecture humaniste du concept de bonne foi dont les Principes retiennent moult applications.

Parmi les plus remarquables illustrations du contrat envisagé par les Principes comme un lien de solidarité, on évoquera, d'abord, une solution qui n'est pas inconnue en droit français et selon laquelle le créancier doit faire en sorte de modérer le préjudice qu'il subit du fait de l'inexécution dont il est victime[5]. Ensuite, on notera que le principe de l'exécution en nature des obligations contractuelles cède lorsqu'elle emporterait pour le débiteur des efforts ou des dépenses déraisonnables[6]. On peut donc considérer que le

▲ 1. Art. 1.106.
▲ 2. Art. 2.104.
▲ 3. Art. 8.108, al. 3.
▲ 4. Art. 2.301.
▲ 5. Art. 9.505.
▲ 6. Art. 9.102. Rappr. l'art. 9.101 aux termes duquel le créancier de somme d'argent doit parfois se résigner à l'anéantissement du contrat plutôt qu'à son exécution parce qu'il apparaîtrait *déraisonnable*, contraire à l'exigence de bonne foi, de poursuivre l'exécution du contrat en raison de la situation délicate dans laquelle se trouverait placé le débiteur s'il était contraint d'exécuter sa prestation en nature.

créancier de bonne foi ne saurait exiger le paiement en nature de sa créance lorsque cette demande serait faite au mépris des intérêts de son cocontractant parce qu'elle lui causerait un dommage autrement important que celui résultant pour le créancier d'un paiement par équivalent.

Enfin, et c'est sans aucun doute la manifestation la plus éclatante du devoir de coopération imposé par les Principes, la bonne foi constitue le fondement de l'obligation de renégocier ou de supprimer le contrat lorsqu'un changement de circonstances imprévisible lors de sa conclusion provoque un déséquilibre tel au stade de son exécution que celle-ci devient onéreuse à l'excès pour l'une des parties[1]. Fruit de l'obligation de coopération qui emporte le devoir de prendre en compte les intérêts légitimes de son cocontractant, cette obligation de renégociation n'est pas inconnue du droit français. En 1992, la chambre commerciale de la Cour de cassation, dans son illustrissime arrêt Huard, lui avait ouvert les portes de sa jurisprudence en décidant que la compagnie pétrolière qui avait refusé de négocier avec un de ses distributeurs un accord de coopération commerciale lui permettant de faire face à la concurrence n'avait pas exécuté son contrat de bonne foi et engageait donc sa responsabilité contractuelle[2]. Plus récemment, la toujours audacieuse Chambre commerciale, malgré le scepticisme déclaré de la doctrine dominante, a donné une descendance à son arrêt « Huard ». Dans une décision du 24 novembre 1998[3], elle a retenu la responsabilité d'un mandant qui, en ne prenant pas de mesures concrètes pour permettre à son agent commercial, qu'il savait en proie à de graves difficultés, de pratiquer des prix concurrentiels, avait manqué à son obligation de loyauté et à son devoir de mettre son contractant en mesure d'exécuter le contrat. Si on y ajoute les arrêts par lesquels la chambre sociale de la Cour de cassation a affirmé, sur le fondement de la bonne foi, l'obligation pour l'employeur d'assurer l'adaptation des salariés à l'évolution de leur emploi[4], on peut considérer que, lentement mais sûrement, l'idée selon laquelle la solidarité contractuelle fonde une obligation de renégocier un contrat, dont le déséquilibre aussi profond qu'imprévu menace gravement les intérêts d'un des contractants, fait son chemin en droit français. Mais il est incontestable que cette solution est encore empreinte d'une certaine fragilité à l'image de la jurisprudence dont elle est issue et qu'elle ne peut pas encore constituer un signe tangible d'allégeance du droit français à la règle, fût-elle virtuelle, énoncée par les Principes.

2. L'exigence de proportionnalité

Proche de l'obligation de loyauté, ainsi que le démontre ses conditions de mise en œuvre, l'exigence de proportionnalité constitue l'un des piliers du temple contractuel virtuel érigé par les Principes européens du droit du

▲ 1. Art. 6.111.

▲ 2. *JCP*, 1993.II.22164, obs. G. Virassamy ; *RTD Civ.*, 1993, 124, obs. J. Mestre.

▲ 3. *Defrénois*, 1999, obs. D. Mazeaud ; *JCP* éd. E, 1999, p. 1422, obs. C. Jamin.

▲ 4. Cass. soc. 25 févr. 1992 ; *D.* 1992, 390, note M. Desfossez et som. com., 294, obs. A. Lyon Caen, *RTD Civ.*, 1992, 760, obs. J. Mestre.

contrat. Simplement en germe dans notre droit commun des contrats, où elle est illustrée pas quelques dispositions législatives sélectives et décisions judiciaires aussi spectaculaires qu'exceptionnelles, l'exigence de proportionnalité, dont il est contesté qu'elle mérite d'ores et déjà le label de principe général en droit français[1], peut, en revanche, revendiquer ce titre prestigieux dans le droit européen en gestation, ainsi qu'en attestent sans l'ombre d'un doute trois des Principes étudiés.

D'abord, et à l'instar du droit français, les Principes protègent les contractants contre les clauses qui engendrent un déséquilibre significatif entre les droits et les obligations des parties au contrat. Quelques différences significatives affectent cependant les systèmes européen et français de protection contre les clauses abusives.

D'une part, en ce qui concerne son domaine *ratione personae,* on remarquera que, contrairement au droit français, les Principes ne se livrent à aucune discrimination[2]. En d'autres termes, peu importe que le contractant victime d'une clause abusive soit un consommateur ou un professionnel, il suffit pour qu'il bénéficie des bienfaits de cette protection qu'une clause abusive au sens des Principes lui ait été imposée.

D'autre part, en ce qui concerne le régime de la protection mise en œuvre par les Principes, il est intéressant de constater que ceux-ci sont finalement plus restrictifs que le droit français puisque pour être abusive, la clause doit, non seulement engendrer un déséquilibre significatif, mais encore procéder d'un comportement déloyal du contractant qui a imposé la clause[3] et à qui profite l'abus. Par ailleurs, on se contentera d'indiquer pour le moment que la suppression de la clause ne suppose pas une intervention du juge et qu'elle peut résulter de la seule décision du contractant victime de l'abus[4].

Ensuite, et contrairement au droit français des contrats, les Principes admettent l'anéantissement et la révision du contrat pour lésion et imprévision.

En premier lieu, lorsque au stade de la conclusion du contrat, un contractant a profité de la situation de dépendance économique ou de l'état de faiblesse intellectuelle de son cocontractant pour s'octroyer un avantage ou retirer un bénéfice excessifs, le contrat peut être anéanti par la victime de la lésion ou révisé par le juge à la demande de l'une ou l'autre des parties[5]. Inutile d'insister sur l'originalité de cette solution au regard du droit français dont chacun sait l'hostilité de principe qu'il manifeste à l'endroit de la lésion, laquelle n'est que très exceptionnellement admise comme une cause de remise en question du contrat. Sans préjuger des fortes résistances qu'il

▲ 1. Sur ce point, v. « Existe-t-il un principe de proportionnalité ? », *Les Petites Affiches,* 30 sept. 1998.

▲ 2. En droit français, malgré la formule apaisante retenue par la Cour de cassation, il apparaît que les professionnels dominés et dépendants à qui des clauses abusives ont été imposées ne bénéficient pas des dispositions du code de la consommation qui protègent contre lesdites clauses (sur ce point, v. Les clauses abusives entre professionnels, Economica, 1998).

▲ 3. A en croire la lettre de l'article 4.110, pour être abusive, la clause ne doit pas avoir été négociée de gré à gré.

▲ 4. V. *infra* II-A).

▲ 5. Art. 4.109.

faudra vaincre pour convaincre les juges et les juristes français que l'impératif de sécurité juridique peut s'accommoder de l'admission de la lésion comme condition générale de validité du contrat, on se bornera à deux remarques. D'une part, l'admission de la lésion, qui ne permet pas d'assurer une équivalence des prestations réciproques mais qui autorise seulement la correction des déséquilibres manifestes, compense très largement l'éviction par les Principes de la notion de cause objective dont on sait qu'elle est utilisée en droit français pour éviter les disproportions par trop flagrantes, non seulement entre les droits et obligations des cocontractants, mais encore, plus rarement il est vrai, entre l'engagement souscrit par le débiteur et ses ressources[1] ou l'intérêt du contrat[2]. D'autre part, dans les Principes, la correction du déséquilibre contractuel suppose un comportement déloyal d'un contractant qui se rend coupable d'un abus de la situation de dépendance économique ou de faiblesse intellectuelle de son cocontractant pour lui imposer un contrat injuste, car profondément déséquilibré. La lésion, comme dans les Principes d'Unidroit est donc ici une notion subjective, connectée au devoir de bonne foi et proche d'un vice du consentement.

En second lieu, lorsqu'au stade de l'exécution, un déséquilibre imprévu lors de sa conclusion rend son exécution onéreuse à l'excès pour l'un des contractants et que les parties n'ont pas réussi à se mettre d'accord lors de la période préalable de renégociation, le juge peut, selon les cas, anéantir le contrat ou l'adapter aux nouvelles circonstances[3]. Dans cette nouvelle manifestation de l'exigence de proportionnalité, on peut deviner une expression particulière de l'idée de solidarité contractuelle au nom de laquelle la flexibilité du contrat doit se substituer au principe d'intangibilité lorsque la lettre de la convention des parties a été purement effacée par les bouleversements économiques, politiques ou sociaux et que son esprit n'a pas lui non plus survécu à cette brutale mutation. Là aussi, il faudra sans doute déployer des trésors d'argumentation pour persuader les juristes et les juges français de la fragilité de l'exception française qui, au nom de l'impératif de sécurité juridique, refusent de faire sortir la théorie de l'imprévision des oubliettes dans lesquelles la Cour de cassation l'a précipitée depuis 1876[4]. Une véritable révolution culturelle et contractuelle sera probablement nécessaire pour qu'à l'image des Principes du droit européen du contrat, le droit français admette, comme le font d'ailleurs de très nombreux systèmes juridiques, que la rigidité d'un contrat devenu profondément déséquilibré, au point qu'il n'a plus rien à voir avec le contrat qui avait été voulu et conçu, jure avec l'idée même de justice contractuelle. De même faudra-t-il sans doute faire preuve de beaucoup de patience avant que la communauté juridique française réalise, ainsi que le démontrent suffisamment les exemples étrangers, que l'admis-

▲ 1. En ce sens, Cass. com. 17 juin 1997 : *JCP*, 1998, éd. G, I.103, obs. Ph. Simler et éd. E, II.1007, obs. D. Legeais.

▲ 2. En ce sens, Cass, civ. 1re, 3 juil.1996 : *D.* 1997, 500, note Ph. Reigné ; *Defr.*, 1996, 1015, obs. P. Delebecque ; *JCP*, 1997.I,4015, obs, F. Labarthe, *RTD. Civ.*, 1996, 903, obs. J. Mestre.

▲ 3. Art. 6.111.

▲ 4. Cass. civ., 8 mars 1876 ; *D.* 1876.1.193, note Giboulot.

sion de la révision pour imprévision, au nom de la bonne foi, ne rime pas fatalement avec l'insécurité juridique.

Désormais exploré, non pas dans ses moindres recoins mais du moins dans ses lignes forces, le Droit contractuel qui émerge des Principes élaborés par la commission Lando, on peut se pencher sur le concept de contrat tel qu'il ressort de l'étude de ce *corpus.*

▶ § 2. Le contrat

Le contrat façonné par les Principes du droit européen du contrat apparaît comme traversé par deux forces qui loin d'être contraires sont complémentaires. D'une part, à l'image du droit privé français des contrats depuis quelques années, les Principes ont parfaitement intégré ce que M. Revet a appellé « *l'inégalité structurelle des relations de dépendance*[1] » en laissant le champ libre à volonté unilatérale et en consacrant l'efficacité du pouvoir solitaire en matière contractuelle (A), ce que nous constaterons dans un premier temps. D'autre part, le contrat européen apparaît comme particulièrement perméable à l'exercice du pouvoir judiciaire (B), ce que nous étudierons dans un second temps. En tout état de cause, les Principes nous renvoient une image du contrat à cent lieues de la conception traditionnelle qui le présente comme le fruit d'un accord de volonté conclu en toute liberté, sur un pied d'égalité, et défendu au juge. Bien au contraire, le contrat est largement abandonné au pouvoir de la volonté unilatérale du maître du contrat qui se déploie sous la tutelle vigilante du juge et, plutôt qu'intangible, il semble mû par une sorte de mouvement perpétuel orchestré par la baguette d'un juge omniprésent.

▶ A. LE POUVOIR SOLITAIRE

La force du pouvoir de la volonté unilatérale, qui témoigne de ce que les rédacteurs des Principes ont pris quelques distances avec les mythes qui ont bercé pendant des lustres le droit français des contrats, à savoir l'autonomie de la volonté, la liberté et l'égalité contractuelles, se déploie à tous les stades du processus contractuel.

Mais, au préalable, il convient, pour le juriste français, de saluer la consécration de l'engagement unilatéral de volonté par les Principes qui, dans l'article 2.107, énoncent que « *la promesse qui veut être juridiquement obligatoire sans acceptation lie son auteur* ». La volonté solitaire, lorsqu'elle est ferme et précise, engendre donc un lien de droit, une obligation civile à la charge de celui qui la manifeste. La netteté de la règle tranche singulièrement avec les tergiversations de la jurisprudence et les hésitations de la doctrine

▲ 1. « Les apports au droit des relations de dépendance », *in La détermination du prix : nouveaux enjeux - un an après les arrêts d'Assemblée plénière,* Thèmes et commentaires, Dalloz, 1997, p. 37 et s., sp. p. 39.

française qui, à quelques exceptions près, tendent à reléguer l'engagement unilatéral de volonté au rang peu glorieux de source d'appoint et canalisent étroitement sa zone d'influence.

1. La détermination unilatérale du contrat

Le pouvoir de la volonté unilatérale se manifeste par ailleurs avec un certain éclat au stade de la détermination du contrat. Les principes disposent en ce sens que la validité du contrat n'est pas affectée par l'existence d'une clause qui confère à l'un des contractants le pouvoir de fixer unilatéralement un élément essentiel, le prix par exemple, ou accessoire du contrat, lesquels peuvent donc être indéterminés et indéterminables au jour de la conclusion du contrat[1].

Chacun aura fait le rapprochement avec la récente jurisprudence française sur la détermination du prix[2], mais la ressemblance laisse subsister quelques importantes différences. En premier lieu, quant à son domaine, on relèvera que la volonté unilatérale du maître du contrat, d'une part, peut avoir prise non seulement sur le prix mais sur n'importe quel autre élément contractuel, d'autre part, peut se déployer de la sorte dans n'importe quel type de contrat : le champ d'activité de la volonté unilatérale apparaît donc sensiblement plus vaste dans les Principes que dans le droit français positif. En second lieu, le régime de la détermination unilatérale du contenu du contrat n'est pas le même dans les deux systèmes. Dans la jurisprudence française, on se souvient que la liberté du maître du contrat dans la fixation du prix est canalisée par la théorie de l'abus de droit et sanctionnée par la résiliation du contrat et/ou sa responsabilité. La tutelle du juge s'exerce avec plus d'intensité dans les Principes ; en effet, lorsque la détermination unilatérale d'un élément du contrat « *est manifestement déraisonnable* », le juge peut se substituer au maître du contrat déloyal et fixer lui-même l'élément en question à un montant raisonnable. Ainsi, alors que le droit français ne reconnaît en cas d'abus dans la fixation unilatérale du prix qu'un pouvoir détourné et indirect au juge de rééquilibrer le contrat en accordant des dommages-intérêts à la victime de l'abus, les Principes, dans une telle hypothèse, accordent franchement et sans état d'âme au juge le pouvoir de refaire le contrat. La différence n'est donc pas simplement de degré, elle est de nature car si dans le premier cas l'intervention du juge canalise les débordements de la volonté unilatérale, dans le second, le pouvoir judiciaire se substitue à la volonté unilatérale ; ici, le juge corrige une volonté abusive, là, le juge complète, voire conçoit le contrat.

L'exercice solitaire du pouvoir trouve un terrain supplémentaire d'élection lors de la phase d'anéantissement du contrat.

▲ 1. Art. 6.105.

▲ 2. Sur laquelle, v. *La détermination du prix : nouveaux enjeux - un an après les arrêts d'Assemblée plénière, op. cit.*

2. L'anéantissement unilatéral du contrat

Alors qu'en droit français, la nullité se présente sous les traits d'une sanction judiciaire, il n'en va pas de même dans les Principes où elle s'exerce par simple voie de notification. En clair, en droit européen, la nullité est une sanction unilatérale et extrajudiciaire dans la mesure où le contrat peut être anéanti à l'initiative du contractant victime de la malformation du contrat. Ainsi, en cas d'erreur spontanée de droit et de fait ou de déséquilibre contractuel excessif, le contractant victime peut provoquer l'annulation du contrat, de même qu'il peut supprimer une clause abusive.

La brutalité et la dangerosité du procédé, qui consiste à octroyer au contractant victime un droit de vie ou de mort sur le contrat vicié ou déséquilibré, est tempéré à double titre afin d'éviter que ce pouvoir unilatéral ne soit utilisé par des contractants peu scrupuleux pour se délier unilatéralement et à bon compte d'un contrat des liens duquel ils souhaitent se libérer. D'une part, le cocontractant à qui la nullité est notifiée peut faire en sorte de sauver le contrat en évitant l'annulation. Ainsi, en cas d'erreur, il peut écarter la nullité en adaptant le contrat de telle sorte que le préjudice découlant de l'erreur commise par son cocontractant soit supprimée : le contrat sera donc maintenu si les effets de l'erreur sont effacés. Autre solution qui s'inscrit dans le mouvement de protection du lien contractuel, qui n'est pas inconnu du droit français, le maître du contrat qui a profité de sa supériorité pour s'octroyer un avantage ou un profit excessif, peut après réception de la notification d'annulation saisir le juge afin que celui-ci rééquilibre le contrat. On le constate, donc, l'éviction du juge n'est ici que relative ; le pouvoir de la volonté unilatérale dans l'anéantissement du lien contractuel, outre qu'il peut évidemment faire l'objet d'un contrôle judiciaire *a posteriori* si son bien-fondé est contesté, se déploie sous la tutelle du juge qui, dans l'intérêt du contrat, peut en tempérer les effets néfastes.

Le pouvoir de la volonté unilatérale au stade de l'anéantissement du contrat s'exerce, enfin, avec une particulière vigueur en cas d'inexécution essentielle, ce qui est notamment le cas lorsque celle-ci porte substantiellement atteinte aux attentes légitimes du créancier ou que la stricte observation de l'obligation inexécutée était de l'essence du contrat[1]. En effet, le créancier peut alors résoudre unilatéralement le lien contractuel. Jusqu'à un récent arrêt, qui semble de principe, rendu par sa première chambre civile le 13 octobre 1998[2], dans lequel la Cour de cassation a affirmé qu'en cas de comportement grave de son cocontractant, chacun peut, à ses risques et périls, se faire justice à soi-même et mettre fin de façon unilatérale au contrat, le droit français paraissait plus qu'hésitant, partagé. Manifestement, les Principes, eux, n'ont pas hésité entre l'intérêt économique que présente la résolution unilatérale de mettre fin rapidement à un contrat inexécuté qui ne répond donc plus aux attentes du créancier et le danger, découlant de l'éviction du juge, que cette mesure fait courir au principe de la force

▲ 1. Art. 8.103.

▲ 2. *D.* 1999, 197, note C. Jamin, *Defrénois,* 1999, 374, obs. D. Mazeaud.

obligatoire du contrat et aux légitimes intérêts du débiteur. Or, une fois encore, on peut craindre que le créancier n'exploite son pouvoir de résolution unilatérale pour révoquer brutalement son engagement.

Menace qui s'accroît nécessairement lorsque ce pouvoir s'exerce de façon anticipée ; or, les Principes disposent que « *lorsque dès avant la date à laquelle une partie doit exécuter, il est manifeste qu'il y aura inexécution essentielle de sa part, le cocontractant est fondé à résoudre le contrat*[1] ». Si le souci d'efficacité économique incite dans un premier mouvement à approuver cette résolution unilatérale et anticipée, on ne peut, à la réflexion, succomber aux charmes de cette mesure car, donnant au créancier un important pouvoir de justice privée, elle fragilise considérablement le principe de la force obligatoire du contrat. Le risque d'inexécution peut aisément constituer pour un créancier indélicat un alibi commode pour se délier unilatéralement d'un contrat dont il souhaite s'évader pour des motifs plus ou moins avouables.

D'où l'importance, en cas de résolution unilatérale pour inexécution essentielle ou pour simple risque d'inexécution essentielle, du contrôle du juge afin d'éviter les anéantissements abusifs du lien contractuel. La difficulté, relevée par M. Jamin[2], procède de ce que le contrôle judiciaire du bien-fondé de la résolution, particulièrement du caractère essentiel de l'inexécution, s'effectuera nécessairement *a posteriori,* par conséquent une fois que le contrat aura été rétroactivement anéanti. Et il n'est pas certain qu'à titre de réparation du préjudice causé par une résolution unilatérale abusive, le juge puisse sceller de nouveau le lien contractuel abusivement dénoué et prononcer l'exécution forcée du contrat résolu...

Si les Principes reconnaissent à la volonté unilatérale un large rayon d'action et ne sont donc pas hostiles à l'existence d'un pouvoir solitaire dans le contrat, ils font, par ailleurs, preuve d'une hospitalité remarquable à l'égard du pouvoir judiciaire.

▸ B. LE POUVOIR JUDICIAIRE

Les Principes du droit européen du contrat aiment le juge : non seulement, ils lui accordent manifestement leur confiance aveugle pour réguler l'exercice des pouvoirs contractuels et rééquilibrer les droits et obligations respectifs des contractants, mais encore ils lui donnent parfois carte blanche pour parfaire un contrat lacunaire, voire refaire un contrat imparfait ou injuste.

Comme on peut immédiatement le souligner, cette union européenne du juge et du contrat, célébrée par les Principes, tranche singulièrement avec la réticence dont le droit français fait preuve à l'égard d'une telle liaison que, quasiment à l'unisson, doctrine et pratique dénoncent parce qu'ils la considèrent comme dangereuse. Dangereuse pour l'impératif de sécurité juridique et

▲ 1. Art. 9.304.
▲ 2. *Eod. loc.*

pour la fonction de prévisibilité qui fonde la notion de contrat... on connaît la rengaine !

Sur ce point particulier, il ne faut pas se leurrer sur la résistance probable que rencontreront les Principes avant d'infléchir les mentalités et le droit français. Pourtant à y regarder d'un peu plus près, les manifestations du pouvoir judiciaire sur le contrat tel qu'il est façonné par les Principes ne sont pas toutes inconciliables avec notre droit commun contractuel, ainsi que le révèle un survol rapide des dispositions européennes sur ce point.

1. Le contrôle judiciaire des abus et des excès

Ainsi, il est d'abord certain que l'emprise du juge sur le contrat est amplement favorisée par la prolifération des notions cadres[1]. Il appartient, en effet, au juge de doter ces notions d'un sens précis et d'une portée concrète, et, dans cette mesure, ces concepts flexibles sont autant de petits chevaux de Troie qui lui permettent de pénétrer, de façon discrète mais directive, dans la citadelle contractuelle.

Sur ce point, en raison du goût commun pour ces standards des Principes et du droit français, le juriste de l'Hexagone n'est pas dépaysé. Il ne l'est pas plus, parce que la conception française traditionnelle de l'office du juge en matière contractuelle n'est pas heurtée, lorsque le juge se voit investi par les Principes du pouvoir de contrôler l'exercice abusif ou déloyal du pouvoir unilatéral que s'est octroyé le maître du contrat, ou de corriger l'excès manifeste entre la peine privée contractuelle et le préjudice réel subi par le créancier.

2. La substitution du juge aux parties

L'esprit juridique français est, en revanche, beaucoup plus dérouté par ceux des Principes qui donnent au juge mission de s'immiscer dans le contrat pour le parfaire ou le refaire en faisant totalement abstraction de la volonté des parties et l'autorisent ainsi à substituer sa propre appréciation, autrement dit son sens de la justice contractuelle, à la volonté contractuelle, c'est-à-dire aux intérêts des contractants.

Il en va ainsi en cas de déséquilibre contractuel existant dès la conclusion du contrat ou survenant de manière imprévue lors de son exécution. Dans ces hypothèses, le juge peut être conduit à adapter le contrat. Lorsqu'il s'agit de supprimer l'avantage ou le profit excessif que le contrat lésionnaire octroyait au maître du contrat, les Principes énoncent que le juge doit l'adapter de telle sorte que le contrat doit respecter les standards de bonne foi et de loyauté qui auraient dû présider à sa conclusion[2]. Quand il est question de réviser un contrat devenu déséquilibré lors de son exécution, les Principes

▲ 1. Sur ce point, v. *supra*, n° 11.

▲ 2. Art. 4.109.

disposent que le juge doit *l'adapter de façon à distribuer équitablement entre les parties les pertes et profits qui résultent de changement de circonstances*[1].

On le constate, équité et loyauté sont les notions que le juge exploite pour modeler le contrat ...et déterminer les intérêts des contractants, sinon à sa convenance du moins en fonction de sa perception personnelle de l'équilibre contractuel. Autant dire que le contrat forgé par les Principes n'est point une notion figée par la volonté de ceux qui l'ont conclu, il est au contraire flexible et sensible à l'emprise du pouvoir judiciaire.

Par ailleurs, au regard de la tradition contractuelle française, l'office du juge est l'objet d'une profonde mutation dans les dispositions qui reconnaissent au juge le pouvoir de déterminer, abstraction faite de la volonté des contractants, un élément essentiel ou, *a fortiori,* accessoire du contrat.

Il en va, tout d'abord, ainsi lorsque le tiers désigné par les contractants en vue de déterminer un élément du contrat, le prix par exemple, ne veut ou ne peut remplir sa mission. Dans ce cas, en droit français, comme l'a décidé la Cour de cassation, « *la désignation (d'un nouveau tiers) ne peut être faite par le juge, dont l'intervention, non prévue dans la convention, se trouverait ainsi imposée pour la perfection du contrat, là où la loi n'a voulu que l'action libre et exclusive des parties*[2] ». Au contraire, dans les Principes, en dépit de tout pouvoir en ce sens délégué au juge par les parties, celui-ci peut désigner un nouveau tiers pour parfaire le contrat.

Mieux ou pire, c'est selon, lorsque le contrat a été conclu sans prix déterminé ou déterminable, il n'est pas pour autant voué à l'anéantissement. La fixation judiciaire du prix à un montant raisonnable, ou de tout élément essentiel ou accessoire du contrat, conférera à ce dernier la vitalité dont les contractants l'avaient privée. Dans ces différentes hypothèses, plus encore que de sauver le contrat, l'intervention du juge permet de le rendre vivant et viable.

Dans les Principes, en définitive, le contrat n'est plus le jardin secret des contractants, c'est une œuvre collective dans laquelle le juge tient un rôle qui peut être déterminant, un ménage à trois dont le juge est non seulement l'arbitre mais aussi un acteur parfois très actif.

Il n'est pas certain que la communauté juridique française habituée à la figure traditionnelle et rassurante du couple légitime formé par les contractants voit d'un très bon œil se recomposer une famille contractuelle élargie au juge.

Finalement, d'une manière générale, si on s'essaie au genre difficile du pronostic sur le potentiel d'harmonisation de ces Principes du droit européen du contrat et la perméabilité du droit français à leur sujet, on peut faire preuve d'un certain optimisme. En effet, comme on a pu le constater ces Principes réfléchissent, dans une assez large mesure notre droit contractuel national : ils en sont en quelque sorte le miroir. En outre, il n'apparaît pas

▲ 1. Art. 6.111.

▲ 2. Cass. civ., 25 avril 1952 ; *RTD Civ.* 1952, 515, obs. J. Carbonnier.

déraisonnable de penser que, sur bien des points sur lesquels des différences subsistent aujourd'hui, les solutions retenues dans les Principes préfigurent les évolutions majeures de notre droit contractuel. Reste à savoir s'il faut s'en réjouir ou s'en lamenter, mais c'est là une toute autre histoire...

PARTIE V

Rapport de synthèse

Rapport de synthèse

Claude Witz

Professeur aux Universités de la Sarre et de Strasbourg, Directeur du Centre juridique franco-allemand de Sarrebruck

Quel beau mot que celui d'harmonisation, du grec *Harmonia.* Dans la mythologie grecque, Harmonia était la fille d'Aphrodite et d'Arès, dieu de la guerre brutale et de la mort violente, souvent représenté en compagnie d'Eris, personnifiant la discorde. Après la discorde, viennent l'entente et l'harmonie.

« Harmonisation » est un mot que l'on retrouve dans la plupart des langues européennes : *Harmonization, Harmonisierung...* Qui ne pourrait souscrire, en Europe, à un tel programme ? Depuis le Traité de Rome, le mot harmonisation a pris une coloration juridique particulière : il évoque d'emblée les politiques d'harmonisation et l'instrument pour les réaliser, à savoir la directive, qui, selon l'article 249 du Traité (ex-art. 189), « *lie tout État membre destinataire quant au résultat à atteindre tout en laissant aux instances nationales la compétence quant à la forme et aux moyens* ».

Les organisateurs du colloque ont évité à dessein les mots d'unification ou d'uniformisation. Comme le soulignait déjà René David, dans un article publié en 1955 : « *On peut être bon Européen et considérer avec réticence l'unification des droits européens ; on ne peut être bon Européen et vouloir maintenir, sans effort d'harmonisation, la situation actuelle, c'est-à-dire la complète insularité de chaque système juridique national européen.* » « *Si l'Europe a un sens pour nous,* écrit encore l'illustre auteur, *il va de soi que nous devons vouloir l'harmonie des droits européens, sauf à déterminer en quoi doit consister cette harmonie et par quels moyens et sur quelles bases l'établir. Le problème d'unification, en revanche, se pose sur un plan différent. L'Europe sera plus strictement unie si l'unification de son droit est réalisée ; elle peut exister, néanmoins, sans l'unification de son droit*[1]. »

▲ 1. « L'avenir des droits européens : unification ou harmonisation » reproduit in R. David, *Le droit comparé, Droits d'hier, Droits de demain,* Paris, Economica 1982, p. 296.

Si des doutes à propos du besoin d'unification pouvaient être émis en 1955, ces hésitations sont encore permises aujourd'hui. Tout le monde s'accorde à penser que l'une des richesses de l'Europe est la diversité des cultures et des langues qu'il importe de préserver. Plusieurs orateurs l'ont à juste titre souligné[1]. « Unification », « uniformisation »... Le dernier mot heurte moins nos sensibilités culturelles ou nationales. Mais dans le gant de velours, se cache la main de fer. L'uniformisation implique aussi des règles uniformes. Parmi les critères mis en avant pour opérer une distinction entre unification et uniformisation, le plus convaincant est celui tiré de l'unicité ou de la pluralité des ordres juridiques concernés : le Code civil a unifié, en 1804, le droit civil français ; la Convention des Nations Unies sur les contrats de vente internationale de marchandises a uniformisé le droit de la vente[2].

Cette synthèse inverse l'ordre des rapports et débute par le bilan.

▶ § 1. Le bilan des politiques spéciales d'harmonisation

Le bilan est important en droit de la distribution et en droit de la consommation. L'Europe du Traité qui n'a qu'une compétence d'attribution, est fondamentalement une Europe du marché. D'où l'importance du libre jeu de la concurrence et l'encadrement communautaire des rapports de distribution, entre fournisseurs et détaillants, par le biais des règlements d'exemption par catégorie pris par la commission en vertu de l'article 81 § 3 du Traité (ex-art. 85 § 3). Les différents règlements cités par le professeur Didier Ferrier dans son rapport[3] aboutissent à une harmonisation poussée des contrats de distribution dès lors qu'ils affectent le jeu de la concurrence en Europe. « La règle de concurrence va commander la règle contractuelle » selon la formule de l'orateur. Mais l'effet « camisole » souvent reproché à ces règlements[4] ne vaut que pour les clauses restrictives de concurrence. L'harmonisation n'est que partielle et contrastée[5].

L'Europe du marché implique aussi l'élimination des mesures nationales susceptibles de constituer des entraves aux échanges des marchandises ou des services sur la base des articles 28 ou 49 du Traité. A juste titre, le professeur Thierry Bourgoignie a mis en relief « l'harmonisation négative » produite par l'élimination des entraves aux échanges, à la suite du célèbre arrêt *Cassis de Dijon*[6]. Mais l'on sait que la Cour de justice a mis un bémol à sa

▲ 1. V. H. Beale, « La commission Lando : le point de vue d'un *common-law lawyer* » ; P. Legrand, « La leçon d'Apollinaire » et M. Delmas-Marty, « Le phénomène de l'harmonisation – L'expérience contemporaine ».

▲ 2. V. à propos de ces concepts, A. Jeammaud, « Unification, uniformisation, harmonisation : de quoi s'agit-il ? », *in Vers un Code européen de la consommation,* Bruylant, Bruxelles, 1998, p. 35 et s. ; M. Delmas-Marty, rapport préc.

▲ 3. V. D. Ferrier, « La politique de l'harmonisation du droit des contrats de distribution en Europe ».

▲ 4. V. D. Ferrier, *loc. cit.,* n° 24.

▲ 5. V. D. Ferrier, *loc. cit.,* n° 40.

▲ 6. V. Th. Bourgoignie, « L'impact du droit européen de la consommation sur le droit privé des États membres ».

jurisprudence, c'est le moins qu'on puisse dire, par son célèbre arrêt *Keck,* dont on continue de s'interroger sur sa portée[1].

L'Europe communautaire n'est plus uniquement celle des marchands, c'est aussi celle des consommateurs, comme l'a montré également le professeur Thierry Bourgoignie. Selon une politique qui a commencé dans les années soixante-dix, sur une base juridique incertaine, politique désormais solennellement consacrée par le Traité de Maastricht, les consommateurs européens doivent bénéficier d'un seuil de protection minimum. D'où un florilège de directives[2] dont la plus importante sans doute, par ses infiltrations dans l'ensemble du droit des contrats, est la directive de 1993 sur les clauses abusives. Mérite aussi d'être mise en exergue la directive du 25 juillet 1985 en matière de responsabilité du fait des produits défectueux, en raison de ses impacts sur le droit des obligations et le gommage de la distinction entre les responsabilités contractuelles et délictuelles lorsqu'un bien mis sur le marché blesse, tue ou abîme des biens à usage personnel[3].

L'Europe communautaire est-elle également celle des salariés qui déboucherait sur un droit du travail largement harmonisé ? Le professeur Bernard Bossu a montré que la mise en place d'un droit communautaire ne doit pas se traduire par un recul des droits nationaux. L'harmonisation ne peut se concevoir que dans le progrès[4]. D'où l'existence d'un ordre public social communautaire concernant l'égalité de traitement et le principe de non-discrimination, la santé et la sécurité, certains aspects du contrat de travail. Mais l'Europe communautaire n'impose pas un contrat type de travail. Des pans entiers des relations de travail ne connaissent aucune réglementation européenne, qu'il s'agisse des salaires ou de la rupture du contrat de travail. L'harmonisation n'est donc qu'en demi-teinte[5].

Si l'on s'attache au droit commun des contrats, peut-on constater une communautarisation massive du droit des contrats ou encore une dénationalisation poussée du droit des contrats ?

La réponse me semble négative. L'arbre ne doit pas cacher la forêt. L'Europe du marché, l'Europe des consommateurs, tout comme l'Europe des droits de l'homme rappelée par le professeur Mireille Delmas Marty ne saisissent pas l'ensemble du droit des contrats, un peu à l'image de nos cours de facultés où les enseignements du droit de la concurrence, du droit de la consommation et des droits de l'homme ne vident de leur contenu ni le cours général du droit des obligations ni le cours de contrats spéciaux. La formation du contrat, ses conditions de validité, ses effets, les différentes sanctions en cas d'inexécution contractuelle, la prescription des actions contractuelles demeurent régies plus ou moins exclusivement par les droits nationaux, sous réserve bien sûr du jeu de conventions internationales qui uniformisent telle ou telle opération internationale. Comment ne pas citer les

▲ 1. V. Th. Bourgoignie, *loc. cit.*

▲ 2. V. Th. Bourgoignie, *loc. cit.*

▲ 3. V. aussi l'importante directive du 25 mai 1999 sur certains aspects de la vente et des garanties des biens de consommation, *JOCE* du 7 juillet 1999, n° L 171, p. 12 et s.

▲ 4. V. B. Bossu, « Harmonisation européenne et contrat de travail », spéc. II, A.

▲ 5. V. B. Bossu, *loc. cit.*, II, B *in fine.*

conventions qui uniformisent le transport international, la vente internationale de marchandises, le factoring international et le crédit-bail international ?

Faut-il espérer une poursuite des politiques spéciales d'harmonisation ? Par une telle harmonisation autour des objectifs du Traité, pourrait-on se dispenser d'une harmonisation du droit commun des contrats ? On l'a dit et redit tout au long du colloque : limitons les dégâts ! Cette politique d'harmonisation présente toute une série d'inconvénients. Tout d'abord, elle est un important facteur de complications et de perturbations des droits nationaux. Le phénomène d'harmonisation au niveau communautaire met en danger l'équilibre interne des droits nationaux ; il est source, selon la formule du professeur Van Gerven, de « déharmonisation »[1]. Il suffit de songer à cet effet à la transposition en droit français de la directive européenne sur la responsabilité du fait des produits défectueux. Même si le législateur français a sa part de responsabilité dans ce produit hybride que constituent les articles 1386-1 et suivants du Code civil, cette action nouvelle, qui s'ajoute aux actions actuelles et qui joue quelles que soient les qualités de la victime, qu'elle soit un tiers ou un contractant, bouscule plusieurs principes importants classiques du droit français des obligations. Mais surtout, par le rajout d'une action nouvelle, cette directive transposée est un facteur de complication et nuit à la lisibilité du droit français[2]. Certes, la cohérence interne des droits nationaux à la suite de la transposition des directives relève de la compétence des législateurs nationaux[3]. L'harmonisation des droits nationaux en Europe impliquerait un second travail d'harmonisation : il faudrait harmoniser les règles modifiées avec les règles nationales hors du champ des directives. Ce travail d'harmonisation est souvent négligé, les législateurs nationaux ayant la tendance toute naturelle de préserver autant que faire se peut les solutions traditionnelles. Ce constat, on peut le faire en France, mais aussi dans d'autres pays en principe plus méthodiques comme l'Allemagne. Une image utilisée souvent en Allemagne à propos des effets néfastes des directives est celle du patchwoork, du *Bunter Flickenteppich*[4].

La seconde série d'inconvénients résulte de ce que l'harmonisation se fait le plus souvent en surface, autour des résultats à atteindre, sans que le corps de règles permettant d'y aboutir soit profondément harmonisé. A cela s'ajoute qu'en matière de protection du consommateur, tout comme dans le domaine de la protection du salarié, les directives prévoient généralement que les États membres peuvent adopter ou maintenir des dispositions plus

▲ 1. V. W. van Gerven, « L'harmonisation du droit des contrats en Europe ».

▲ 2. Observons que la proposition faite par la commission présidée par le professeur Jacques Ghestin a eu le grand avantage de ne pas présenter ces inconvénients, v. J. Ghestin, « L'avant-projet de loi sur la responsabilité du fait des produits défectueux : une refonte partielle du Code civil », *RJ com.*, 1988, p. 201 et s.

▲ 3. V. W. van Gerven, « Coherence of Community and national laws. Is there a legal basis for a European Civil Code ? », actes de la conférence de Scheveningen du 28 février 1997 organisée par le ministère de la Justice néerlandais, *RED* privé 1997, p. 465 et s., spéc. p. 466.

▲ 4. H. Kötz, *Gemeineuropäisches Zivilrecht*, in H. Bernstein (éd.), Festschrift für Konrad Zweigert, Mohr, Tübingen, 1981, p. 481 et s., spéc. p. 489, qui reprend l'image utilisée par Rolf Herber à propos de l'uniformisation du droit maritime.

strictes pour assurer un niveau de protection plus élevé au consommateur. Dès lors, les législateurs nationaux sont tentés de suivre une politique minimaliste en opérant un changement minimum de leur législation. Ainsi les spécificités nationales demeurent en grande partie. Les dispositions du code français de la consommation sur les clauses abusives et celles de la loi allemande sur les conditions générales d'affaires qui vaut aussi dans les relations entre professionnels et s'applique uniquement aux clauses standardisées[1] demeurent bien différentes. Même dans les domaines couverts par la directive, de grandes disparités subsistent et l'horizon du juriste national s'arrête généralement aux frontières. En dépit des directives, c'est Eris qui règne et non Harmonia.

▶ § 2. Que faire ?

Faut-il en rester là et laisser le droit des contrats en Europe éclaté en quinze droits nationaux ? Peut-on concrètement uniformiser le droit des contrats en Europe ?

▶ A. LA COMPÉTENCE DE L'UNION

Une doctrine minoritaire estime que l'article 95 § 1 et 4 (ex-art. 100A) pourrait servir de base à l'élaboration d'un droit européen des contrats, le fonctionnement du marché intérieur impliquant la suppression des frontières du droit[2]. Sans doute la Commission pense-t-elle le contraire. L'on a pu judicieusement faire observer, en faveur de la compétence fondée sur l'article 100 A, que la directive sur les clauses abusives par exemple dénonce dans ses considérants les distorsions de concurrence pouvant surgir en raison des disparités entre les législations des États membres en matière de clauses abusives dans les contrats entre professionnels et consommateurs. Cet argument ne mérite-t-il pas d'être généralisé ? Ne vaut-il pas également pour les disparités nationales quant au contrôle des clauses contractuelles dans les relations entre professionnels par exemple, ou pour d'autres disparités entre les droits nationaux des contrats[3] ? Le professeur Van Gerven et la doctrine dominante estiment que la seule voie est celle du Traité, négocié entre les États membres[4]. Sans doute, l'élaboration d'un Code européen des contrats sur la base de l'article 95 § 1 et 4 serait-elle plus aisée, puisque le Conseil peut agir sur la base d'une majorité qualifiée.

▲ 1. V. notamment G. Lardeux, « Les clauses standardisées en droit français et en droit allemand », thèse dactylographiée, Paris II, 1999 ; sur la transposition de la directive du 5 avril 1993 en droit allemand, v. aussi Cl. Witz, « Chronique de droit civil allemand », *RTD civ.*, 1997, p. 264 et s., spéc. p. 271 et s.

▲ 2. J. Basedow, « Un droit commun des contrats pour le Marché commun », *RID comp.*, 1998, p. 7 et s., spéc. p. 17 et s.

▲ 3. En ce sens, J. Basedow, *loc. cit.*, p. 11 et s.

▲ 4. V. W. van Gerven, « L'harmonisation du droit des contrats en Europe », *loc. cit.*

Mais si un Traité est la seule voie concevable, l'Europe pourra tout de même se doter d'un code, dès lors que la volonté politique en faveur de ce code existe.

A deux reprises, le Parlement européen a appelé de ses vœux un tel code[1]. Et j'en viens à la question fondamentale que les rapporteurs, les présidents des différentes séances et les auditeurs ont souvent soulevée : est-il souhaitable que l'Europe se dote d'un code des contrats ?

B. L'OPPORTUNITÉ D'UN CODE EUROPÉEN DES CONTRATS

Les leçons de l'histoire, notamment l'expérience romaine exposée par le professeur Claudia Moatti[2], les enseignements que le professeur Mireille Delmas Marty a dégagés du phénomène de la mondialisation du droit, éclairent utilement la problématique et suggèrent des solutions : « *On peut certes déplorer la complexité, mais on ne la supprimera pas. Mieux vaut apprendre à l'ordonner car il est sans doute impossible, au stade actuel, de concevoir un droit commun qui serait appelé à remplacer le droit national*[3]. » D'autres expériences ont été rappelées par le Doyen Denis Tallon, celles de l'Allemagne et de la Suisse, lesquelles nous enseignent que l'union monétaire et l'union douanière conduisent logiquement à l'édification d'un code uniforme des obligations. Particulièrement éclairant est l'exemple de la confédération helvétique du milieu du XIXe siècle, riche de plusieurs langues et de plusieurs cultures. L'on sait comment les cantons souverains, après le rapprochement des marchés, ont décidé d'abandonner leur droit cantonal au profit d'un code fédéral des obligations, libellé en plusieurs langues, pour se doter plus tard d'un Code civil. A cet exemple, l'on pourrait opposer la voie suivie par d'autres États fédéraux, tels les États Unis, où les législations nationales varient d'un État à l'autre. Mais il est aisé d'observer que les principes de base sont les mêmes, la langue est unique, la procédure est largement comparable, les modes de raisonnement sont identiques, les juristes bénéficient de la même formation. Et les différents États se sont dotés du fameux *Uniform Commercial Code* qui, en dépit de son appellation, n'est pas complètement uniforme. Mais il est facile, à New York, de vérifier la teneur de la version californienne du Code. On ne peut en dire autant en Europe lorsqu'il s'agit de vérifier, par exemple, à Copenhague la teneur du droit grec sur l'efficacité des clauses exonératoires de responsabilité. Et nous entrons déjà dans la controverse du « pour » ou du « contre » un Eurocode des contrats[4].

1. Les arguments à l'encontre d'un tel Eurocode ont été présentés avec force par le professeur Pierre Legrand qui, dans le débat pour ou contre un code européen fait songer à Savigny, violemment hostile à un Code civil pour

1. *JOCE* du 26 mai 1989, n° C 158, p. 400 et s. ; *JOCE* du 6 mai 1994, n° C 205, p. 518 et s.
2. V. C. Moatti, « Le phénomène de l'harmonisation - L'expérience romaine ».
3. V. M. Delmas Marty, *loc. cit.*, conclusion.
4. Cette controverse est aussi au cœur de notre article « Plaidoyer pour un code européen des obligations », D. 2000, chr. p. 79 et s.

l'Allemagne préconisé par Thibaut en 1814. Savigny a pu qualifier le manifeste de Thibaut de *Schandebrief*, d'écrit honteux. Pierre Legrand n'est pas très éloigné de Savigny en parlant de non-sens d'un Code civil européen[1].

Selon le professeur Legrand, « *un droit uniforme, par delà les frontières, est proprement irréalisable : le droit s'inscrit infailliblement dans une langue, participe inévitablement d'une culture et relève invariablement d'une tradition... Chaque locution s'inscrit dans un réseau sémantique et sémiotique auxquels n'ont accès de l'intérieur que ceux qui sont pareillement dans cette langue, dans cet espace et dans ce temps*[2] ». Particulièrement topique est l'exemple des locutions *Good faith* et *Treu und glauben* donné par l'orateur. Les mêmes mots cachent des réalités différentes, et ce même au sein d'une même famille juridique, même au sein de la famille romano-germanique.

Ces problèmes sont bien sûr décuplés lorsqu'il s'agit de faire co-exister deux familles juridiques profondément différentes, celles du *Common Law* et du *Civil Law,* où les mécanismes de raisonnement apparaissent tellement différents. « *Le Common Law ne cherchera ni à conceptualiser ni à systématiser une notion dont le développement sera entièrement redevable de l'émergence de configurations factuelles pertinentes d'abord et de relations que l'esprit pragmatique anglais se fera fort de tisser d'une situation à l'autre ensuite*[3]. » Le droit uniforme n'est-il dès lors condamné à n'être qu'un droit uniforme en trompe-l'œil ? L'unification ne risque-t-elle pas d'opérer, pour utiliser une formule du professeur Geoffrey Samuel, uniquement au niveau des mots[4] ? Et puis, plus fondamentalement, Pierre Legrand a dénoncé « *ce constat éploré du babélisme juridique, devenu lieu commun de l'apostolat rationaliste et l'un des poncifs de la vulgate comparative* ». « *Pourquoi cette attirance vers l'universalité ? Pourquoi cette répugnance singulière à penser la différence, à décrire des écarts et des dispersions ? Le multiple propage l'angoisse et l'unité rassure*[5]. » Mais est-ce vraiment notre inconscient, nos esprits affamés de sécurité qui nous poussent vers un droit uniforme des contrats ? Qu'en est-il des arguments d'ordre économique ? Pierre Legrand s'est également placé sur ce terrain et fait valoir qu'« *il n'est tout simplement pas avéré qu'un droit unique ou uniforme réduise véritablement les coûts de transaction*[6] ».

2. Les arguments en faveur d'un Eurocode des contrats

Malgré la pertinence des objections de Pierre Legrand et la profondeur de ses analyses, il est permis de relativiser les différences opposant *Common law* et *Civil law,* sur un plan pratique du moins. Particulièrement éclairants

▲ 1. V. P. Legrand, « Sens et non-sens d'un Code civil européen », *RID comp.,* 1996, p. 779 et s.
▲ 2. V. P. Legrand, rapport préc.
▲ 3. V. P. Legrand, *loc. cit.*
▲ 4. G. Samuel, « Confronting the Historical and Epistemological Obstacles to Harmonisation » *in Rättshistoriska Studier,* t. XXI, p. 151 et s., spéc. p. 170.
▲ 5. V. P. Legrand, *loc. cit.*
▲ 6. V. P. Legrand, *loc. cit.*

sont les propos du professeur Hugh Beale, common lawyer et riche de son expérience au sein de la Commission Lando[1]. Il est permis aussi de croire qu'un droit uniformisé des contrats est possible en Europe, même si d'immenses difficultés de tous ordres se dresseront sur le chemin de l'uniformisation. Le problème n'est plus de savoir, pour reprendre la formule de René David, si l'uniformisation du droit des contrats se fera en Europe : il est de savoir comment elle se fera.

Toute une série d'auteurs et de praticiens appellent de leur vœu un droit uniforme des contrats. Le droit n'a pas seulement une dimension linguistique et culturelle. Le droit, surtout celui des contrats, est un instrument, un outil qui doit être apte à l'emploi. Cet appel pour un droit européen des contrats s'explique, moins pour des raisons de coût de transaction, mais tout simplement parce qu'une opération contractuelle, dès lors qu'elle lie deux entreprises relevant de deux ordres juridiques différents sera soumise le plus souvent soit au droit de l'une des entreprises, soit au droit de l'autre. En cas de litige, la mise en œuvre du droit étranger sera pour l'autre partie, le plus souvent, un véritable saut dans l'inconnu, un parcours du combattant truffé de pièges. Sans doute les grandes entreprises peuvent-elles échapper à la plupart des difficultés nées de la diversité des droits nationaux, grâce à la création de filiales dans les pays partenaires et grâce aussi à l'arbitrage et à la mise en œuvre de règles transnationales par des juges ne relevant d'aucun for. Mais pour les petites et moyennes entreprises, l'arbitrage est hors de portée. L'arbitrage est également difficilement concevable pour les litiges entre consommateurs et professionnels[2] ainsi que pour les litiges opposant l'auteur d'un dommage à une victime non contractante. Les litiges transfrontaliers en Europe dont connaissent nos juridictions étatiques relèvent pour la plupart de ces catégories : un bien d'équipement ou un bien de consommation achetés à une entreprise étrangère fonctionne mal[3], un petit entrepreneur fait construire un hangar par une entreprise de construction installée de l'autre côté de la frontière, une banque française accorde à un commerçant étranger domicilié en France un prêt destiné à son entreprise installée à l'étranger, une banque étrangère accorde un crédit immobilier à un particulier qui vit en France. En cas de procès, s'élèveront toute une série de difficultés notamment en raison de ce que la juridiction saisie devra souvent mettre en œuvre des règles d'un droit étranger qu'elle ne connaît pas. Il n'est pas toujours possible de concilier compétence juridictionnelle et compétence législative. Il faudra prouver la teneur du droit étranger, traduire la loi étrangère, ainsi que les décisions de justice pertinentes. Les parties s'opposeront sur le sens de ce droit. Le risque est grand de voir invoquée telle ou telle disposition nationale restrictive pouvant déboucher sur l'inefficacité du

▲ 1. V. H. Beale, *loc. cit.*

▲ 2. Sur les obstacles et les remèdes néanmoins concevables, E. Loquin, « L'arbitrage des litiges du droit de la consommation » *in Vers un code européen de la consommation,* Bruylant, Bruxelles, 1998, p. 356 et s.

▲ 3. Dans le premier cas, la Convention des Nations Unies sur les contrats de vente internationale de marchandises facilite notablement le règlement du conflit. Mais l'on sait que la Convention ne couvre pas tous les aspects de la vente.

contrat[1]. Si l'Europe doit être un vrai marché unique, ne faudrait-il pas qu'une opération contractuelle entre deux entreprises de part et d'autre de la frontière soit aussi bien balisée ou presqu'aussi bien balisée qu'un contrat conclu entre deux entreprises au sein d'un même État ? Le meilleur moyen ne serait-il pas un Code uniforme des contrats ?

3. Les autres voies concevables

Nombreux sont ceux qui appellent de leurs vœux la constitution d'une authentique communauté européenne de juristes qui pourrait aisément dialoguer entre eux, dès lors que leur formation cesse d'être faite au travers des prismes des droits nationaux. Les séjours des étudiants dans des universités étrangères, la confection d'ouvrages authentiquement européens, comme les *Case books for a Common Law of Europe* sous la direction du professeur van Gerven[2] permettraient l'émergence d'une telle communauté. La mise sur pied des opérations contractuelles, la résolution des litiges par des juristes dont l'entendement n'est pas limité par un droit national mais s'étend au droit des différents pays européens, seraient grandement facilitées si une telle communauté de juristes existait. Mais pareille communauté de juristes, à l'image de celle qui existait en Europe continentale du XIIIe à la fin du XVIIIe siècle autour du *Jus commune*, rappelée par le professeur Mireille Delmas Marty, si elle est indispensable pour que les règles puissent s'appliquer de manière uniforme, ne générera pas elle-même un corps de règles uniformes, comme l'a relevé souvent le professeur Ole Lando[3]. La seule question est de savoir s'il faut attendre que cette communauté soit constituée avant d'entamer les travaux d'unification ou si les deux entreprises peuvent être menées de pair.

D'autres voies doivent être explorées, afin de mieux gérer la diversité. Notamment des progrès doivent être effectués pour que les règles de conflits de lois en droit des contrats et des obligations soient véritablement uniformes. Ainsi, on pourrait songer à modifier la Convention de Rome sur la loi applicable aux obligations contractuelles pour permettre aux parties de choisir des règles de droit et non uniquement la loi d'un État, afin que les juridictions étatiques, et non pas uniquement les juridictions arbitrales, puissent d'emblée mettre en œuvre les principes d'Unidroit ou ceux de la Commission Lando[4]. Par ailleurs, d'importants progrès doivent être effectués pour qu'un

▲ 1. V. O. Lando, « Principes de droit européen des contrats, Une première étape vers un Code civil européen », *RD aff. int.*, 1997, p. 189 et s., spéc. p. 194.

▲ 2. V. W. van Gerven, « L'harmonisation du droit des contrats en Europe », *loc. cit.* ; v. aussi, N. Lipari, *Diritto Privato Europeo,* Cedam Padova, 1997 ; H. Kötz, *Europäisches Vertragsrecht,* t. 1, Mohr Tübingen, 1996, traduit en anglais par T. Weir, *European Contract Law,* Clarendon Press, Oxford, 1998 ; C. von Bar, *Gemeineuropäisches Deliktsrecht,* t. 1, Beck, München, 1996 ; sous la direction du même auteur, *Sachenrecht in Europa,* Rasch, Osnabrück 1999 ; F. Ranieri, *Europäisches Obligationenrecht,* Vienne, New York, Springer 1999.

▲ 3. O. Lando, « Why codify the European Law of contract ? », conférence de Scheveningen préc., *RED privé,* 1997, p. 525 et s., spéc. p. 533.

▲ 4. Une modification de la Convention de Rome sur la loi applicable aux obligations contractuelles en vue de permettre aux parties de soumettre leur contrat à un corps de règles contrôle effectif de l'application par les juges du fond des lois étrangères européennes soit assuré. Est-il normal qu'en Europe la loi d'un pays partenaire soit considérée, le plus souvent, comme une simple question de fait lorsqu'il s'agit de former un recours devant une juridiction suprême[1] ? Est-il normal que les juges du fond puissent, le plus souvent, faire dire presque n'importe quoi à la loi étrangère sans possibilité de censure[2] ? Tous ces progrès doivent aller de pair avec l'édification d'un droit européen des contrats tout simplement parce que l'ensemble des règles de droit des pays partenaires mérite de connaître un meilleur sort. Ces progrès sont d'autant plus impérieux que le droit européen des contrats ne couvrira pas nécessairement l'ensemble du droit des contrats.

▸ C. COMMENT CONCEVOIR UN EUROCODE DES CONTRATS ?

Toute une série de questions préalables se poseront.

1. Eurocode des contrats ou Code européen des contrats intracommunautaires ?

Faut-il un code européen des obligations qui se substitue aux droits nationaux ou un code spécialement conçu pour les opérations intracommunautaires ? Certains auteurs préconisent cette voie, qui aurait le mérite d'une part d'obvier au traitement non-satisfaisant des opérations transfrontalières, d'autre part de ménager les traditions juridiques nationales qui pourraient perdurer pour les opérations internes. L'idée avancée par le professeur Ulrich Drobnig est séduisante[3].

Mais d'une part, cette solution est facteur de complications puisqu'il y aurait deux types de règles pour les opérations présentant un élément d'extranéité : le droit international commun, le droit international intracommunautaire. D'autre part, cette proposition n'est guère conciliable avec l'objectif d'un grand marché intérieur qui appelle les mêmes règles quel que soit le lieu d'établissement des entreprises, que celles-ci soient installées à l'intérieur d'un même État ou de part et d'autre d'une frontière.

Ces critiques perdent de leur force si un tel code est appelé à s'appliquer, après une longue période de rodage, également aux transactions internes ou si l'on permet d'emblée aux contractants de soumettre une opération interne à ce droit uniforme, par une sorte d'*opting in*. La mise à l'écart des droits nationaux se ferait donc de manière progressive, en douceur.

---

autres qu'étatiques, renforcerait d'ores et déjà le rôle des Principes d'Unidroit ou des Principes de la Commission Lando ; v. en ce sens J. Bonell, « The need and possibilities of a codified European contract law », conférence de Scheveningen préc., *RED privé*, 1997, p. 505 et s., spéc. p. 516.

▲ 1. Pour une étude de droit comparé, « Les problèmes actuels posés par l'application des lois étrangères », Travaux de l'Institut de droit comparé de Strasbourg, LGDJ, 1988.

▲ 2. Tel est toujours le cas en France, en dépit de l'extension de la censure pour dénaturation de la loi étrangère, Cass. civ. 1re, 1er juillet 1997, *Rev. crit. DIP*, 1998, p. 292 et s., note H. Muir Watt.

▲ 3. V. notamment U. Drobnig, « Scope and general rules of European civil code », Conférence Scheveningen préc., *RED privé*, 1997, p. 489 et s.

2. Code uniforme ou code d'harmonisation ?

Quel devra être le degré de convergence des droits nationaux des contrats ? Faut-il aller jusqu'à l'uniformisation ou plutôt adopter une sorte de code qui ressemblerait davantage à une directive ? C'est la proposition faite par le professeur Hugh Beale[1], laquelle a l'avantage de ménager les traditions nationales et qui paraît très réaliste, car il est peu probable qu'un code uniforme reste durablement uniforme dans une entité aussi vaste que l'Europe riche de tant de cultures juridiques et de langues. Il est vain d'espérer que la jurisprudence grecque corresponde en tous points à la jurisprudence danoise sur le concept de délai raisonnable par exemple que devrait observer tel contractant se plaignant d'une défectuosité du produit ou du service livré ou rendu par son cocontractant. Au lieu d'opter pour un code uniforme qui ne le restera pas durablement, pourquoi ne pas opter pour une sorte de loi modèle souple avec des versions nationales qui seraient traduites, diffusées, grâce à un centre européen en charge du code, plusieurs États pouvant bien sûr adopter la même version. Il n'y aurait donc pas nécessairement quinze versions, plusieurs sous-ensembles pourraient être créés ; souvenons-nous à cet égard du projet de code franco-italien des obligations de l'entre-deux guerres. Une loi modèle, souple, et trois ou quatre versions, pour un marché de plusieurs centaines de millions d'habitants, quel progrès ! Ainsi, entre le clan de Thibaut et de Savigny pourrait se former un troisième clan, pourrait se dessiner une troisième voie.

3. Eurocode des contrats, Eurocode des obligations ou Eurocode du patrimoine ?

La question qui se pose aussi est celle de l'étendue des matières appelées à être intégrées dans un code européen des contrats. Ne faudrait-il pas plutôt souhaiter un code européen des obligations ? Il me semble important de tenter d'uniformiser également les règles de responsabilité délictuelle. Il ne servirait pas à grand chose d'uniformiser les règles de responsabilité contractuelle, si la victime cocontractante pouvait aussi, selon tel ou tel droit national, mettre en œuvre la responsabilité délictuelle. Il est donc très important de se prononcer sur le principe du non-cumul des responsabilités. Faut-il également intégrer les contrats spéciaux ? J'aurai tendance à répondre oui, car les inconvénients de l'éclatement du droit des contrats naissent aussi de l'extrême divergence des solutions nationales quant aux différents contrats spéciaux. N'est-il pas symptomatique à cet égard de constater que les conventions internationales de droit matériel dans le commerce international s'attachent en priorité aux contrats spéciaux (transports, vente, factoring, crédit-bail) ? Est-ce parce que la plupart des difficultés naissent des divergences entre les contrats spéciaux des différents pays ou bien est-ce parce qu'il est difficile d'uniformiser les règles générales ? Mais qu'est-ce qui est

▲ 1. En faveur d'un « code conçu dans le style des directives » v. H. Beale, *loc. cit.*

général, qu'est-ce qui est particulier ? Les remèdes dont traite la Convention de Vienne en matière de vente ont incontestablement un relent de généralité.

Mais la configuration des contrats spéciaux varie souvent profondément d'un pays à l'autre. Derrière les règles spéciales du droit des contrats se cachent souvent des enjeux économiques considérables. Il suffit de citer l'exemple du délai de prescription de l'action de l'acheteur en cas de défaut des biens vendus. Les pays traditionnellement exportateurs font généralement pencher la balance du côté des vendeurs, telle l'Allemagne alors que le droit français protège davantage l'acheteur.

Ne faudrait-il pas aussi uniformiser certaines questions de droit des biens, notamment les sûretés réelles mobilières afin qu'elles restent efficaces lorsque l'assiette de la sûreté est déplacée d'un pays à l'autre ? L'on connaît le projet d'Unidroit en ce domaine[1]. Ce projet ainsi que les nombreuses conventions uniformes de droit matériel obligent aussi à réfléchir au positionnement du futur droit européen du contrat par rapport au droit uniforme de portée mondiale d'ores et déjà constitué et qui continue de progresser.

Enfin, il faudra s'entendre sur le degré d'autonomie du droit de la consommation et réfléchir à un éventuel Code européen de la consommation[2] qui accompagnerait l'Eurocode des obligations.

4. Méthode

Il faut éviter, bien sûr, les écueils des conventions internationales de droit matériel où les délégations nationales essaient de voir transposé leur propre droit national ou qui aboutissent à des compromis boiteux. L'exemple donné par la Commission Lando dont les membres arrivent à s'abstraire de leur droit national pour trouver la réglementation la plus appropriée est particulièrement encourageant. Par ailleurs, il faut veiller à ce que le droit des obligations puisse rapidement évoluer, ce qui n'est généralement pas le cas du droit uniforme arrêté par voie de convention internationale. Il faut éviter tout effet de glaciation généralement attaché aux codifications, selon la formule du Doyen Carbonnier.

C'est dire qu'avant de commencer un travail d'unification du droit des contrats, un immense travail préparatoire devra être effectué qui nécessitera plusieurs années. Dans chaque pays membre de l'Union, il faudrait constituer un groupe de réflexion chargé uniquement de réfléchir à ces questions préalables. Ce n'est qu'une fois une convergence atteinte sur ces questions préalables qu'on pourra s'attaquer concrètement au contenu du code.

▲ 1. V. R. Goode, « Par delà les frontières de la terre et de l'espace : l'avant-projet de convention d'Unidroit relative aux garanties internationales portant sur des matériels d'équipement mobiles », *Rev. dr. uniforme*, 1998, p. 53 et s. ; du même auteur, « The Unidroit Draft Mobile Equipment Convention : Confluence of Legal Concepts and Philosophies », *Mélanges en l'honneur de Denis Tallon*, Paris, 1999, p. 69 et s.

▲ 2. Sur cette perspective, v. T. Bourgoignie, *loc. cit.*

La partie générale, on l'a plus ou moins déjà grâce aux excellents travaux de la Commission Lando présentés par deux de ses éminents membres, le professeur Denis Tallon[1] et le professeur Hugh Beale[2], travaux sur lesquels un rapporteur étranger à la commission, le professeur Denis Mazeaud a porté un jugement positif d'un point de vue de juriste français : « *Ces Principes réfléchissent, dans une assez large mesure, notre droit contractuel national : ils en sont en quelque sorte le miroir. En outre, il n'apparaît pas déraisonnable de penser que, sur bien des points sur lesquels des différences subsistent aujourd'hui, les solutions retenues dans les Principes préfigurent les évolutions majeures de notre droit contractuel*[3]. »

La partie spéciale sera à mon avis beaucoup plus difficile à réaliser, la typologie des contrats spéciaux variant parfois profondément d'un pays à l'autre.

*

La préparation du BGB nécessita plus de 20 ans, celle du nouveau Code civil néerlandais près de 50 ans. On peut s'attendre à ce que ce travail nécessite au moins un demi-siècle.

Dans son article « Vers un droit européen des contrats » paru dans les *Mélanges Colomer,* le professeur Denis Tallon a mis en exergue une citation de Portalis : « *Les codes des peuples se font avec le temps*[4]. » Un auteur allemand, pour illustrer la position de Savigny, utilise l'image de la rose dont la dénomination, observons-le, se retrouve presque à l'identique dans toutes les langues européennes : il n'est pas du pouvoir de la rose de décider ni de la couleur de ses pétales, ni de l'époque de son éclosion[5]. Continuons de préparer le terrain, dans un climat serein et de tolérance, pour que la rose puisse éclore au bon moment. Et laissons aux générations futures le soin de découvrir la couleur de la rose !

▲ 1. V. D. Tallon, « Les travaux de la commission Lando ».
▲ 2. V. H. Beale, rapport préc.
▲ 3. V. D. Mazeaud, « La commission Lando : Le point de vue d'un juriste français », p. 157.
▲ 4. V. D. Tallon, « Vers un droit européen du contrat », in *Mélanges André Colomer,* Litec Paris 1993, p. 494.
▲ 5. V. H. Hattenhauer, *Thibaut und Savigny,* Vahlen, München 1973, p. 50.

Table des matières

IV. – Vers un droit commun européen des contrats ?

V. – Rapport de synthèse

Composé par Economica, 49, rue Héricart, 75015 PARIS
Imprimé en France. - JOUVE, 18, rue Saint-Denis, 75001 PARIS
N° 290458W. - Dépôt légal : Mars 2001